KB243718

# 日本語・ハングル
## 基本単語辞典

金容権・韓龍茂 著

# MOST USEFUL JAPANESE-KOREAN
# BASIC VOCABULARY

# 머 리 말

오늘날 국제 정세(政勢)의 흐름에 능동적으로 대처하기 위한 수단(手段) 중의 으뜸은 역시 언어적 장벽을 극복하는 길일 것이다.

일본(日本)은 근린 국가로서 예로부터 우리와 동일한 문화권에 속해 있으면서 상호 밀접한 관계를 유지해 오고 있다. 현재, 우리는 과거 역사(歷史)의 잔재를 걷어 버리고, 21세기 「태평양 시대」의 중추적인 역할(役割)을 수행하기 위해서 끊임 없는 교류와 협력 관계를 구축해야만 할 것이다.

일본어(日本語)의 어순(語順)이 우리와 비교적 유사하며, 또한 동일한 한자문화권(漢字文化圈)에 속해 있기 때문에 비교적 이해하기 쉬운 편이다. 가령, 우리말의 순서에 따라 일어를 연결하면 어설프나마 문장이 된다.

언어(言語)에 있어 가장 중요한 사실은 언어습관(言語習慣)이나 문화적(文化的)인 차이를 극복하는 것인데, 실상 우리 현실에서의 외국어 학습은 그러하지 못했음을 볼 수 있다.

따라서 본서에서는 일본의 언어 습관을 바르고, 심도있게 학습케 하기 위해 기본 1,500여 단어(單語)에 따르는 문장을 예시하여 일본어 학습자로 하여금 쉽게 접근할 수 있도록 배려하였다.

　또한, 히라가나(ひらがな)순에 따라 구성하여 스피디한 학습이 되도록 사전식(辭典式) 체제를 대폭 수용하였으니 사전으로서 뿐만 아니라 학습 부교재로 널리 활용하시길 바라오며, 일본어 학습에 깊은 정진(精進)을 바라마지 않는다.

　끝으로, 최근 국내에서는 일본어 학습자들이 점차 증가되어 일본어 학습 붐이 조성되고 있을 뿐만 아니라 '서울 올림픽' 이후 한국에 관한 일본인들의 관심이 부쩍 늘고 있음에 고무되어 일본어 뿐만 아니라 한글(Han gŭl) 보급에 최대한의 노력을 경주하겠으며, 새로운 시도로서 체제를 구성하였음에도 원고를 응락해 준 한림출판사 사장님께 감사를 드리는 바이다.


著　者

# 日 韓 目 次

## 【あ】〔p. 3～22〕

- 一致
- 一定
- 一点
- 一杯
- 一般
- 一遍
- 一方
- 何時も
- 偽る
- 糸
- 意図
- 井戸
- 移動
- 営む
- 田舎
- 犬
- 命
- 祈る
- 威張る
- 違反
- 今
- 今頃
- 戒める
- 今に
- 意味
- イメージ
- 妹
- 否
- 嫌
- 否否
- 卑しい
- 嫌み
- 嫌らしい
- いよいよ
- 異様
- 意欲
- 以来
- 依頼
- 苛苛
- いらっしゃい
- いらっしゃる
- 入り
- 入口
- 居る
- 入れる
- 色
- 色色
- 祝う
- 言わば
- 印象
- 飲食
- 引退
- いんちき
- 縁
- 陰謀
- 引用

## 【う】〔p. 49〜59〕

- 上
- 植える
- 伺う
- 浮ぶ
- 浮く
- 受け付ける
- 受け取る
- 受ける
- 動かす
- 牛
- 失う
- 後(うしろ)
- 薄い
- 埋める
- 嘘
- 歌う
- 疑う
- 内
- 宇宙
- 打つ
- 美しい
- 写す
- 移す
- 腕
- 奪う
- 馬
- うまい
- 生れる

| | | | |
|---|---|---|---|
| • 海 | • 生む | • 埋める | • 裏 |
| • 裏表 | • 裏切る | • 恨む | • 羨ましい |
| • 売る | • 潤う | • うるさい | • 嬉しい |
| • 上着 | • 噂 | • 運転 | • 運動 |
| • 運命 | | | |

## 【え】〔p. 59〜63〕

| | | | |
|---|---|---|---|
| • 絵 | • 映画 | • 影響 | • 営業 |
| • 栄養 | • 駅 | • 液体 | • エネルギー |
| • 海老 | • 偉い | • 選ぶ | • 得る |
| • 円 | • 延長 | • 鉛筆 | • 円満 |
| • 遠慮 | | | |

## 【お】〔p. 63〜72〕

| | | | |
|---|---|---|---|
| • 美味しい | • 追い付く | • 於て | • 横断 |
| • 多い | • 大きい | • オープン | • 可笑しい |
| • 起きる | • 置く | • 送る | • 遅れる |
| • 行う | • 起こる | • 教える | • おしゃべり |
| • 押す | • 遅い | • おそらく | • 恐ろしい |
| • 落着く | • お茶 | • 落ちる | • おとうと |
| • 男 | • 大人 | • 同じ | • 脅かす |
| • 覚える | • 重い | • 思う | • 主に |
| • 泳ぐ | • 降りる | • オリンピック | • 終る |

- 音楽
- 女

## 【か】〔p. 72～85〕

- 外交
- 外国
- 会社
- 改善
- 階段
- 回転
- 概念
- 開発
- 回復
- 会話
- 買う
- 返す
- 顧みる
- 帰る
- 顔
- 価格
- 化学
- 科学
- 掛かる
- 鍵
- 限る
- 書く
- 学生
- 革命
- 掛ける
- 傘
- 数
- 風邪
- 数える
- 堅い
- 形
- 片付ける
- 価値
- 学校
- 勝手
- 活動
- 活力
- 家庭
- 適う
- 悲しい
- 必ず
- かなり
- 金
- 可能
- 壁
- 我慢
- 嚙む
- カメラ
- かもしれない
- カラー
- 辛い
- 体
- 借りる
- 軽い
- 枯れる
- 頑張る
- 看板
- 管理

## 【き】〔p. 85～103〕

- 木
- 消える
- 記憶
- 気温
- 機会
- 危機
- 企業
- 聞く
- 危険
- 期限
- 気候
- 記号

- 具体的
- 下さい
- 果物
- 下る
- 口
- 靴
- 覆す
- 靴下
- 国
- 首
- 区別
- 組合
- 組立てる
- 組む
- 雲
- 曇
- 悔しい
- 暗い
- ～くらい
- 暮し
- 暮す
- クラス
- クラブ
- 比べる
- クリーム
- 繰返す
- クリスマス
- 来る
- グループ
- 苦しい
- 車
- くれる
- 黒い
- 苦労
- 黒字
- 加える
- 詳しい
- 軍
- 訓練

## 【け】〔p. 115～129〕

- 毛
- 経営
- 警戒
- 計画
- 景気
- 経験
- 傾向
- 経済
- 警察
- 計算
- 形式
- 芸術
- 軽率
- 契約
- 怪我
- 劇場
- 今朝
- 景色
- 化粧
- 削る
- 下駄
- けち
- 決意
- 血液
- 結果
- 結構
- 結婚
- 決して
- 決心
- 欠席
- 決定
- 結論
- 煙
- 険しい
- 原因
- 喧嘩
- 見解
- 見学
- 玄関
- 元気
- 研究
- 言語
- 健康
- 現行

| | | | |
|---|---|---|---|
| • 娯楽 | • 殺す | • 壊す | • 壊れる |
| • 根拠 | • 今度 | • 困難 | • 混乱 |

## 【さ】〔p. 145〜157〕

| | | | |
|---|---|---|---|
| • 差 | • サービス | • 災害 | • 最近 |
| • 最後 | • 最高 | • 財産 | • 最初 |
| • 催促 | • 災難 | • 才能 | • 裁判 |
| • 財布 | • 材料 | • サイン | • 坂 |
| • 境 | • 捜す | • 魚 | • 下がる |
| • 盛ん | • 先 | • 作業 | • 咲く |
| • 作品 | • 酒 | • 叫ぶ | • 避ける |
| • 下げる | • 支える | • 刺す | • 指す |
| • さすが | • 誘う | • 雑誌 | • 砂糖 |
| • 寂しい | • 妨げる | • 寒い | • 作用 |
| • 更に | • 騒ぐ | • 爽やか | • 触る |
| • 参加 | • 産業 | • 参考 | • 賛成 |
| • 産地 | • 残念 | • 散歩 | |

## 【し】〔p. 157〜176〕

| | | | |
|---|---|---|---|
| • 幸せ | • 自我 | • 資格 | • しかし |
| • 直に | • 叱る | • 時間 | • 式 |
| • 事業 | • しきりに | • 資金 | • 敷く |
| • 刺激 | • 試験 | • 事件 | • 自己 |

- 事故
- 事実
- 事情
- 姿勢
- 時代
- 実現
- 質問
- 自分
- 示す
- 自由
- 収入
- 主人
- 条件
- 消費
- 将来
- 調べる
- 人口
- 信用

- 時刻
- 始終
- 自信
- 施設
- 従う
- 実行
- 指導
- 資本
- 閉める
- 習慣
- 住民
- 出発
- 証拠
- 丈夫
- 職業
- 知る
- 心配
- 信頼

- 仕事
- 辞書
- 静か
- 自然
- 支度
- 実際
- 死ぬ
- 島
- 社会
- 重大
- 重要
- 消化
- 生ずる
- 情報
- 食事
- 白い
- 新聞

- 支持
- 市場
- 沈む
- 下(した)
- 実験
- 失敗
- 縛る
- 事務
- 写真
- 集中
- 手術
- 紹介
- 状態
- 証明
- 食料
- 神経
- 進歩

## 【す】〔p. 176~181〕

- 炊事
- 吸う
- 過ぎる

- 水準
- スカート
- 直

- 推薦
- 姿
- 救う

- 水道
- 好き
- 少ない

| | | | |
|---|---|---|---|
| • 少し | • 涼しい | • 進む | • すっかり |
| • 捨てる | • スピード | • 全て | • スポーツ |
| • 住む | • する | • 鋭い | • 座る |

## 【せ】 〔p. 182～188〕

| | | | |
|---|---|---|---|
| • 背 | • せい | • 性格 | • 生活 |
| • 請求 | • 税金 | • 制限 | • 成功 |
| • 生産 | • 政治 | • 精神 | • 成績 |
| • 制度 | • 生命 | • 整理 | • 成立 |
| • 世界 | • 石炭 | • 責任 | • 石油 |
| • 絶対 | • 設備 | • 説明 | • 狭い |
| • ゼロ | • 世話 | • 選手 | • 先生 |
| • 戦争 | • 専門 | | |

## 【そ】 〔p. 188～191〕

| | | | |
|---|---|---|---|
| • 相互 | • 総合 | • 掃除 | • 想像 |
| • 組織 | • 育てる | • 卒業 | • 外 |
| • 備える | • 空 | • 揃う | • 損害 |
| • 存在 | | | |

## 【た】 〔p. 191～201〕

| | | | |
|---|---|---|---|
| • 田 | • 第一 | • 対応 | • 体温 |
| • 大学 | • 体系 | • 対策 | • 大事 |

• 入る　　• はかる　　• 激しい　　• 運ぶ
• 挟む　　• 橋　　　　• 始まる　　• 始める
• 場所　　• 走る　　　• バス　　　• 外す
• 働く　　• 発見　　　• 発達　　　• 発展
• 発表　　• 花　　　　• 話　　　　• 放す
• 話す　　• 離れる　　• 母　　　　• 場面
• 早い　　• 払う　　　• 張る　　　• 春
• 範囲　　• 反対　　　• 判断　　　• 反応

## 【ひ】〔p. 241〜248〕

• 日　　　　　• 火　　　　• ビール　　• 東
• 光る　　　　• 引受ける　• 引く　　　• 低い
• 久し振り　　• 美術　　　• 非常　　　• 左
• びっくりする　• 必要　　• 人　　• 等しい
• 非難　　　　• 批判　　　• 暇　　　　• 秘密
• 費用　　　　• 病院　　　• 病気　　　• 表現
• 表情　　　　• 評判　　　• 開く　　　• 昼
• 広い　　　　• 拾う　　　• 広がる　　• 敏感
• 貧乏

## 【ふ】〔p. 249〜255〕

• 不安　　　• 風景　　　• 封筒　　　• 夫婦
• プール　　• 増える　　• 深い　　　• 普及

- 付近
- 吹く
- 複雑
- 含む
- 袋
- 不景気
- 不幸
- 防ぐ
- 普通
- 物価
- 太い
- 船/舟
- 不便
- 不満
- 踏む
- 冬
- 降る
- 古い
- 震える
- 触れる
- 風呂
- 文化
- 文学
- 文明

## 【へ】〔p. 256〜258〕

- 平均
- 平和
- 下手
- 部屋
- 減る
- 変
- 変化
- 返事
- 便利

## 【ほ】〔p. 258〜262〕

- 貿易
- 方向
- 報告
- 帽子
- 方針
- 放送
- 報道
- 方法
- 法律
- 保険
- 保護
- 星
- 欲しい
- 保証
- 細い
- 殆ど
- 骨
- 掘る
- 本当

## 【ま】〔p. 262〜267〕

- マイナス
- 前
- 任せる
- 曲る
- 巻く
- 負ける
- 孫
- 摩擦
- 真面目
- まずい
- 貧しい
- まだ

- もう
- 目標
- モデル
- 物/者
- 問題

- 設ける
- 持つ
- 基づく
- 揉む

- 燃える
- もっと
- 求める
- 貰う

- 目的
- もてなす
- 戻る
- 漏れる

## 【や】〔p. 281～284〕

- 焼く
- 野菜
- 安い
- 止む

- 約
- 優しい
- 休む
- 止める

- 約束
- 易しい
- 破る
- 柔らかい

- 役割
- 養う
- 山

## 【ゆ】〔p. 284～288〕

- 勇気
- 愉快
- 譲る
- 輸入

- 優秀
- 雪
- 輸送
- 指

- 郵便
- 行く
- 豊か
- 夢

- 有名
- 輸出
- ゆっくり
- 許す

## 【よ】〔p. 288～292〕

- 良い
- 用事
- 預金
- 予想

- 酔う
- 用心
- 横
- 予定

- 用意
- 様子
- 汚れる
- 呼ぶ

- 要求
- 要領
- 予算
- 予防

# 日本語ハングル基本単語辞典

# 【あ】

**あいさつ**(挨拶)
아이 사쯔

**인사**
インサ

  挨拶を交わす
  아이사쯔오 가 와 스

  서로 인사하다
  ソロ　インサハダ

  お礼の挨拶
  오레ー노아이사쯔

  감사의 인사
  カムサエ　インサ

**あいじょう**(愛情)
아이 죠ー

**애정**
エジョン

  母の愛情
  하하노 아이죠ー

  어머니의 애정
  オモニエ　エジョン

  愛情がある
  아이죠ー가아루

  애정이 있다
  エジョンイ　イッタ

  愛情がない
  아이죠ー가 나이

  애정이 없다
  エジョンイ　オプタ

**あいする**(愛する)
아이스 루

**사랑하다**
サランハダ

  愛してます
  아이시떼 마스

  사랑해요
  サランヘヨ

  愛してますか
  아이시떼 마스 까

  사랑합니까?
  サランハムニカ

  あなたを愛する
  아 나 따 오 아이스루

  당신을 사랑해요
  タンシヌル　サランヘヨ

**あいて**(相手)
아이 떼

**상대**
サンデ

  相手になる
  아이떼니 나 루

  상대가 되다
  サンデガ　テダ

  強い相手
  쯔요이 아이떼

  강한 상대
  カンハン サンデ

  相手と会ってみよう
  아이떼또 앝　떼미 요ー

  상대와 만나보자
  サンデワ　マンナボジャ

**あいまい**(曖昧)
아이마 이

**애매**
エメ

曖昧な態度
아이마이나 다이도
애매한 태도
エメハン　テド

言葉が曖昧だ
고또바가 아이마이다
말이 애매하다
マリ　　エメハダ

記憶が曖昧だ
기오꾸가 아이마이다
기억이 애매하다
キオギ　　エメハダ

**あう**（会う）
아 우
**만나다**
マンナダ

先生に会う
센세ー니 아우
선생님을 만나다
ソンセンニムル　マンナダ

会いたい
아이 따 이
만나고 싶어요
マンナゴ　シブポヨ

友達に会う
도모다찌니 아우
친구를 만나다
チングルル　マンナダ

**あおい**（青い）
아 오 이
**푸르다**
プルダ

青い空
아오이 소라
푸른 하늘
プルン　ハヌル

水が青い
미즈가 아오이
물이 푸르다
ムリ　　プルダ

青い色が好きだ
아오이 이로가 스 끼 다
푸른 색이 좋아요
プルン　セギ　チョアヨ

**あかい**（赤い）
아 까 이
**붉다**
プルタ

赤い花
아까이 하나
붉은 꽃
プルグン　コッ

色が赤い
이로가 아까이
색이 붉다
セギ　　プルタ

赤い服はかわいいね
아까이 후꾸와 가 와 이 ー 네
붉은 옷은 귀엽군요
プルグン　オスン　クィヨプクニョ

**あかじ**（赤字）
아 까 지
**적자**
チョクチャ

赤字が出る
아까지가 데 루
적자가 나다
チョクチャガ　ナダ

赤字から黒字に
아까지까라 구로지니
적자에서 흑자로
チョクチャエソ　フクチャロ

貿易赤字の解決法は
보ー에끼아까지노 가이께쯔 호ー와

무역적자의 해결법은
ムヨクチョクチャエ　ヘギョルポブン

## あがる（上がる）
아 가 루

오르다
オルダ

階段を上がる
가이당오 아 가 루

계단을 오르다
ケダヌル　　オルダ

上がれば上がるほど
아 가 레바아 가 루호 도

오르면 오를수록
オルミョン オルスロク

物価が上がると困る
북 까 가 아 가 루또 고마루

물가가 오르면 곤란하다
ムルカガ　オルミョン　コルナンハダ

## あかるい（明るい）
아 까 루 이

밝다
パルタ

明るい部屋
아까루이 혜 야

밝은 방
パルグン　パン

性格が明るいね
세ー까꾸가 아까루이네

성격이 밝군요
ソンキョギ　パルクニョ

朝が明けてくる
아사가 아 께 떼 구루

아침이 밝아오다
アチミ　　パルガオダ

## あき（秋）
아 끼

가을
カウル

秋になった
아끼니 낟 따

가을이 되었다
カウリ　　テオッタ

涼しい秋
스즈시ー 아끼

선선한 가을
ソンソナン カウル

秋が好きだわ
아끼가 스 끼 다 와

가을을 좋아해요
カウルル　　チョアヘヨ

## あきらか（明らか）
아 끼 라 까

명확
ミョンファク

事実は明らかだよ
지지쯔와 아끼라 까 다 요

사실은 명확하오
サシルン　ミョンファクカオ

明らかにまちがいだ
아끼라까니　마 찌 가 이 다

명확히 틀리다
ミョンファクキ トゥルリダ

明らかな答
아끼라까나 고따에

명확한 대답
ミョンファクカン テダブ

## あきらめる（諦める）

단념하다
タンニョムハダ

進学を諦める
싱가꾸오 아끼라메루
진학을 단념하다
チナグル　タンニョムハダ

旅行を諦めて
료꾜ー오 아끼라메떼
여행을 단념하고
ヨヘンウル　タンニョムハゴ

転職を諦める
덴쇼꾸오 아끼라메루
전직을 단념하다
チョンジグル　タンニョムハダ

**あきる**(飽きる)
아끼루
**싫증나다**
シルチュンナダ

仕事に飽きる
시고또니 아끼루
일에 싫증나다
イレ　　シルチュンナダ

勉強に飽きる
벵꾜ー니 아끼루
공부에 싫증나다
コンブエ　シルチュンナダ

結婚生活に飽きる
겍 꼰세ー까쯔니 아끼루
결혼생활에 싫증나다
キョロンセンファレ　シルチュンナダ

**あきれる**(呆れる)
아끼레루
**어이없다**
オイオプタ

あきれる行為
아끼레루 고ー이
어이없는 행위
オイオムヌン　　ヘンウィ

あきれて物も言えない
아끼레떼 모노모이에 나이
어이없어 말도 못하다
オイオプソ　　マルド　モタダ

**あくい**(悪意)
아꾸이
**악의**
アグィ

悪意を持つ
아꾸이오 모쯔
악의를 가지다
アグィルル　カジダ

悪意のない人
아꾸이노 나이 히또
악의없는 사람
アグィオムヌン　サラム

悪意を抱く
아꾸이오 이다꾸
악의를 품다
アグィルル　プムタ

**あくまで**(飽くまで)
아꾸마데
**끝까지**
クッカジ

飽くまで正直な人
아꾸 마 데 쇼ー지끼나 히또
끝까지 정직한 사람
クッカジ　チョンジカン　サラム

飽くまで戦う
아꾸 마 데 다따까우
끝까지 싸우다
クッカジ　サウダ

飽くまで頑張る
아꾸마데 감바루
끝까지 분발하다
クッカジ　プンバルハダ

**あける**(開ける)
아께루

문을 열다 → **열다**
ヨルダ

戸を開ける
도오아께루

문을 열다
ムヌル　ヨルダ

窓を開けなさい
마도오아께나사이

창문을 여시오
チャンムヌル　ヨシオ

開けてはいけない
아께떼와이께나이

열면 안되요
ヨルミョン　アンデヨ

**あこがれる**(憧れる)
아꼬가레루

**동경하다**
トンギョンハダ

憧れのまと
아꼬가레노 마또

동경의 대상
トンギョンエ　テサン

彼に憧れるわ
가레니 아꼬가레루와

그를 동경해요
クルル　トンギョンヘヨ

憧れの人に会う
아꼬가레노 히또니 아우

동경하는 사람을 만나다
トンギョンハヌン　サラムル　マンナダ

**あさ**(朝)
아사

**아침**
アチム

朝ごはん
아사고 항

아침 식사
アチム　シクサ

朝早く起きよう
아사하야꾸 오끼 요—

아침 일찍 일어나자
アチム　イルチク　イロナジャ

朝焼けを見る
아사야께오 미루

아침 노을을 보다
アチム　ノウルル　ボダ

**あさい**(浅い)
아사이

**얕다**
ヤッタ

水が浅い
미즈가 아사이

물이 얕다
ムリ　ヤッタ

見識が浅いね
겐시끼가 아사이네

견식이 얕아요
キョンシギ　ヤッタヨ

浅はかな考え
아사하까나 강가에

얕은 소견
ヤットゥン ソギョン

**あし**(足)
아시

**발**
パル

足の裏
아시노 우라

발바닥
パルパダク

足のこう
아시노 꼬-

발등
パルトゥン

足が痛いよ
아시가 이따이요

발이 아파요
パリ　アパヨ

**あじ**(味)
아지

**맛**
マッ

味のよい食べ物
아지노 요이 다 베모노

맛 좋은 음식
マッチョウン ウムシク

味を見る、味わう
아지오 미루　아지와우

맛을 보다
マスル ポダ

辛い味が好きだ
가라이 아지가스 끼 다

매운 맛이 좋아요
メウン マシ チョアヨ

**あす**(明日)
아스

**내일**
ネイル

明日会おう
아스 아 오-

내일 만나자
ネイル マンナジャ

明日は晴れるだろう
아스 와 하레루 다로-

내일은 갤테지
ネイルン ケルテジ

明日は半ドンだ
아스 와 한 돈　다

내일은 반공일이다
ネイルン　パンゴンイリダ

**あずける**(預ける)
아즈께루

**맡기다**
マッキダ

カバンを預けるよ
가 방　오 아즈께 루 요

가방을 맡겨요
カバンウル マッキョヨ

荷物を預ける
니모쯔오 아즈께루

짐을 맡기다
チムル マッキダ

お金を預ける
오까네오 아즈께루

돈을 맡기다
トヌル マッキダ

**あせ**(汗)
아세

**땀**
タム

手に汗を握って
데 니 아세오 니 긴 떼

손에 땀을 쥐고
ソネ タムル チィゴ

汗が出るよ
아세가 데 루 요

땀이 나요
タミ ナヨ

汗水たらして働く
아세미즈다라 시 떼 하따라꾸

땀을 흘리며 일하다
タムル フルリミョ イルハダ

**あそぶ(遊ぶ)**
아소부

遊んでいるよ
아손데 이루요

**놀다**
ノルダ

놀고 있어요
ノルゴ　イッソヨ

遊んでばかりいる
아손데 바까리 이루

놀고만 있어요
ノルゴマン　イッソヨ

遊びにいく
아소비니 이꾸

놀러 가다
ノルロ　カダ

**あたえる(与える)**
아따에루

**주다**
チュダ

チャンスを与える
짠　스 오 아따에루

찬스(기회)를 주다
チャンス(キフェ)ルル　チュダ

与えられた条件
아따에라 레 따 죠ー껜

주어진 조건
チュオジン　チョコン

損害を与えたよ
송가이오 아따에따요

손해를 주었어요
ソネルル　チュオッソヨ

**あたたかい(暖かい)**
아따따까이

**따뜻하다**
タトゥッタダ

春のひざしが暖かい
하루노히 자 시 가 아따따까이

봄볕이 따뜻하다
ポムピョッチ　タトゥッタダ

心の暖かい人
고꼬로노아따따까이 히또

마음이 따뜻한 사람
マウミ　タトゥッタン　サラム

だんだん暖かになるよ
단 당 아따따까니 나루요

점점 따뜻해져요
チョムジョム　タトゥッテジョヨ

**あたま(頭)**
아따마

**머리**
モリ

頭がよく回るよ
아따마가요꾸 마와루요

머리가 잘 돌아요
モリガ　チャル　トラヨ

頭が痛い
아따마가 이따이

머리가 아프다
モリガ　アプダ

頭を使う
아따마오 쯔까우

머리를 쓰다
モリルル　スダ

**あたらしい(新しい)**
아따 라 시ー

**새롭다**
セロプタ

靴が新しいね
구쯔가 아따라시ー네

구두가 새롭네
クドゥガ　セロムネ

新しい世代
아따라시— 세 다이

새로운 세대
セロウン　セデ



あたりまえ（当り前）
아 따리 마에

당연
タンヨン

あたりまえなこと
아 따리마에나고 또

당연한 일
タンヨナン　イル

あたりまえに思う
아 따리 마 에니 오모우

당연하게 생각하다
タンヨナゲ　センガックカダ

それはあたりまえだ
소 레 와아따리마에다

그것은 당연하다
クゴスン　タンヨナダ

あたる（当る）
아 따 루

맞다, 들어 맞다
マッタ　トゥロ　マッタ

答えが当る
고따에가 아따루

답이 맞다
タビ　マッタ

まともに当ったね
마또 모니 아딸따네

정통으로 맞았어요
チョントンウロ　マジャッソヨ

予想が当る
요 소—가아따루

예상이 들어맞다
イェサンイ　トゥロマッタ

あちこち
아 찌 고 찌

여기저기
ヨギジョギ

あちこちにある
아 찌 고 찌니 아루

여기저기 있다
ヨギジョギ　イッタ

あちこちが痛い
아 찌 고 찌 가 이따이

여기저기 아프다
ヨギジョギ　アプダ

あちこち行って見る
아 찌고 찌 일 뗴미루

여기저기 가보다
ヨギジョギ　カボダ

あちら
아 찌 라

저쪽
チョチョク

あちらからだれか来る
아 찌 라 까 라다레까 구루

저쪽에서 누가 오다
チョチョゲソ　ヌガ　オダ

あちらを向いて御覧
아 찌 라 오 무 이 뗴 고 랑

저쪽을 향해 봐
チョチョグル　ヒャンヘ　ボァ

あちらの生活様式
아 찌 라 노 세—까쯔요—시끼

저쪽의 생활 양식
チョチョゲ　センファル　ヤンシク

あつい（厚い）
아 쯔 이

두껍다, 두텁다
トゥコプタ　トゥトプタ

厚い本
아쯔이 홍

두꺼운 책
トゥコウン　チェク

母の厚い愛
하하노 아쯔이 아이

어머니의 두터운 사랑
オモニエ　　トゥトウン　サラン



**あつい**(暑い)
아 쯔 이

**덥다**
トプタ

暑くてならない
아쯔꾸떼 나라나이

더워 못 견디겠다
トゥォ　モッ　キョンディゲッタ

東京は暑い
도꾜ー와 아쯔이

동경은 덥다
トンギョンウン　トプタ

むし暑い
무 시 아쯔이

찌는듯이 덥다
チヌンドゥシ　トプタ

**あつかう**(扱う)
아 쯔 까 우

**다루다**
タルダ

大切に扱う
다이세쯔니 아쯔까우

조심스럽게 다루다
チョシムスロプケ　　タルダ

問題を軽く扱う
몬 다이오 가루꾸 아쯔까우

문제를 가볍게 다루다
ムンジェルル　カビョプケ　タルダ

大切に扱って下さい
다이세쯔니 아쯔깐떼 구다사이

조심스럽게 다루어
チョシムスロプケ　　タルオ

주세요
ジュセヨ

**あっさり**
앗　사리

**산뜻이, 시원스럽게**
サントゥシ　　シウォンスロプケ

あっさりした味だね
앗　사리 시따 아지다네

산뜻한 맛이네
サントゥッタン　マシネ

あっさりした性格
앗　사리 시따 세ー까꾸

시원 시원한 성격
シウォン　シウォナン　ソンキョク

**あつまる**(集まる)
아 쯔 마 루

**모이다**
モイダ

月に一度集まる
쯔끼니 이찌도 아쯔마루

한 달에 한 번 모이다
ハンダレ　ハンボン　モイダ

机の回りに集まる
쯔꾸에노 마와리니 아쯔마루

책상 둘레에 모이다
チェクサン　トゥルレエ　モイダ

会場に集まった人達
가이죠ー니 아쯔 맏따 히또다찌

회장에 모인 사람들
フェジャンエ　モイン　サラムドル

## あつりょく（圧力）
아쯔료꾸

圧力を加える
아쯔료꾸오 구와에루

政治圧力
세ー지 아쯔료꾸

圧力に屈しないで
아쯔료꾸니굿 시 나 이 데

## あてる（当てる）
아떼루

言い当ててごらん
이 이 아떼떼 고 랑

答を当てる
고따에오 아떼루

矢を的に当てる
야 오 마또니 아떼루

## あと、ご（後）
아 또 고

後の汽車
아또노 기샤

2年後に実現する
니넹고니 지쯔겐스 루

前後を見る
젱고 오 미루

## あな（穴）
아 나

穴を掘る
아나오 호 루

穴があるよ
아나가 아 루 요

穴があく
아나가 아 꾸

## あなどる（侮る）
아 나 도 루

弱いと見て侮る
요와이또 미 떼 아나도루

## 압력
アムニョク

압력을 가하다
アムニョグル　カハダ

정치적 압력
チョンチジョク アムニョク

압력에 굴하지 않고
アムニョゲ クラジ　　アンコ

## 맞히다
マッチダ

알아 맞혀 보게
アラ　マッチョ ポゲ

답을 맞히다
タブル　マッチダ

화살을 과녁에 맞히다
ファサルル クァニョゲ マッチダ

## 후, 다음
フ　タウム

다음의 기차
タウメ　　キチャ

2년후에 실현되다
イニョンフエ シリョンテダ

전후를 보다
チョヌルル ボダ

## 구멍
クモン

구멍을 파다
クモンウル　パダ

구멍이 있어요
クモンイ　イッソョ

구멍이 나다
クモンイ　ナダ

## 깔보다
カルボダ

약하다고 보고 깔보다
ヤッカダゴ　ボゴ　カルボダ

侮ってはいけない
아나돌떼 와 이 께 나 이

相手を侮る
아이떼오 아나도루

깔보아서는 안된다
カルボアソヌン　アンデンダ

상대를 깔보다
サンデルル　カルボダ

## あに（兄）
아 니

## 형
ヒョン

兄に会う
아니니 아우

兄が二人いる
아니가 후따리 이 루

兄はいない
아니와 이 나 이

형을 만나다
ヒョンウル　マンナダ

형이 2분 있다
ヒョンイ　トゥブン　イッタ

형은 없다
ヒョンウン　オプタ

## あね（姉）
아 네

## 누나, 언니
ヌナ　　オンニ

姉がいる
아네가 이 루

姉の友達
아네노 도모다찌

姉は25才です
아네와 니쥬ー고사이데스

누나가 있다(언니~)
ヌナガ　　イッタ　オンニ

누나의 친구(친구들)
ヌナエ　　チング　チングトゥル

누나는 25살이다
ヌナヌン　スムルタソッサリダ

## アパート
아 빠ー 또

## 아파트
アパトゥ

アパートを建てる
아 빠ー　또 오 다떼 루

アパートに入居する
아 빠ー또 니 뉴ー꾜 스루

アパートの経営者
아 빠ー또 노 게ー에ー샤

아파트를 짓다
アパトゥルル　チッタ

아파트에 입주하다
アパトゥエ　　イプチュハダ

아파트의 경영자
アパトゥエ　　キョンヨンジャ

## あばれる（暴れる）
아 바 레 루

## 설치다
ソルチダ

大いに暴れる
오ー이니 아바레 루

酒に酔って暴れる
사께니 욧 떼 아바레루

마구 설치다
マグ　　ソルチダ

술에 취해서 설치다
スレ　　チュィヘソ　ソルチダ

## あびる（浴びる）
아 비 루

## 뒤집어쓰다, 하다, 쬐다
ティジボスダ　　ハダ　　チェダ

あ

水を浴びる
미즈오 아비 루
물을 뒤집어쓰다
ムルル ティジボスダ

シャワーを浴びたい
샤 와- 오아비따이
샤워를 하고 싶어요
シャウォルル ハゴ シボヨ

太陽の光を浴びて
다이요-노 히까리오 아비 떼
햇볕을 쬐며
ヘッピョスル チェミョ

**あぶない**(危ない)
아부 나 이
**위험하다**
ウィホマダ

一人で行くと危ない
히또리 데 이 꾸 또 아부나이
혼자가면 위험하다
ホンジャガミョン ウィホマダ

そこは危ないよ
소 꼬 와아부 나 이 요
거기는 위험해요
コギヌン ウィホメヨ

危ないところ
아부나 이 도 꼬 로
위험한 장소
ウィホマン チャンソ

**あぶら**(油)
아 부 라
**기름**
キルム

油でいためる
아부라데이 따 메 루
기름에 볶다
キルメ ボクタ

油を下さい
아부라오 구다사이
기름을 주세요
キルムル チュセヨ

油を入れる
아부라오 이 레 루
기름을 넣다
キルムル ノッタ

**あぶる**(炙る)
아 부 루
**굽다**
クプタ

魚をあぶる
사까나오 아부 루
생선을 굽다
センソヌル クプタ

木炭をあぶる
모꾸땅오 아 부 루
숯을 굽다
スチュル クプタ

**あふれる**(溢れる)
아 후 레 루
**넘치다**
ノムチダ

水路に水があふれるよ
스이로니 미즈가 아 후 레 루 요
수로에 물이 넘쳐요
スロエ ムリ ノムチョヨ

うれしさにあふれた顔
우 레 시 사 니 아 후 레 따가오
기쁨에 넘친 얼굴
キプメ ノムチン オルグル

川の水があふれる
가와노미즈가 아 후 레 루
강물이 넘치다
カンムリ ノムチダ

**あまい**（甘い）
아 마 이

このみかんは甘い
고 노 미 깡　와 아마이

이 귤은 달다
イ　クュルン　タルダ

甘い味
아마이 아지

단 맛
タン　マッ

子供には甘い
고도모니 와 아마이

아이에게는 엄하지 않다
アイエゲヌン　オマジ　アンタ

**あまり**（余り）
아 마 리

너무, 그다지
ノム　クダジ

あまりにも多い
아 마 리 니 모 오ー이

너무나 많다
ノムナ　マンタ

あまり寒くない
아 마 리 사무꾸 나 이

그다지 춥지 않다
クダジ　チュプチ　アンタ

**あまる**（余る）
아 마 루

남다
ナムタ

ご飯が余った
고 항 가 아 맏 따

밥이 남았다
パビ　ナマッタ

たくさん余ったよ
다꾸　상　아 맏 따 요

많이 남았어요
マニ　ナマッソヨ

金が余る
가네가 아마루

돈이 남다
トニ　ナムタ

**あみ**（網）
아 미

그물
クムル

網にかかった魚
아미니 가 깐 따 우오

그물에 걸린 물고기
クムレ　コルリン　ムルコギ

網を引く
아미오 히 꾸

그물을 당기다
クムルル　タンギダ

網めがあらい
아미메 가 아 라 이

그물코가 성기다
クムルコガ　ソンギダ

**あむ**（編む）
아 무

짜다, 뜨다
チャダ　トゥダ

セーターを編む
세ー 따ー오 아무

스웨터를 짜다(뜨다)
スウェトゥルル　チャダ　トゥダ

早く編みなさい
하야꾸 아미 나 사 이

빨리 뜨세요(짜세요)
パルリ　トゥセヨ　チャセヨ

## あめ（雨）
아 메

雨が降る
아메가 후 루

雨がやんだ
아메가 얀 다

明日の天気は雨だ
아스 노 뎅 끼 와 아메다

## あめ（飴）
아 메

ごま入り飴
고 마 이 리 아메

飴を食べる
아메오 다베루

飴を下さい
아메오 구다사이

## あやしい（怪しい）
아 야 시 ―

行動が怪しい
고-도-가 아야 시 ―

怪しいうわさ
아야시― 우 와 사

怪しい人がいる
아야시―히또 가 이 루

## あやふや
아 야 후 야

あやふやに答える
아 야 후 야 니 고따 에 루

あやふやな態度
아 야 후 야 나 다이도

言動があやふやだ
젠 도―가아 야 후 야 다

## あやまる（誤まる）
아 야 마 루

何問題か誤まる（間違う）
남몬다이까 아야마루　마찌가우

---

## 비
ピ

비가 오다
ピガ　オダ

비가 멎었다
ピガ　モジョッタ

내일 날씨는 비다
ネイル　ナルシヌン　ピダ

## 엿
ヨッ

깨엿
ケヨッ

엿을 먹다
ヨスル　モクタ

엿 주세요
ヨッ チュセヨ

## 수상하다
スサンハダ

행동이 수상하다
ヘンドンイ スサンハダ

수상한 소문
スサンハン ソムン

수상한 사람이 있어요
スサンハン　サラミ　イッソヨ

## 모호함
モホハム

모호하게 답변하다
モホハゲ　　　タプピョンハダ

모호한 태도
モホハン テド

언동이 모호하다
オンドンイ　モホハダ

## 틀리다
トゥルリダ

몇문제인가 틀리다
ミョッムンジェインガ トゥルリダ

誤まった考え
아야 맏 따 강가에

틀린 생각
トゥルリン　センガク

誤まってはいけない
아야 맏 떼와 이 께 나 이

틀리면 안된다
トゥルリミョン　アンデジダ

**あらい**（荒い）
아 라 이

**거칠다**
コチルダ

波が荒い
나미가 아라이

파도가 거칠다
パドガ　　　コチルダ

荒い息づかい
아라이 이끼즈 까 이

거칠은 숨소리
コチルン　　スムソリ

細工が荒い
사이꾸가 아라이

세공이 거칠다
セゴンイ　コチルダ

**あらう**（洗う）
아 라 우

**씻다**
シッタ

手足を洗う
데 아시오 아라우

손발을 씻다
ソンバルル　　シッタ

きれいに洗う
기 레ー니 아라우

깨끗이 씻다
ケクゥシ　　シッタ

洗って下さい
아 랄 떼 구다사이

씻어 주세요
シソ　　ジュセヨ

**あらそう**（争う）
아 라 소 우

**다투다**
タトゥダ

兄弟で争う
교ー다이데 아라소우

형제가 다투다
ヒョンジェガ　タトゥダ

つまらない事で争う
쯔 마 라 나 이 고또데 아라소우

사소한 일로 다투다
サソハン　イルロ　タトゥダ

法廷で争う
호-떼이데 아라소우

법정에서 다투다
ポプチョンエソ　タトゥダ

**あらた**（新た）
아 라 따

**새로움**
セロウム

あらたなる歓び
아 라 따 나 루 요로꼬비

새로운 기쁨
セロウン　　キプム

思い出も新たな
오모이 데모 아 라 따나

추억도 새로운
チュオクト　セロウン

装いもあらたに
요소오이모 아 라 따 니

단장도 새로이
タンジャンド　セロイ

**あらためる**(改める)
아라따메루

　**고치다**
　コチダ

規則を改める
기소꾸오 아라따메루

　규칙을 고치다
　キュチグル　コチダ

内容を改める
나이요-오 아라따메루

　내용을 고치다
　ネヨンウル　コチダ

心を改める
고꼬로오 아라따메루

　마음을 고쳐 먹다
　マウムル　コチョ　モクタ

**あらわす**(表す)
아라와스

　**나타내다**
　ナタネダ

いい結果を表した
이ー 곌 까 오 아라와시 따

　좋은 결과를 나타내었다
　チョウン キョルグァル ナタネオッタ

うれしい表情を表す
우 레 시ー 효ー죠ー오아라와스

　반가운 기색을 나타내다
　パンガウン キセグル　ナタネダ

文字で表そう
모 지 데 아라와소ー

　글로 나타내자
　クルロ　ナタネジャ

**あらわれる**(現れる)
아 라 와 레 루

　**나타나다**
　ナタナダ

見なれぬ人が現れる
미 나 레 누 히또가 아라와레루

　낯선 사람이 나타나다
　ナッソン サラミ　ナタナダ

新しい選手が現れる
아따라시ー센 슈 가 아라와레루

　새로운 선수가 나타나다
　セロウン　ソンスガ　ナタナダ

やっと現れたよ(わ)
얃　또 아라와레따요　(와)

　겨우 나타났어요
　キョウ　ナタナッソョ

**ありがたい**(有難い)
아 리 가 따 이

　**고맙다**
　コマプタ

有難い言葉
아리가따이 고또바

　고마운 말씀
　コマウン　マルスム

有難く思う
아리가따꾸 오모우

　고맙게 여기다
　コマッケ　ヨギダ

有難い、助かった
아리가따이 다스 깓 따

　고마와라, 살았다
　コマワラ　　サラッタ

**ありさま**(有様)
아 리 사 마

　**상태**
　サンテ

みじめな有様
미 지 메 나 아리사마

　비참한 상태
　ピチャマン サンテ

おぼつかない有様
오보쯔까 나 이 아리사마

매우 불안한 상태
メウ　プラナン　サンテ



ありのまま(有りのまま)
아리노 마 마

사실대로
サシルデロ

有りのままを告白する
아 리 노 마 마 오 고꾸하꾸스 루

사실대로 고백하다
サシルデロ　　コベッカダ

有りのままを言うと
아리노 마 마오이우 또

사실대로 말하면
サシルデロ　　マラミョン

有りのままに書く
아 리 노 마 마 니 가 꾸

사실대로 쓰다
サシルデロ　　スダ

ある
아 루

있다
イッタ

能力がある
노ー료꾸가 아 루

능력이 있다
ヌンリョギ イッタ

近くにポストがある
찌까꾸니 뽀스 또 가 아 루

근처에 우체통이 있다
クンチョエ　ウチェトンイ　　イッタ

あるかないかわからない
아 루 까 나 이 까 와 까 라 나 이

있는지 없는지 모른다
インヌンジ　オムヌンジ　モルンダ

あるいは(或は)
아 루 이 와

혹은
ホグン

あるいは赤く
아 루 이 와 아까꾸

혹은 빨갛게
ホグン　　パルガッケ

あるいは弱く
아 루 이 와 요와꾸

혹은 약하게
ホグン　　ヤッカゲ

あるく(歩く)
아 루 꾸

걷다
コッタ

よちよち歩く
요찌 요찌 아루꾸

아장아장 걷다
アジャンアジャン コッタ

歩いて帰る
아루이떼 가에루

걸어서 돌아가다
コロソ　　トラカダ

早く歩いてきなよ
하야꾸 아루이떼 기 나 요

빨리 걸어와요
パルリ　　コロワヨ

あれこれ
아 레 꼬 레

이것 저것
イゴッ チョゴッ

あれこれ考える
아 레 꼬 레 강가에루

이것 저것 생각하다
イゴッ チョゴッ センガックカダ

**あ**

| | |
|---|---|
| あれこれ準備する<br>아레꼬레 쥰비스루 | 이것 저것 준비하다<br>イゴッ チョゴッ チュンビハダ |
| あれこれ世話になる<br>아레꼬레 세와니 나루 | 이것 저것 신세지다<br>イゴッ チョゴッ シンセジダ |

**あれる**(荒れる)
아레루

**거칠어지다**
コチロジダ

| | |
|---|---|
| 海が荒れる<br>우미가 아레루 | 바다가 거칠어지다<br>パダガ　コチロジダ |
| 手が荒れる<br>데가 아레루 | 손이 거칠어지다<br>ソニ　コチロジダ |

**あわせる**(合せる)
아와세루

**맞추다**
マッチュダ

| | |
|---|---|
| 話を合せる<br>하나시오 아와세루 | 말을 맞추다<br>マルル　マッチュダ |
| 時計を合せた<br>도께ー오 아와세따 | 시계를 맞추었다<br>シゲルル　マッチュオッタ |
| 歩調を合せよう<br>호쬬ー오 아와세요ー | 보조를 맞추자<br>ポジョルル　マッチュジャ |

**あわてる**(慌てる)
아와떼루

**당황하다**
タンファンハダ

| | |
|---|---|
| 少しも慌てずに<br>스꼬시모 아와떼즈니 | 조금도 당황하지 않고<br>チョグムド タンファンハジ アンコ |
| 火事で慌てる<br>가지데 아와떼루 | 화재로 당황하다<br>ファジェロ　タンファンハダ |
| 地震で慌てる<br>지신데 아와떼루 | 지진으로 당황하다<br>チジヌロ　タンファンハダ |

**あん**(案)
앙

**안**
アン

| | |
|---|---|
| 案を出す<br>앙오다스 | 안을 짜내다<br>アヌル　チャネダ |
| 案を立てる<br>앙오 다떼루 | 안을 세우다<br>アヌル　セウダ |
| 考えた案<br>강가에따 앙 | 생각한 안<br>センガッカン アン |

**あんい**(安易)
앙 이

**안이**
アニ

| | |
|---|---|
| 安易な道を選ぶ<br>앙 이 나 미찌오 에라부 | 안이한 길을 택하다<br>アニハン　キルル　テッカダ |
| 安易な生活を送る<br>앙 이 나 세―까쯔오 오꾸루 | 안이한 생활을 보내다<br>アニハン　センファルル　ポネダ |
| 問題を安易に考える<br>몬다이오 앙 이 니 강가에루 | 문제를 안이하게<br>ムンジェルル　アニハゲ |
| | 생각하다<br>センガ_ク_カダ |

## あんしん（安心）
안　　　싱

アンシム

| | |
|---|---|
| おまえが帰って来て安心した<br>오마에가 가엘 떼　기떼 안싱시따 | 네가 돌아와 안심했다<br>ネガ　トラワ　アンシメッタ |
| 安心できない<br>안 싱 데 끼 나 이 | 안심할 수 없다<br>アンシマ_ル_ ス オ_プ_タ |
| 安心して寝れる<br>안 싱 시 떼 네무레 루 | 안심하며 잠을 잔다<br>アンシマミョ ジャム_ル_ ジャンダ |

## あんぜん（安全）
안　　　젱

アンジョン

| | |
|---|---|
| 安全な場所<br>안 젠 나 바쇼 | 안전한 장소<br>アンジョナン　チャンソ |
| 日本は安全だ<br>니 홍 와 안 젠 다 | 일본은 안전하다<br>イ_ル_ボヌン　アンジョナダ |
| 安全な労働条件<br>안 젠 나 로―도―죠―껭 | 안전한 노동조건<br>アンジョナン ノドンチョコン |

## あんてい（安定）
안　 떼―

アンジョン

| | |
|---|---|
| 生活の安定<br>세―까쯔노 안 떼― | 생활의 안정<br>センファレ　アンジョン |
| 安定した収入<br>안 떼―시 따 슈―뉴― | 안정된 수입<br>アンジョンテン スイ_プ_ |

## あんない（案内）
안　 나 이

アンネ

| | |
|---|---|
| 案内をして下さい<br>안나이오 시 떼 구다사 이 | 안내를 해 주세요<br>アンネル_ル_ ヘ ジュセヨ |
| ソウルの町を案内する<br>소 우 루 노 마찌오 안나이 스 루 | 서울시가를 안내하다<br>ソウ_ル_シガル_ル_　アンネハダ |

部屋に案内しなさい
헤야니 안나이 시나사이
방에 안내하시오
パンエ　アンネハシオ

## あんばい（塩梅）
암 바이
### 꼭 알맞게, 상태
コク　アルマッケ　サンテ

いいあんばいに
이ー 암 바이니
꼭 알맞게
コク　アルマッケ

いいあんばいに晴れて来た
이ー 암 바이니 하레떼 기 따
꼭 알맞게 개기 시작했다
コク　アルマッケケギ　シジャッケッタ

からだのあんばいが悪い
가라다노 암 바이가 와루이
건강 상태가 나쁘다
コンガン　サンテガ　ナブダ

## あんぴ（安否）
암 삐
### 안부
アンブ

安否を気づかう
암 삐오 기 즈 까우
안부를 걱정하다
アンブルル　コクチョンハダ

安否を伝える
암 삐오 쯔따에루
안부를 전하다
アンブルル　チョナダ

## あんらく（安楽）
안 라 꾸
### 안락
アルラク

安楽な生活
안라꾸나 세ー까쯔
안락한 생활
アルラッカン　センファル

安楽に暮す
안라꾸니 구라스
안락하게 살다
アルラッカゲ　サルダ

安楽椅子にかける
안라꾸이스 니 가 께 루
안락 의자에 걸터앉다
アルラク　ウィジャエ　コルトアンタ

# 【い】

## いい
이ー
### 좋다
チョッタ

いい知らせ
이ー 시 라 세
좋은 소식
チョウン　ソシク

いい人に会う
이ー히또니 아 우
좋은 사람을 만나다
チョウン　サラムル　マンナダ

これはいいね
고 레 와 이一네

이건 좋아요
イゴン　チョアヨ



## いう（言う）
유一

## 말하다
マラダ

意見を言う
이 껭 오 유一

의견을 말하다
ウィギョヌル　マラダ

二度と言わない
니 도 또 이 와 나 이

두 번 말하지 않는다
トゥボン　マラジ　アンヌンダ

言おうとして
이 오一 또 시 떼

말하려고
マラリョゴ

## いえ（家）
이 에

## 집
チプ

家を建てる
이에오다 떼 루

집을 짓다
チブル　チッタ

家を買う
이에오 가우

집을 사다
チブル　サダ

家に遊びにきてね
이에니 아소비니 기떼네

집에 놀러 와요
チベ　ノルロ　ワヨ

## いか（以下）
이 까

## 이하
イハ

人間以下だ
닝 겐 이까다

사람 이하다
サラム　イハダ

10名以下
쥬一메이이까

열 명 이하
ヨル　ミョン　イハ

水準以下の状態
스이즁 이까노 죠一따이

수준 이하의 상태
スジュン　イハエ　サンテ

## いがく（医学）
이 가 꾸

## 의학
ウィハク

医学博士
이가꾸 하꾸시

의학 박사
ウィハク　パクサ

東洋医学
도一요一이가꾸

동양의학
トンヤンウィハク

医学上の問題
이가꾸죠一노 몬다이

의학상의 문제
ウィハクサンエ　ムンジェ

## いかす（生かす）
이 까 스

## 살리다
サルリダ

教訓を活かす
교ー꿍오 이까스

교훈을 살리다
キョフヌル　サルリダ

特徴を活かしなさい
도꾸쬬ー오이 까 시 나 사 이

특징을 살리시오
トゥッチンウル　サルリシオ

才能を活かす
사이노ー오 이까스

재능을 살리다
チェヌンウル　サルリダ

いかに
이 까 니

어떻게, 아무리
オットッケ　アムリ

いかにして作るか
이 까 니 시 메 쯔꾸루 까

어떻게 해서 만드느냐?
オットッケ　ヘソ　マンドゥヌニャ

いかに強くても
이 까 니 쯔요꾸 메 모

아무리 강해도
アムリ　カンヘド

いかん(遺憾)
이 깡

유감, 미안함
ユガム　ミアナム

遺憾の意を表する
이 깐 노 이 오 효ー스 루

유감의 뜻을 표하다
ユガメ　トゥスル　ピョハダ

遺憾に存じます
이 깐 니 존 지 마스

미안하게 생각합니다
ミアナゲ　センガッカムニダ

遺憾無く発揮する
이 깐 나 꾸 학 끼 스 루

유감없이 발휘하다
ユガモプシ　パルィハダ

いき(息)
이 끼

숨
スム

息もつかせぬ
이끼모쯔 까 세 누

숨 돌릴 새도 없는
スム　ドルリル　セド　オムヌン

息をする
이끼오 스 루

숨을 쉬다
スムル　スィダ

息が絶える
이끼가다 에 루

숨이 끊어지다
スミ　クノジダ

いき(意気)
이 끼

의기
ウィギ

意気消沈
이 끼 쇼ー찡

의기 소침
ウィギ　ソチム

意気投合
이 끼 또ー고ー

의기 투합
ウィギ　トゥハプ

いぎ(意義)
이 기

의의
ウィウィ

意義がある
이기가아루

의의가 있다
ウィウィガ　イッタ

歴史的意義
렉시떼끼 이기

역사적 의의
ヨクサジョク　ウィウィ

それは意義がない
소레와 이기가 나이

그것은 의의가 없다
クゴスン　ウィウィガ　オプタ

**いきおい**(勢い)
이끼오이

**기세**
キセ

すごい勢いで走る
스고이 이끼오이데 하시루

무서운 기세로 달리다
ムソウン　キセロ　　タルリダ

勢い鋭く
이끼오이 스루도꾸

날카로운 기세로
ナルカロウン　キセロ

**いきがい**(生き甲斐)
이끼가이

**사는 보람, 산 보람**
サヌン　ポラム　　サン　ポラム

生きがいがある
이끼가이가아루

사는 보람이 있다
サヌン　ポラミ　　イッタ

生きがいを感ずる
이끼가이오간즈루

산 보람을 느끼다
サン　ポラムル　ヌキダ

仕事に生きがいがない
시고또니 이끼가이가나이

일하는 보람이 없다
イラヌン　ポラミ　　　オプタ

**いきさつ**
이끼사쯔

**경위**
キョンウィ

事件のいきさつ
지껜노 이끼사쯔

사건의 경위
サコネ　　キョンウィ

いきさつを説明する
이끼사쯔오 세쯔메-스루

경위를 설명하다
キョンウィルル ソルミョンハダ

昔からのいきさつ
무까시까라노 이끼사쯔

예로부터의 경위
イェロブトエ　　　キョンウィ

**いきなり**
이끼나리

**느닷없이, 갑자기**
ヌダドプシ　　　カプチャギ

いきなりなぐりつける
이끼나리나구리쯔께루

느닷없이 갈기다
ヌダドプシ　　　カルギダ

いきなりたずねてきた
이끼나리다쯔네떼기따

갑자기 찾아왔다
カプチャギ　チャジャワッタ

**いきる**(生きる)
이끼루

**살다**
サルダ

百まで生きる
햐꾸마데 이 끼 루

백 살까지 살다
ペクサルカジ サルダ

精神は生きている
세―싱와 이 끼 떼이루

정신은 살아 있다
チョンシヌン サラ イッタ

## いくつ(幾つ)
이 꾸 쯔

## 몇 개, 몇 살
ミョッケ ミョッサル

いくつになったら判るか
이꾸쯔니 날 따 라 와까루까

몇 살이 되면 알겠느냐 ?
ミョッサリ テミョン アルゲッヌニャ

いくつですか
이 꾸 쯔 데 스 까

몇 개(몇 살)입니까 ?
ミョッケ ミョッサル イムニカ

## いくら(幾ら)
이 꾸 라

## 얼마, 그리
オルマ クリ

目方はいくら
메까따와 이 꾸 라

무게는 얼마 ?
ムゲヌン オルマ

この本はいくらですか
고 노 홍와 이 꾸 라 데 스 까

이 책은 얼마입니까 ?
イ チェグン オルマイムニカ

いくらも残っていない
이 꾸 라 모 노 꼳 떼 이 나 이

그리 남아 있지 않다
クリ ナマ イッチ アンタ

## いけ(池)
이 께

## 못
モッ

池にいる魚
이께니이 루사까나

못에 사는 물고기
モセ サヌン ムルコキ

小さな池
찌―사나이께

작은 못
チャグン モッ

池で遊ぼう
이께데 아소보―

못에서 놀자
モセソ ノルジャ

## いけない
이 께 나 이

## 좋지 않다, 나쁘다
チョッチ アンタ ナプダ

いけない事だ
이 께 나 이 고또다

좋지 않은 일이다
チョッチ アヌン イリダ

さらにいけないことには
사 라 니 이께나이 고또니와

더욱 나쁘게도
トゥク ナプゲド

## いけん(意見)
이 껭

## 의견
ウィギョン

いい意見を出す
이이― 이 껭 오 다 스

좋은 의견을 내다
チョウン ウィギョスル ネダ

意見の一致を見る
이껜노 잇찌오 미루

의견의 일치를 보다
ウィギョネ　イルチルル　ポダ

意見を聞こう
이껭오기꼬ー

의견을 듣자
ウィギョヌル　トゥッチャ

**いご**(以後)
이고

**이후, 금후**
イフ　クムフ

以後気をつけなさい
이고기오쯔께나사이

이후는 주의하여라
イフヌン　チュウィハヨラ

以後の事は
이고노 고또와

금후의 일은
クムフエ　イルン

以後また考えましょう
이고 마 따 강가에마 쇼ー

이후에 또 생각합시다
イフエ　ト　センガックカプシダ

**いこう**(意向)
이 꼬ー

**의향**
ウィヒャン

人の意向を聞く
히또노 이꼬ー오 기 꾸

남의 의향을 묻다
ナメ　ウィヒャンウル ムッタ

意向を確める
이꼬ー오 다시까 메루

의향을 확인하다
ウィヒャンウル ファギナダ

上司の意向
죠ー시노 이 꼬ー

상사의 의향
サンサエ　ウィヒャン

**いさましい**(勇ましい)
이 사 마 시ー

**용감하다, 활발하다**
ヨンガマダ　　ファルバラダ

勇ましい兵士
이 사 마 시ー 헤ー시

용감한 병사
ヨンガマン　ピョンサ

勇ましい女性
이사마시ー 죠 세ー

활발한 여성
ファルバラン ヨソン

行動が勇ましい
고ー도ー가이사마 시ー

행동이 활발하다
ヘンドンイ　ファルバラダ

**いし**(意志)
이 시

**의지**
ウィジ

意志が強い
이 시 가 쯔요이

의지가 굳세다
ウィジガ　クッセダ

鋼鉄のような意志
고ー떼쯔노 요ー 나 이 시

강철같은 의지
カンチョルカットゥン ウィジ

彼は意志が弱い
가레와 이시가 요와이

그는 의지가 약하다
クヌン　ウィジガ　ヤッカダ

**いじ**(意地)
이지

意地を通す
이지오 도ー스

고집
コジプ

고집을 관철하다
コジブル　クァンチョルハダ

意地を張る
이지오 하루

意地になって
이지니 낟떼

고집을 부리다
コジブル　プリダ

고집불통이 되어서
コジブプルトンイ　テヨソ

**いじょう**(以上)
이 죠ー

五歳以上
고 사이이죠ー

百円以上
햐꾸엔 이죠ー

以上の通り
이죠ー노 도ー리

이상
イサン

다섯 살 이상
タソッ　サル　イサン

백 엔 이상
ペ　ゲン　イサン

이상과 같이
イサングァ　カッチ

**いじょう**(異常)
이 죠ー

状態が異常に見える
죠ー따이가이죠ー니 미에루

正常と異常
세ー죠ー또 이죠ー

異常現象がある
이죠ー 겐쇼ー가 아 루

이상
イサン

상태가 이상한 것 같다
サンテガ　イサンハン　ゴッカッタ

정상과 이상
チョンサングァ　イサン

이상현상이 있다
イサンヒョンサンイ　イッタ

**いじる**(弄る)
이 지 루

大切な物をいじるな
다이세쯔나 모노오이 지 루 나

いじってもいいよ
이 질 떼모이ー 요

만지다
マンジダ

귀중한 물건을 만지지
クィジュンハン　ムルゴヌル　マンジジ

마라
マラ

만져도 좋아요
マンジョド　チョアヨ

**いす**(椅子)
이 스

椅子に座る
이 스 니 스와루

의자
ウィジャ

의자에 앉다
ウィジャエ　アンタ

椅子を下さい
이스오 구다사이

의자를 주세요
ウィジャルル チュセヨ

椅子を作る
이스오 쯔꾸루

의자를 만들다
ウィジャルル マンドゥルダ

**いずれ**(何れ)
이 즈 레

**어느것, 일간, 곧**
オヌゴッ イルガン コッ

いずれか一つ
이 즈 레 까 히또쯔

어느 것이든 하나
オヌ ゴンドゥン ハナ

いずれまた
이 즈 레 마 따

일간 또
イルガント

いずれ雨もあがろう
이 즈 레 아메모아 가 로ー

곧 비도 개이겠지
コッ ピド ケイゲッチ

**いぜん**(以前)
이 젱

**이전**
イジョン

50歳以前の著作
고 줒 사이이젠노쬬사꾸

50세 이전의 저작
オシッセ イジョネ チョジャク

以前に行った事がある
이 젠니 일 따 고또가아 루

이전에 간 적이 있다
イジョネ カン ジョギ イッタ

以前から知っている
이 젱 까 라싣 떼 이 루

이전부터 알고 있다
イジョンブット アルゴ イッタ

**いそがしい**(忙しい)
이 소 가 시ー

**바쁘다**
パプダ

忙しくすごす
이소가시꾸스 고 스

바쁘게 지내다
パプゲ チネダ

忙しい人だ
이소가시ー 히또다

바쁜 사람이다
パプン サラミダ

仕事が忙しい
시고또가 이소가시ー

일이 바쁘다
イリ パプダ

**いそぐ**(急ぐ)
이 소 구

**급하다, 서두르다**
クッパダ ソドゥルダ

急いで書く
이소이데 가 꾸

급히 쓰다
クッピ スダ

完成を急ぐ
간세ー오 이소구

완성을 서두르다
ワンソンウル ソドゥルダ

急いで失敗する
이소이데 싣빼이스 루

서두르다가 실패하다
ソドゥルダガ シルペハダ

あ

**いたい（痛い）**
이 따 이

## 아프다
アプダ

頭が痛い
아따마가 이따이

머리가 아프다
モリガ　アプダ

きずが痛い
기 즈 가 이따이

상처가 아프다
サンチョガ　アプタ

どこが痛いの
도 꼬 가 이따 이 노

어디가 아파요
オディガ　アパョ

**いたずら**
이 따 즈 라

## 장난
チャンナン

いたずらをする
이 따 즈 라 오 스 루

장난을 치다
チャンナヌル　チダ

いたずらがすぎる
이 따 즈 라 가 스 기 루

장난이 심하다
チャンナニ　シマダ

いたずらをやめなさい
이 따 즈 라 오 야 메 나 사 이

장난을 그만두시오
チャンナヌル　クマンドゥシオ

**いただく（頂く）**
이 따 다 꾸

## 받들다, 먹다
パットゥルダ　モクタ

会長にいただく
가이쬬―니 이 따 다 꾸

회장으로 받들다
フェジャンウロ　パットゥルダ

いただきます
이 따 다 끼 마스

먹겠습니다
モクケッスムニダ

**いたる（至る）**
이 따 루

## 이르다
イルダ

今に至るまで
이마니 이따루 마 데

지금에 이르기까지
チグメ　イルギカジ

正午目的地に至る
쇼―고모꾸뗴끼찌니 이따루

정오에 목적지에 이르다
チョンオエ　モクチョクチエ　イルダ

事ここに至る
고또고 꼬 니 이따루

일이 여기에 이르다
イリ　ヨギエ　イルダ

**いち（一）**
이 찌

## 첫째, 하나
チョッチェ　ハナ

一に看病、二に薬
이찌니 감뵤―　니 니 구스리

첫째 병구완, 둘째가 약
チョッチェ ピョングワン　トゥルチェガ ヤク

一から十まで
이찌까라 도―마데

하나에서 열까지
ハナエソ　ヨルカジ

一を聞いて十を知る
이찌오기 이 몌도-오 시 루

하나를 들어 열을 알다
ハナルル　トゥロ　ヨルル　アルダ



## いち(位置)
이 찌

## 위치
ウィチ

位置をたしかめる
이 찌 오 다 시 까 메 루

위치를 확인하다
ウィチルル　ファギンハダ

位置をかえる
이 찌 오 가 에 루

위치를 바꾸다
ウィチルル　パクダ

その位置はわるい
소 노 이 찌 와 와 루 이

그 위치는 나쁘다
ク　ウィチヌン　ナプダ

## いちいち
이 찌 이 찌

## 일일이
イリリ

いちいち返事を書く
이 찌 이 찌 헨 지 오 가 꾸

일일이 답장을 쓰다
イリリ　タプチャンウル　スダ

いちいち見ておられない
이 찌 이 찌 미 떼 오 라 레 나 이

일일이 다 볼 수는 없다
イリリ　タ　ポル　スヌン　オプタ

## いちおう(一応)
이 찌 오-

## 일단, 좀 더
イルタン　チョム　ド

一応結論できる
이찌오-게즈론데 끼 루

일단 결론 지을 수 있다
イルタン　キョルロン　チウル　ス　イッタ

一応承諾した
이찌오-쇼- 다꾸시따

일단 승낙했다
イルタン　スンナッケッタ

一応考えた上で
이찌오-강가에따우에데

좀 더 생각해 보고
チョム　ド　センガッケ　ポゴ

## いちじ(一時)
이 찌 지

## 일시, 순간, 잠시
イルシ　スンガン　チャムシ

一時のがれ
이찌지노 가 레

일시적 모면
イルシジョク　モミョン

一時の出来心
이찌지노 데끼고꼬로

순간적인 나쁜 마음
スンガンジョギン　ナプン　マウム

一時見合わせる
이찌지 미 아 와 세 루

잠시　보류하다
チャムシ　ポリュハダ

## いちじるしい(著しい)
이 찌 지 루 시-

## 현저하다
ヒョンジョハダ

著しい発展
이찌지루시-한뗑

현저한 발전
ヒョンジョハン　パルチョン

変化が著しい
헹 까 가 이찌지루시ㅡ

변화가 현저하다
ピョナガ　ヒョンジョハダ

**いちだい（一代）**
이 찌 다 이

**평생, 일대, 당대**
ピョンセン イルテ タンデ

一代の名誉
이찌다이노 메ㅡ요

평생의 명예
ピョンセンエ ミョンイェ

一代の失策であった
이찌다이노 싯사꾸데 알 따

일대의 실책이었다
イルテエ　シルチェギョッタ

一代の英雄
이찌다이노 에ㅡ유ㅡ

당대의 영웅
タンデエ　ヨンウン

**いちど（一度）**
이 찌 도

**한번, 한꺼번에**
ハンボン ハンコボネ

一度行った
이찌도 일 따

한번 갔었다
ハンボン　カソッタ

一度やってみる
이찌도 얃 떼 미루

한번 해 보다
ハンボン ヘ ボダ

一度に二つの事をする
이찌도니 후따쯔노 고또오스루

한꺼번에 두가지 일을
ハンコボネ　トゥガジ イルル

하다
ハダ

**いちにち（一日）**
이 찌 니 찌

**하루**
ハル

一日が終った
이찌니찌가 오 왇 따

하루가 끝났다
ハルガ　クンナッタ

楽しい一日
다노시ㅡ 이찌니찌

즐거운 하루
チュルゴウン　ハル

一日が早くすぎる
이찌니찌가 하야꾸 스기루

하루가 빨리 지나다
ハルガ　パルリ チナダ

**いちねん（一年）**
이 찌 넹

**일년**
イルニョン

もう一年が過ぎた
모ㅡ 이찌넹가 스기 따

벌써 1년이 지났다
ポルソ イルコヨニ チナッタ

今年一年
고또시 이찌넹

올해 일년
オレ　イルニョン

あと一年だ
아 또 이찌 넨 다

나머지 일년이다
ナモジ　イルニョニダ

いちばん（一番）
이 찌 방

一番いいもの
이찌방이ー 모노

제일
チェイル

제일 좋은 것
チェイル チョウン ゴッ

あなたが一番だ
아 나 따 가 이찌반다

당신이 제일이다
タンシニ　チェイリダ

いちまい（一枚）
이 찌 마 이

紙一枚
가미 이찌마이

한 장, 한몫
ハン ジャン ハンモク

종이 한 장
チョンイ　ハン ジャン

彼がいちまいかんでいる
가레가 이찌 마 이　간　데이루

그가 한몫 끼고 있다
クガ　ハンモク キゴ イッタ

いちめん（一面）
이 찌 멩

一面の雪だ
이찌멘노 유끼다

온통
オントン

온통 눈이다
オントン ヌニダ

一面火の海だった
이찌멩히 노 우미 닫 따

온통 불바다였다
オントン プルバダヨッタ

いちりゅう（一流）
이 찌 류ー

一流作家
이찌류ー삭까

일류
イルリュ

일류 작가
イルリュ チャクカ

彼は一流だ
가레와 이찌류ー다

그는 일류요
クヌン　イルリュヨ

一流大学に入る
이찌류ー 다이가꾸니 하이루

일류 대학에 들어가다
イルリュ テハゲ　トゥロガダ

いつ
이 쯔

언제
オンジェ

いつ会っても元気だな
이 쯔 압 떼 모 겡끼 다 나

언제 만나도 건강하군
オンジェ　マンナド　コンガンハグン

いつきましたか
이 쯔 기 마 시 따 까

언제 왔습니까?
オンジェ　ワッスムニカ

払いはいつでもよい
하라이와 이 쯔 데 모 요 이

지불은 언제라도 좋다
チブルン　オンジェラド　チョッタ

いつか
이 쯔 까

언젠가
オンジェンガ

いつかの夜
이 쯔 까노 요루

언젠가의 밤
オンジエンガエ　バム

いつか見たことがある
이 쯔 까미 따 고또 가 아 루

언젠가 본 일이 있다
オンゼンガ　ボン　イリ　イッタ

いつか後悔する
이 쯔 까 고ー까이 스 루

언젠가 후회하다
オンジェンガ　フフェハダ

## いっか(一家)
익　까

## 일가, 한집안, 온가족
イルガ、　ハンジバン　オンガジョク

一家をなす
익 까오 나스

일가를 이루다
イルガルル　イルダ

一家の主人だ
익 까노 슈진 다

한집안의 주인이다
ハンチバネ　ジュイニダ

一家揃って
익 까소 롣 떼

온가족이 어울려서
オンカジョギ　オウルリョソ

## いっさい(一切)
잇 사 이

## 일체, 일절
イルチエ イルチョル

仕事の一切を任せる
시고또노 잇사이오 마까세루

일의 일체를 맡기다
イレ　イルチェルル　マッキダ

一切の費用
잇세쯔노 히요ー

일체의 비용
イルチェエ ピヨン

酒は一切飲まない
사께와 잇사이 노 마 나 이

술은 일절 마시지 않는다
スルン イルチョル マシジ　アンヌンダ

## いっしゅ(一種)
잇　슈

## 일종
イルチョン

洋酒の一種
요ー슈노 잇 슈

양주의　일종
ヤンジュエ　イルチョン

一種の愛情表現
잇 슈 노 아이죠ー효ー겡

일종의 애정표현
イルチョンエ　エジョンピョヒョン

彼は一種の天才だ
가레와 잇 슈노 덴사이다

그는 일종의 천재다
クヌン イルチョンエ チョンジェダ

## いっしゅう(一周)
잇　슈ー

## 일주
イルチュ

運動場を一周する
운도ー죠ー오 잇슈ー스루

운동장을 일주하다
ウンドンジャンウル イルチュハダ

世界一周
세까이 잇슈ー

세계 일주
セゲ イルチュ

一周年記念日　　　　　　일주년 기념일
잇슈-넹 기넴비　　　　　　イルチュニョン キニョミル

## いっしょ（一緒）　　　　**같이, 함께**
잇 쇼　　　　　　　　　　カッチ　ハムケ

学校に一緒に行く　　　　　학교에 같이 가다
각꼬-니 잇쇼니 이꾸　　　　ハクキョエ　カッチ　カダ

一緒に見に行こう　　　　　함께 보러 가자
잇쇼니미니이꼬-　　　　　　ハムケ　ポロ　カジャ

一緒に暮らす　　　　　　　같이 생활을 하다
잇쇼니구라스　　　　　　　カッチ　センファルル　ハダ

## いっしょう（一生）　　　**일생**
잇 쇼-　　　　　　　　　　イルセン

一生の失策　　　　　　　　일생의 실책
잇쇼-노 싯사꾸　　　　　　イルセンエ　シルチェク

一生独身で通す　　　　　　일생 독신으로 지내다
잇쇼- 독신데 도-스　　　　イルセン　トクシヌロ　チネダ

人の一生はわからない　　　사람의 일생은 모른다
히또노 잇쇼-와 와까라나이　サラメ　イルセンウン　モルンダ

## いっしん（一心）　　　　**일심, 열심히**
잇 싱　　　　　　　　　　イルシム　ヨルシミ

一心同体　　　　　　　　　일심동체
잇 싱 도-따이　　　　　　イルシムドンチェ

一心に本を読む　　　　　　열심히 책을 읽다
잇신니 홍오 요무　　　　　ヨルシミ　チェグル　イルタ

一心不乱に勉強する　　　　일심불란으로 공부하다
잇싱후란니 벵꼬-스루　　　イルシムブルラヌロ　コンブハダ

## いっそう（一層）　　　　**한층**
잇 소-　　　　　　　　　　ハンチュン

より一層努力せよ　　　　　더 한층 노력하라
요리 잇소-도료꾸세요　　　ト　ハンチュン　ノリョッカラ

一層前進する　　　　　　　한층 전진하다
잇소- 젠신 스루　　　　　ハンチュン　チョンジナダ

一層の発展　　　　　　　　한층의 발전
잇소-노 한 땡　　　　　　ハンチュンエ　パルチョン

## いったい（一体）　　　　**일체**
일 따이　　　　　　　　　イルチェ

あ

夫婦一体となって働く
후—후 일따이또 낟 떼 하따라꾸

부부 일체가 되어
プブ イルチェガ テョ

일하다
イルハダ

一体全体
일따이젠따이

대관절, 도대체
テグァンジョル トデチェ

いったん（一旦）
일 땅

일단
イルタン

一旦事ある時
일 땅 고또아 루 도끼

일단 유사시
イルタン ユサシ

一旦家に帰る
일 땅 이에니 가에루

일단 집에 돌아가다
イルタン チベ トラガダ

一旦した約束
일 땅 시 따 약소꾸

일단 한 약속
イルタン ハン ヤクソク

いっち（一致）
잇 찌

일치
イルチ

言葉と行動が一致しない
고또바또 고—도—가 잇찌시 나 이

말과 행동이 일치하지
マルグァ ヘンドンイ イルチハジ

않다
アンタ

意見が一致した
이 껭 가 잇 찌 시 따

의견이 일치했다
ウィギョニ イルチヘッタ

一致した見解を持つ
잇 찌 시 따 겡까이오 모 쯔

일치한 견해를 가지다
イルチハン キョネルル カジダ

いってい（一定）
일 떼—

일정
イルチョン

一定の様式
일 떼—노 요—시끼

일정한 양식
イルチョンハン ヤンシク

服装を一定する
후꾸소—오 일떼—스 루

복장을 일정하게 하다
ポクチャンウル イルチョンハゲ ハダ

一定の分量
일떼—노 분 료—

일정한 분량
イルチョンハン プルリャン

いってん（一点）
일 뗑

일점
イルチョム

一点一画
일 뗑 익까꾸

일점 일획
イルチョム イルフェク

紅一点
고-일뗌
홍일점
ホンイルチョム

一点差で負ける
일 뗀사데마께루
일점차로 지다
イルチョムチャロ　チダ

**いっぱい**(一杯)
입 빠이
**가득, 가득차다**
カドゥク　カドゥクチャダ

荷を一杯はこぶ
니 오 입빠이하 꼬부
짐을 가득 나르다
チムル　カドゥク　ナルダ

映画館は人が一杯だ
에-가 깡 와 히또가 입빠이다
영화관에 사람이
ヨンファグァネ　サラミ

가득찼다
カドゥクチャダ

笑いが一杯
와라이가 입빠이
웃음이 가득
ウスミ　カドゥク

**いっぱん**(一般)
입 빵
**일반**
イルバン

一般の会社
입 빤노 가이샤
일반회사
イルバンフェサ

一般性がある
입 빤세-가 아 루
일반성이 있다
イルバンソンイ　イッタ

一般的に
입 빤떼끼 니
일반적으로
イルバンチョグロ

**いっぺん**(一遍)
입 뼁
**한번, 한꺼번에**
ハンボン　ハンコボネ

一遍に降参する
입 뻰니 고-산스루
한번에 항복하다
ハンボネ　ハンボクカダ

一遍に片付ける
입 뻰니 가따즈 께루
한꺼번에 해 치우다
ハンコボネ　ヘ　チウダ

**いっぽう**(一方)
입 뽀-
**한 쪽, 일방, 한 편**
ハンチョク　イルバン　ハンピョン

一方の目が乱視だ
입뽀-노 메 가 란 시 다
한 쪽 눈이 난시이다
ハンチョク　ヌニ　ナンシイダ

一方通行
입뽀-쯔-꼬-
일방 통행
イルバン　トンヘン

ほめる一方悪口を言う
호 메 루 입뽀-와루구찌오　유-
칭찬하는 한편 욕을 하다
チンチャンハヌン　ハンピョン　ヨグル　ハダ

いつも（何時も）
이쯔모

　いつも同じ背広
　이쯔 모 오나지 세비로

　いつもの年より寒い
　이쯔 모 노 도시요 리 사무이

　いつもの通りの手順
　이쯔모 노 도ー리 노 떼 즁

いつわる（偽る）
이쯔 와 루

　原因をいつわる
　겡 잉 오 이쯔 와 루

　人をいつわる
　히또오 이 쯔 와 루

いと（糸）
이 또

　毛糸
　게이또

　つり糸を垂れる
　쯔리이또오 다 레 루

　絹糸を買う
　기누이또(겐시)오 가우

いと（意図）
이 또

　意図的
　이또떼끼

　敵の意図をくじく
　데끼노 이 또 오 구 지 꾸

　意図がどこにあるのか
　이 또 가 도 꼬 니 아 루 노 까

いど（井戸）
이 도

　井戸を掘る
　이 도 오 호 루

　井の中のかわず
　이 노 나까노 가 와 즈

항상, 여느 때(해)
ハンサン　ヨヌ　テ（ヘ）

　항상 같은 신사복
　ハンサン　カトゥン　シンサボク

　여느 해보다 춥다
　ヨヌ　ヘポダ　チュプタ

　여는 때와 같은 순서
　ヨヌ　テワ　カトゥン　スンソ

거짓말하다, 속이다
コジンマルハダ　ソギダ

　원인을 거짓으로 말하다
　ウォニヌル　コジスロ　マルハダ

　남을 속이다
　ナムル　ソギダ

실, 줄
シル　チュル

　털실
　トゥシル

　낚싯줄을 드리우다
　ナクシッチュルル　トゥリウダ

　견사를 사다
　キョンサルル　サダ

의도
ウィド

　의도적
　ウィドジョク

　적의 의도를 꺾다
　チョゲ　ウィドルル　コクタ

　의도가 어디  있는지
　ウィドガ　オディ　インヌンジ

우물
ウムル

　우물을 파다
　ウムルル　パダ

　우물안의 개구리
　ウムルアネ　ケグリ

井戸水を飲む
이 도 미즈오 노무

우물물을 마시다
ウムゥムルゥ　マシダ



いどう(移動)
이 도-

이동
イドン

移動図書館
이 도-도 쇼 깡

이동 도서관
イドン　ドソクァン

移動診療所
이도-신료-죠

이동 진료소
イドン　チルリョソ

民族の大移動
민조꾸노 다이이도-

민족의 대이동
ミンジョゲ　テイドン

いとなむ(営む)
이 또 나 무

하다, 경영하다
ハダ　キョンヨンハダ

生活を営む
세-까쯔오 이또나무

생활을 하다
センファルゥ　ハダ

事業を営む
지교-오 이또나무

사업을 경영하다
サオブゥ　キョンヨンハダ

理髪店を営む
리하쯔멩오 이또나무

이발관을 경영하다
イバルクァヌゥ　キョンヨンハダ

いなか(田舎)
이 나 까

시골, 촌
シゴル　チョン

田舎に住む
이나까니 스무

시골(촌)에 살다
シゴ　チョンレ サルダ

田舎のおみやげです
이나까노 오 미 야 게 데 스

시골 선물입니다
シゴル　ソンムルイムニダ

私の田舎
와따시노 이나까

나의 시골
ナエ　シゴル

いぬ(犬)
이 누

개
ケ

犬をかう
이누오 가 우

개를 기르다
ケルゥ　キルダ

犬がほえる
이누가 호 에 루

개가 짖다
ケガ　チッタ

かわいい犬を下さい
가 와 이-　이누오 구다사이

귀여운 개를 주세요
クィヨウン　ケルゥ　チュセヨ

いのち(命)
이 노 찌

목숨, 생명
モクスム　センミョン

**あ**

命の恩人
이노쩨노 온 징
생명의 은인
センミョンエ ウニン

命をかける
이노쩨오가께 루
목숨을 걸다
モクスムル コルダ

だいじな命
다 이 지 나 이노쩨
소중한 생명
ソチュンハン センミョン

**いのる**（祈る）
이 노 루
**빌다**
ピルダ

成果があることを祈る
세―까가 아 루 고 또 오 이노루
성과가 있기를 빌다
ソンクァガ イッキルル ピルダ

祈る思い
이노루 오모이
비는 정성
ビヌン チョンソン

祈ってもだめだ
이 논 떼모 다 메 다
빌어도 안된다
ピロド アンデンダ

**いばる**（威張る）
이 바 루
**뻐기다, 뽐내다**
ポギダ　ポムネダ

あまりいばるな
아 마 리 이 바루나
너무 뻐기지 말아라
ノム　ポギジ　マララ

いばって歩く
이 받 떼아루꾸
뽐내며 걷다
ポムネミョ コッタ

いばりたい者
이 바 리 따이 모노
뽐내고 싶은 자
ポムネゴ シプン チャ

**いはん**（違反）
이 항
**위반**
ウィバン

交通違反
고―쯔―이항
교통 위반
キョトン ウィバン

規則違反
기소꾸이 항
규칙 위반
クュチク ウィバン

違反をしてはいけない
이항오 시떼와 이 께나이
위반하면 안된다
ウィバンハミョン アンデンダ

**いま**（今）
이 마
**지금**
チグム

今になって
이마니 날 떼
지금에 와서
チグメ　ワソ

今始まった
이마하지 맏 따
지금 시작되었다
チグム シジャッテオッタ

今がいい機会だ
이마가이ー 기까이다

**いまごろ（今頃）**
이 마 고 로

今頃は家にいるだろう
이마고로와이에니 이 루 다 로ー

今頃は雪だろう
이마고로와 유끼다 로-

去年の今頃
교 넨 노 이마고로

**いましめる（戒める）**
이 마 시 메 루

彼を戒めておいた
가레오 이마시메떼 오 이 따

自らを戒める
미즈까라오 이마시메루

将来を戒める
쇼-라이오 이마시메루

**いまに（今に）**
이 마 니

今に燃え出すぞ
이마니 모 에 다 스 조

今にわかる
이마니 와 까 루

今に成功して見せる
이마니세ー꼬ー시떼 미세루

**いみ（意味）**
이 미

意味がある
이 미 가 아 루

意味がわからない
이 미 가 와 까 라 나 이

---

지금이 좋은 기회다
チグミ　チョウン　キフェダ

**지금쯤, 이맘때**
チグムチュム　イマムテ

지금쯤은 집에 있겠지
チグムチュムン　チベ　イッケッチ

지금쯤은 눈이 오겠지
チグムチュムン　ヌニ　オゲッチ

작년 이맘때
チャンニョン　イマムテ

**경고하다, 자제하다,**
キョンゴハダ　チャジェハダ

**경계하다**
キョンゲハダ

그에게 경고해 두었다
クエゲ　キョンゴヘ　ドゥオッタ

스스로 자제하다
ススロ　チャジェハダ

장래를 경계하다
チャンネルル　キョンゲハダ

**이제, 곧, 언젠가**
イジェ　コッ　オンジェンガ

이제 타기 시작할 것이다
イジェ　タギ　シジャッカル　コシダ

곧 알 것이다
コッ　アル　コシダ

언젠가 성공하여
オンジェンガ　ソンゴンハヨ

보이겠다
ポイゲッタ

**의미**
ウィミ

의미가 있다
ウィミガ　イッタ

의미를 모른다
ウィミルル　モルンダ

何の意味があるの
난노이미가 아루노

무슨 의미가 있어요？
ムスン　ウィミガ　イッソヨ

**あ**

**イメージ**
이메ー지

**이미지**
イミジ

イメージが変った
이메ー지가 가왈따

이미지가 변했다
イミジガ　ビョネッタ

悪いイメージ
와루이이메ー지

나쁜 이미지
ナプン　イミジ

イメージがいいわ
이메ー지가이ー와

이미지가 좋아요
イミジガ　チョアヨ

**いもうと（妹）**
이모ー또

**누이**
ヌイ

私の妹です
와따시노 이모ー또데스

나의 누이입니다
ナエ　ヌイイㅿ二ダ

二人の妹
후따리노 이모ー또

두명의 누이
トゥミョンエ　ヌイ

かわいい妹
가와이ー이모ー또

귀여운 누이
クィヨウン　ヌイ

**いや（否）**
이야

**싫어, 아나, 아니오**
シロ　アニヤ　アニオ

いやでも応でも
이야데모 오ー데모

싫든 좋든
シルトゥン　チョットゥン

いや、そうではないよ
이야　소ー데와나이요

아냐, 그렇지 않아
アニャ　クロッチ　アナ

いや、どう致しまして
이야　도ー이따시 마시떼

아니오, 괜찮습니다
アニオ　クェンチャンスㅿ二ダ

**いや（嫌）**
이야

**싫음, 지독히, 아주**
シルㅿ　チドッキ　アジュ

仕事がいやになる
시고또가 이야니 나루

일이 싫어지다
イリ　シロジダ

いやに暑い日だ
이야니 아쯔이 히다

지독히 더운 날이다
チドッキ　トウン　ナリダ

いやに、きげんがいいな
이야니 기겡 가이ー나

아주, 기분이 좋으시군
アジュ　キブニ　チョウシグン

**いやいや（否否）**
이야이야

**아니아니, 아니오 결코,**
アニアニ　アニオ　キョルコ

あ

いやいやそれは違う
이 야 이 야 소 레 와 지가우

마지 못해서
マジ　モッテソ

아니아니 그것은 틀린다
アニアニ　クゴスン　トゥルリンダ

いやいやそんなわけでは
이 야 이 야　손 나 와 께 데 와

ない
나 이

아니오 결코 그런 뜻은
アニオ　キョルコ　クロン　トゥスン

아니오
アニオ

いやいや引き受ける
이 야 이 야 히 끼 우 께 루

마지못해 인수하다
マジモッテ　インスハダ

**いやしい**(卑しい)
이 야 시―

**천하다**
チョナダ

いやしい職業
이 야 시―　쇼꾸교―

천한 직업
チョナン　チゴプ

いやしい行為
이 야 시―　고―이

천한 행동
チョナン　ヘンドン

**いやみ**(嫌み)
이 야 미

**빈정대는 투, 싫은 소리**
ピンジョンデヌン トゥ　シルン　ソリ

いやみたっぷりな言葉
이 야 미　답 뿌 리 나 고또바

아주 빈정대는 투의 말
アジュ　ピンジョンデヌントゥエ マル

いやみをいう
이 야 미 오 유―

일부러 싫어할 소리를
イルブロ　シロハル　ソリルル

하다
ハダ

いやみを並べる
이 야 미 오 나 라 베 루

싫은 소리를 늘어놓다
シルン　ソリルル　ヌロノッタ

**いやらしい**(嫌らしい)
이 야 라 시―

**망측하다, 추잡하다,**
マンチュクカダ　チュジャプパダ

**메스꺼운**
メスコウン

厚化粧していやらしい
아쯔게쇼―시떼 이 야 라 시―

짙은 화장을 하니
チトゥン　ファジャンウル ハニ

망측하다
マンチュクカダ

いやらしい事を言う
이 야 라 시―　고또오 유―

추잡한 말을 하다
チュジャプパン マルル ハダ

いやらしい目付き / 메스꺼운 눈초리
이야라시ー 메쯔끼 / メスコウン ヌンチョリ

いよいよ / 점점, 드디어
이요이요 / チョムジョム トゥディオ

風がいよいよはげしくなる / 바람이 점점 거세어지다
가제가이요이요하게시꾸나루 / パラミ チョムジョム コセオジダ

いよいよ本降りだ / 드디어 비가 본격적으로
이요이요홈부리다 / トゥディオ ピガ ポンキョクチョグロ

온다
オンダ

いよいよぼくの番だ / 드디어 내 차례다
이요이요보꾸노반다 / トゥディオ ネ チャレダ

いよう(異様) / 이상함, 색다름
이요ー / イサンハム セクタルム

異様な音 / 이상한 소리
이요ー나 오또 / イサンハン ソリ

異様な服装 / 색다른 복장
이요ー나 후꾸소ー / セクタルン ポクチャン

目が異様に輝いた / 눈이 이상하게 빛났다
메가 이요ー니 가가야이따 / ヌニ イサンハゲ ピンナッタ

いよく(意欲) / 의욕
이요꾸 / ウィヨク

意欲的だ / 의욕적이다
이요꾸떼끼다 / ウィヨクチョギダ

生産意欲 / 생산의욕
세ー상이요꾸 / センサンウィヨク

意欲が旺盛だ / 의욕이 왕성하다
이요꾸가 오ー세ー다 / ウィヨギ ワンソンハダ

いらい(以来) / 이후, 부터
이라이 / イフ ブト

以来ますます / 이후 더욱 더
이라이마스마스 / イフ トゥクト

先月以来雨が降らない / 전달부터 비가 오지
셍게쯔이라이아메가 후라나이 / チョンダルブト ピガ オジ

않는다
アンヌンダ

いらい（依頼）
이 라 이

就職を依頼する
슈ー쇼꾸오 이라이스루

依頼したい事
이라이시 따 이고또

いらいら（苛苛）
이 라 이 라

人が来なくていらいら
히또가고 나 꾸 떼 이 라 이 라

する
스 루

騒音にいらいらする
소ー온니 이 라 이 라 스 루

待ちくたびれていらいら
마 찌 꾸 따 비 레 떼 이 라 이 라

する
스 루

いらっしゃい
이 랏 샤 이

こちらへいらっしゃい
고 찌 라 에 이 랏 샤 이

さあいらっしゃい
사ー이 랏 샤 이

やあ、いらっしゃい
야ー 이 랏 샤 이

いらっしゃる
이 랏 샤 루

立っていらっしゃる
달 떼 이 랏 샤 루

見ていらっしゃる
미 떼 이 랏 샤 루

お休みになっていらっ
오 야스미니 낟 떼 이 랏

しゃる
샤 루

의뢰, 부탁
ウィレ　ブタヶ

취직을 의뢰하다
チュィジグル　ウィレハダ

부탁할 일
ブタヶカル　イル

속 태우다, 짜증이 나다
ソヶ　テウダ　チャジュンイ　ナダ

사람이 오지 않아
サラミ　オジ　アナ

속 태우다
ソヶテウダ

소음으로 짜증이 나다
ソウムロ　チャジュンイ　ナダ

기다리다 못해 짜증이
キダリダ　モッテ　チャジュンイ

나다
ナダ

(어서)오십시오
オソ　オシヮシオ

이리로 오십시오
イリロ　オシヮシオ

자, 어서 오십시오
チャ　オソ　オシヮシオ

야, 잘 오셨습니다
ヤ　チャル　オショッスムニダ

계시다
ケシダ

서 계시다
ソ　ケシダ

보고 계시다
ポゴ　ケシダ

쉬고 계시다
スィゴ　ケシダ

あ

**いり**（入り）
이 리

한 패가 됨, 들어가는 것,
ハン ペガ デム トゥロカヌンコッ

발을 들여 놓음
パルル トゥリョ ノウム

仲間入り
나까마이리

한 패가 됨
ハン ペガ デム

入りが悪い
이 리 가 와루이

들이(용량)가 적다
トゥリ(ヨンニャン)カ チョクタ

政界入り
세ー까이이리

정계에 발을 들여 놓음
チョンゲエ パルル トゥリョ ノウム

**いりぐち**（入口）
이 리 구 찌

입구, 첫머리
イプク チョンモリ

入口を付ける
이리구찌오쯔 께 루

입구를 내다
イプクルル ネダ

入口でつまずく
이리구찌데쯔 마 즈 꾸

첫머리에서 차질이
チョンモリエソ チャジリ

생기다
センギダ

**いる**（居る）
이 루

있다
イッタ

ここに居るよ
고 꼬 니·이 루 요

여기에 있어요
ヨギエ イッソョ

友達がソウルに居る
도모다찌가소 우 루 니 이 루

친구가 서울에 있다
チングガ ソウレ イッタ

居るところわかる
이 루 도 꼬 로 와 까 루

있는 곳 알아요 ?
インヌン ゴッ アラョ

**いれる**（入れる）
이 레 루

넣다
ノッタ

カバンに入れる
가 반 니이레루

가방에 넣다
カバンエ ノッタ

コーヒーに砂糖を入れる
고ー히ー니 사또ー오 이레루

커피에 설탕을 넣다
コピエ ソルタンウル ノッタ

**いろ**（色）
이 로

색
セ

きれいな色
기레ー 나 이로

고운 색
コウン セ

いろんな色
이 론 나 이로

この色はよくない
고노 이로와 요 꾸 나 이

**いろいろ**(色色)
이 로 이 로

いろいろあるよ
이로 이로 아 루 요

いろいろな商品がある
이 로 이 로 나 쇼-힝 가 아루

いろいろ変わった
이 로 이 로 가 왇 따

**いわう**(祝う)
이 와 우

正月を祝う
쇼-가쯔오 이와우

門出を祝う
가도데오 이와우

友人の結婚を祝う
유-진노 겍 꽁 오 이와우

**いわば**(言わば)
이 와 바

言わば子供だ
이 와 바 고도모 다

言わば籠の鳥だ
이 와 바 가고노 도리다

言わば単細胞だ
이 와 바 단사이보- 다

**いんしょう**(印象)
인 쇼-

いい印象を受ける
이- 인쇼-오우 께 루

印象が悪い
인쇼-가 와루이

印象はどうだい
인쇼-와 도- 다 이

여러 가지 색
ヨロ　カジ　セッ

이 색은 좋지 않다
イ　セグン　チョッチ　アンタ

**이것저것, 여러 가지**
イゴッチョゴッ　ヨロ　カジ

이것저것 있어요
イゴッチョゴッ　イッソヨ

여러 가지 상품이 있다
ヨロ　カジ　サンプミ　イッタ

이것저것 달라졌다
イゴッチョゴッ　タルラジョッタ

**축하하다**
チュッカハダ

설을 축하하다
ソルル　チュッカハダ

새 출발을 축하하다
セ　チュルバルル　チュッカハダ

친구의 결혼을 축하하다
チングエ　キョロヌル　チュッカハダ

**말하자면**
マラジャミョン

말하자면 어린 아이다
マラジャミョン　オリン　アイダ

말하자면 새장 속의 새다
マラジャミョン　セジャン　ソゲ　セダ

말하자면 단세포다
マラジャミョン　タンセポダ

**인상**
インサン

좋은 인상을 받다
チョウン　インサンウル　パッタ

인상이 나쁘다
インサンイ　ナプダ

인상은 어때요？
インサンウン　オテヨ

いんしょく(飲食)
인 쇼 꾸

음식
ウムシク

飲食店に行く
인쇼꾸뗀니 이 꾸

음식점에 가다
ウムシクチョメ カダ

飲食物を買う
인쇼꾸부쯔오 가 우

음식물을 사다
ウムシンムルル サダ

飲食に気をつける
인쇼꾸니 기 오 쯔 께 루

음식에 주의하다
ウムシゲ チュウィハダ

いんたい(引退)
인 따이

은퇴
ウントェ

引退声明
인따이세—메—

은퇴성명
ウントェソンミョン

社長が引退する
샤쬬—가 인따이 스 루

사장이 은퇴하다
サジャンイ ウントェハダ

第一線を引退する
다이잇셍 오 인따이스루

제일선에서 은퇴하다
チェイルソネソ ウントェハダ

いんちき
인 찌끼

속임수, 가짜
ソギムス カチャ

いんちきをする
인 찌끼오스루

속임수를 쓰다
ソギムスルル スダ

いんちき時計
인 찌끼도께—

가짜 시계
カチャ シゲ

それはいんちきだ
소 레 와 인 찌끼다

그건 가짜다
クゴン カチャダ

いんねん(因縁)
인 넹

인연, 생트집
イニョン セントゥジブ

これも何かの因縁だ
고 레 모 나니까 노 인 넹 다

이것도 어떤 인연이다
イゴット オトン イニョニダ

彼との因縁は浅くない
가레또노 인 넹 와 아사꾸 나 이

그와의 인연은 얕지 않다
クワエ イニョヌン ヤッチ アンタ

因縁をつける
인 넹오쯔께루

생트집을 잡다
セントゥジブル チャプタ

いんぼう(陰謀)
임 보—

음모
ウムモ

陰謀をたくらむ
임보—오 다 구 라 무

음모를 꾸미다
ウムモルル クミダ

陰謀を見破る
임보―오 미 하 루
음모를 간파하다
ウムモルル　カンパハダ

陰謀をあばく
임보―오 아 바 꾸
음모를 폭로하다
ウムモルル　ポンノハダ

## いんよう(引用)
잉 요―
## 인용
イニョン

引用符をつける
잉요―후오 쯔께루
인용부호를 달다
イニョンブホルル　タルダ

引用文を読む
잉요― 봉오요무
인용문을 읽다
イニョンムヌル　イルタ

聖書の言葉を引用する
세―쇼노 고또바오 잉요―스루
성경의 말을 인용하다
ソンギョンエ　マルル　イニョンハダ

# 【う】

## うえ(上)
우에
## 위
ウィ

山の上から下を見る
야마노 우에까라 시따오 미루
산 위에서 밑을 보다
サン　ウィエソ　ミトゥル　ポダ

机の上を整理する
쯔꾸에노 우에오 세―리스루
책상 위를 정리하다
チェクサン　ウィルル　チョンニハダ

この上に物を置かないで
고노 우에니 모노오오 까 나 이 데
이 위에 물건을 두지마라
イ　ウィエ　ムルゴヌル　トゥジマラ

## うえる(植える)
우에루
## 심다
シムタ

木を植える
기 오 우에루
나무를 심다
ナムルル　シムタ

愛国心を植えつける
아이꼬꾸싱오 우 에 쯔 께 루
애국의 넋을 심어주다
エグゲ　　ノクスル シモジュダ

## うかがう(伺う)
우 까 가 우
## 듣다, 여쭙다
トゥッタ　ヨチュプタ

お話を伺う
오하나시오 우까가우
말씀을 듣다
マルスムル　トゥッタ

伺いたい事がある
우까가이 따이고또가 아 루

여쭤 볼 말씀이 있다
ヨチュォ ボル マルスミ イッタ

ちょっと伺いますが
쬿　　　　또 우까가이 마 스 가

잠깐 여쭙겠는데
チャムカン ヨチュブケンヌンデ

**うかぶ**(浮ぶ)
우 까 부

**뜨다, 어리다, 떠오르다**
トゥダ　オリダ　　トオルダ

空に浮ぶ雲
소라니 우까부구모

하늘에 뜬 구름
ハヌレ　トゥンクルム

涙が目に浮ぶ
나미다가메니 우까부

눈물이 어리다
ヌンムリ　オリダ

名案が浮ぶ
메ー앙가 우까부

명안이 떠오르다
ミョンアニ　トオルダ

**うく**(浮く)
우 꾸

**뜨다, 흔들거리다**
トゥダ　フンドゥルゴリダ

からだが浮く
가 라 다 가　우 꾸

몸이 뜨다
モミ　トゥダ

土台が浮く
도다이가 우 꾸

토대가 흔들거리다
トデガ　　フンドゥルゴリダ

**うけつける**(受け付ける)
우 께 쯔 게 루

**접수하다, 받아들이다**
チョブスハダ　パダドゥリダ

明日まで受け付ける
아 스 마 데 우 께 쯔 께 루

내일까지 접수한다
ネイルカジ　　チョブスハンダ

全然受け付けない
젠 젱 우 께 쯔 께 나 이

전연 받아들이지 않다
チョニョン　パダドゥリジ　　アンタ

忠言を全く受け付けない
쮸ー겡오 맏따꾸 우 께 쯔 께 나 이

충고를 전혀 받아들이지
チュンゴルル チョニョ パダドゥリジ

않다
アンタ

**うけとる**(受け取る)
우 께 도 루

**받다, 받아들이다**
パッタ　パダトゥリダ

ボールを受け取る
보ー 루오 우 께 도 루

공을 받다
コンウル　パッタ

代金を受け取る
다이낑오 우 께 도 루

대금을 받다
テグムル　パッタ

まともに受け取る
마 또 모 니 우 께 도 루

곧이곧대로 받아들이다
コジコッテロ　　パダドゥリダ

うける（受ける）
우 께 루

注文を受ける
쮸ー몽오 우 께 루

評価を受ける
효ー까오 우 께 루

教育を受ける
교ー이꾸오 우 께 루

うごかす（動かす）
우 고 까 스

汽車を動かす
기 샤 오 우고까스

動かすことの出来ない事実
우고까스 고또노　데끼나이 지지쯔

机を動かす
쯔꾸에오 우고까스

うし（牛）
우 시

牛が三頭いる
우시가 산또ー이루

牛と馬
우시또 우마

牛肉
규ー니꾸

うしなう（失う）
우 시 나 우

失った物をさがす
우시낟따 모노오 사 가 스

興味を失う
교ー미오 우시나우

資格を失う
시까꾸오 우시나우

うしろ（後）
우 시 로

前と後
마에또 우시로

받다
パッタ

주문을 받다
チュムヌル　パッタ

평가를 받다
ピョンカルル　パッタ

교육을 받다
キョユグル　パッタ

움직이다, 옮기다
ウムジギダ　　オムギダ

기차를 움직이다
キチャルル　ウムジギダ

움직일 수 없는 사실
ウムジギルル ス　オムヌン サシル

책상을 옮기다
チェクサンウル オムギダ

소
ソ

소가 세마리 있다
ソガ　　セマリ　　イッタ

소와 말
ソワ　　マル

소고기（쇠고기）
ソゴギ　　ソェゴギ

잃다
イルタ

잃었던 물건을 찾다
イロットン ムルゴヌル チャッタ

흥미를 잃다
フンミルル イルタ

자격을 잃다
チャギョグル イルタ

뒤
トゥィ

앞과 뒤
アプクァ トゥィ

後すがた
우시로스가따

뒷 모습
トゥィン モスプ

後をよく見なさい
우시로오요 꾸미나사이

뒤를 잘 보시오
トゥィルル チャル ボシオ

**うすい(薄い)**
우스이

**얇다**
ヤルタ

薄いガラス
우스이 가라스

얇은 유리
ヤルブン ユリ

紙が薄い
가미가 우스이

종이가 얇다
チョンイガ ヤルタ

もっと薄く切りなさい
몯 또 우스꾸기리나사이

더 얇게 자르시오
ト ヤルケ チャルシオ

**うずめる(埋める)**
우즈메루

**묻다**
ムッタ

土に埋める
쯔찌니 우즈메루

땅 속에 묻다
タン ソゲ ムッタ

骨を埋める
호네오 우즈메루

뼈를 묻다
ピョルル ムッタ

炭を埋めておく
스미오 우즈메떼 오꾸

숯을 묻어 두다
ススル ムド トゥダ

**うそ(嘘)**
우소

**거짓**
コジッ

うそのない率直な気持
우소노나이 쬬꾸나 기모찌

거짓없는 솔직한 심정
コジッオムヌン ソルチッカン シムジョン

うそつき
우소쯔끼

거짓말쟁이
コジンマルジェンイ

うそをつくな
우소오쯔꾸나

거짓말을 하지 마
コジンマルル ハジ マ

**うたう(歌う)**
우따우

**노래하다, 부르다**
ノレハダ プルダ

愛を歌う
아이오 우따우

사랑을 노래하다
サランウル ノレハダ

心をこめて歌う
고꼬로오 고메떼 우따우

심정을 담아 부르다
シムジョンウル タマ プルダ

うまく歌えよ
우 마 꾸 우따에요

잘 불러라
チャル プルロラ

## うたがう（疑う）
우 따 가 우

少しも疑うところがない
스꼬시모 우따가우도꼬로 가 나이

ほんとうに疑わしいね
혼 또ー니 우따가와 시ー 네

疑われないように
우따가와레나이 요ー 니

## うち（内）
우 찌

内と外
우찌또 소또

内側を歩く
우찌가와오 아루꾸

## うちゅう（宇宙）
우 쮸ー

宇宙旅行
우 쮸ー료꼬ー

宇宙空間
우 쮸ー꾸ー깡

宇宙旅行したいな
우쮸ー료꼬ー시 따 이 나

## うつ（打つ）
우 쯔

ほおを打つ
호 오 오 우쯔

ボールを打つ
보ー 루오 우쯔

電報を打つ
뎀뽀ー오 우쯔

## うつくしい（美しい）
우 쯔 꾸 시ー

美しいわが祖国
우쯔꾸시ー와 가 소꼬꾸

美しい歌声
우쯔꾸시ー 우따고에

## 의심하다
ウィシマダ

조금도 의심할 바 없다
チョグムド ウィシマル バ オプタ

정말로 의심스러워요
チョンマルロ ウィシムスロウォヨ

의심스럽지 않게
ウィシムスロプチ アンケ

## 안
アン

안과 밖
アングァ パク

안쪽으로 걷다
アンチョグロ コッタ

## 우주
ウジュ

우주여행
ウジュヨヘン

우주공간
ウジュコンガン

우주여행 하고 싶어요
ウジュヨヘン ハゴ シプポヨ

## 치다
チダ

뺨을 치다
ピャムル チダ

공을 치다
コンウル チダ

전보를 치다
チョンボルル チダ

## 아름답다
アルムダプタ

아름다운 내 조국
アルムダウン ネ チョグク

아름다운 노랫소리
アルムダウン ノレッソリ

ほんとうに美しいですね
혼 또-니 우쯔꾸시-데스네

정말로 아름답군요
チョンマルロ アルムダプクニョ

## あ

うつす(写す)
우쯔스

베끼다, 찍다
ペキダ　チクタ

ノートを写す
노-또오 우쯔스

노트를 베끼다
ノットゥルル ペキダ

写真を写す
샤싱 오 우쯔스

사진을 찍다
サジヌル チクタ

うつす(移す)
우쯔스

옮기다
オムギダ

場所を移す
바쇼오 우쯔스

장소를 옮기다
チャンソルル オムギダ

視線を移す
시 셍오 우쯔스

시선을 옮기다
シソヌル オムギダ

決意を実践に移そう
게쯔이오 짓 센니 우쯔소-

결의를 실천으로 옮기자
キョリルル シルチョヌロ オムギジャ

うで(腕)
우 데

팔, 솜씨
パル ソムシ

腕の力がある
우데노 찌까라가 아루

팔의 힘이 있다
パレ ヒミ イッタ

腕を振う
우데오 후루우

솜씨를 발휘하다
ソムシルル パルィハダ

腕に覚えがある
우데니 오보에가 아 루

솜씨에 자신이 있다
ソムシエ チャシニ イッタ

うばう(奪う)
우 바 우

빼앗다
ペアッタ

敵の武器を奪う
데끼노부 끼 오 우바우

적의 무기를 빼앗다
チョゲ ムギルル ペアッタ

小銭まで奪う
고제니마 데 우바우

잔돈까지 빼앗다
チャンドンカジ ペアッタ

心を奪う
고꼬로오 우바우

마음을 빼앗다
マウムル パアッタ

うま(馬)
우 마

말
マル

馬に乗る
우마니 노 루

말을 타다
マルル タダ

馬をおいやる
우마오 오 이 야 루

말을 몰다
マルル モルダ

あの馬は速いねえ
아노 우마와 하야이네―

저 말은 빨라요
チョ マルン パルラヨ

**うまい**
우 마 이

**맛있다, 잘하다,**
マシッタ チャラダ

**좋다**
チョッタ

このりんごは旨い
고 노 링 고 와 우마이

이 사과는 맛있다
イ サグァヌン マシッタ

彼女は歌が上手い
가노죠와 우따가 우마이

그녀는 노래를 잘한다
クニョヌン ノレルル チャランダ

上手い考えが浮かぶ
우 마 이 강가에가 우 까 부

좋은 생각이 떠오르다
チョウン センガギ トオルダ

**うまれる**(生れる)
우 마 레 루

**태어나다**
テヨナダ

世に生れる
요 니 우마레 루

세상에 태어나다
セサンエ テヨナダ

農民の息子に生れる
노―민노 무스꼬니 우마레 루

농민의 아들로 태어나다
ノンミネ アドゥルロ テヨナダ

いつ生れるの
이 쯔 우마레 루 노

언제 태어나요?
オンジェ テヨナヨ

**うみ**(海)
우 미

**바다**
パダ

広い海
히로이 우미

넓은 바다
ノルブン パダ

遠い海
도―이우미

먼 바다
モン パダ

今年は海に行こう
고또시와 우미니 이꼬―

올해는 바다로 가자
オレヌン パダロ カジャ

**うむ**(生む)
우 무

**낳다**
ナッタ

ねずみが子をうむ
네 즈 미 가 꼬 오 우 무

쥐가 새끼를 낳는다
チュィガ セキルル ナンヌンダ

傑作をうむ
겟사꾸오 우 무

걸작을 낳다
コルチャグル ナッタ

うわさがうわさをうむ
우와사가우 와사오우무

소문이 소문을 낳다
ソムニ ソムヌル ナッタ

**うめる（埋める）**
우메루

**메우다, 채우다**
メウダ チェウダ

穴を埋める
아나오 우메루

구멍을 메우다
クモンウル メウダ

余白を埋める
요하꾸오 우메루

여백을 채우다
ヨベグル チェウダ

赤字を埋める
아까지오 우메루

적자를 메우다
チョクチャルル メウダ

**うら（裏）**
우라

**뒤쪽, 뒤, 뒷면**
トゥィチョク トゥィ トゥィンミョン

裏の畑
우라노 하따께

뒷쪽에 있는 밭
トゥィチョゲ インヌン パッ

裏で策略をめぐらす
우라데 사꾸랴꾸오 메구라스

뒤에서 책략을 꾸미다
トゥィエソ チェンリャグル クミダ

ページの裏
페ー지 노우라

페이지 뒷면
ペイジ トゥィンミョン

**うらおもて（裏表）**
우라오모떼

**앞뒤, 안팎, 표리**
アプトゥィ アンパク ピョリ

紙の裏表
가미노 우라오모떼

종이의 앞 뒤
チョンイエ アプ トゥィ

物の裏表に通じた人
모노노 우라오모떼니 쯔ー지따히또

사물의 안팎에 정통한
サムレ アンパゲ チョントンハン

사람
サラム

裏表のない人間
우라오모떼노 나이 닝겡

표리 없는 사람
ピョリ オムヌン サラム

**うらぎる（裏切る）**
우라기루

**배반하다, 어긋나다**
ペバナダ オグンナダ

味方を裏切る
미까따오 우라기루

자기편을 배반하다
チャギピョヌル ペバナダ

期待を裏切る
기따이오 우라기루

기대에 어긋나다
キデエ オグンナダ

裏切りはゆるせない
우라기리 와 유루세 나이

배반은 용서할 수 없다
ペバヌン ヨンソハル ス オプタ

うらむ（恨む）
우 라 무

天をも人をも恨まず
뎅 오 모 히또오 모우라 마 즈

逸機が恨まれる
익 끼 가 우라마 레 루

원망하다
ウォンマンハダ

하늘도 사람도 원망하지
ハヌルド　サラムド　ウォンマンハジ

않겠다
アンケッタ

기회를 놓친 것이
キフェルル ノッチン　ゴシ

원망스럽다
ウォンマンスロッタ

うらやましい（羨ましい）
우 라 야 마 시ー

贅沢な生活がうらやま
제ー따꾸나 세ー까쯔가 우 라 야 마

しい
시ー

君の幸運がうらやましい
기미노고ー웅가 우 라 야 마 시ー

人の成績がうらやましい
히또노 세ー세끼가 우 라 야 마 시ー

부럽다
プロッタ

사치스러운 생활이
サチスロウン　　センファリ

부럽다
プロッタ

자네의 행운이 부럽다
チャネエ　　ヘンウニ　　プロッタ

남의 성적이 부럽다
ナメ　　ソンジョギ プロッタ

うる（売る）
우 루

商品を売る
쇼ー힝오 우 루

名を売る
나 오 우 루

売ってはいけない
운 떼 와 이 께 나 이

팔다
パルダ

상품을 팔다
サンプムル　パルダ

이름을 팔다
イルムル　　パルダ

팔면 안되요
パルミョン　アンデヨ

うるおう（潤ら）
우 루 오 우

雨で木がうるおう
아메데 기 가 우 루 오 우

（물기를）머금다,
ムルキルル　モグムタ

넉넉해지다, 혜택을 보다
ノンノッケジダ　　ヘテグル　ボダ

비가 와서 나무가 물기를
ピガ　　ワソ　　ナムガ　　ムルキルル

머금다
モグムタ

ふところがうるおう
后또꼬로가 우루오우

주머니가 넉넉해지다
チュモニガ　ノンノッケジダ

観光客でうるおう
강꼬ー꺄꾸데 우루오우

관광객으로 혜택을 보다
クァングァンゲグロ　ヘテグル　ポダ

## うるさい
우루사이

## 시끄럽다, 귀찮다
シクロッタ　クィチャンタ

うるさい問題が起こった
우루사이 몬다이가 오 꼳 따

시끄러운 문제가
シクロウン　ムンジェガ

일어났다
イロナッタ

うるさくつきまとう
우루사 꾸 쯔 끼 마 또ー

귀찮게 따라다니다
クィチャンケ　タラダニダ

車の走る音がうるさい
구루마노 하시루 오또가 우루사이

차 달리는 소리가
チャ　タルリヌン　ソリガ

시끄럽다
シクロッタ

## うれしい(嬉しい)
우레 시ー

## 기쁘다
キプダ

嬉しい便り
우레시ー 다요리

기쁜 소식
キプン　ソシク

ほめられたので嬉しい
호메라레 따 노 데 우레시ー

칭찬을 받으니 기쁘다
チンチャヌル パドゥニ　キプダ

なんで嬉しくないの
난 데 우레시꾸나이노

왜 기쁘지 않아요?
ウェ　キプジ　アナヨ

## うわぎ(上着)
우 와 기

## 웃옷
ウドッ

上着を着る
우와기오 기루

웃옷을 입다
ウドスル　イプタ

上着を買う
우와기오 가우

웃옷을 사다
ウドスル　サダ

上着を下さい
우와기오 구다 사이

웃옷을 주세요
ウドスル　チュセヨ

## うわさ(噂)
우 와 사

## 이야기, 소문
イヤギ　ソムン

人の噂をする
히또노 우와사오 스 루

남의 이야기를 하다
ナメ　イヤギルル　ハダ

噂が立つ
우와사가 다쯔
소문이 나다
ソムニ　ナダ

噂を気にする
우와사오 기니스루
소문에 신경쓰다
ソムネ　シンギョンスダ

## うんてん（運転）
운 뗑
운전
ウンジョン

自動車の運転がうまい
지도ー샤노 운 뗑가우마이
자동차 운전이 익숙하다
チャドンチャ　ウンジョニ　イクスックカダ

機械をうまく運転する
기까이오 우마꾸운뗑스루
기계를 잘 운전하다
キゲルル　チャル　ウンジョナダ

運転資金
운 뗑시 낑
운전자금
ウンジョンチャグム

## うんどう（運動）
운 도ー
운동
ウンドン

選挙運動
셍꾜운도ー
선거운동
ソンゴウンドン

準備運動
쥼비운도ー
준비운동
チュンビウンドン

運動会
운도ー까이
운동회
ウンドンフェ

## うんめい（運命）
움 메ー
운명, 팔자
ウンミョン　パルチャ

祖国の運命
소꼬꾸노 움메ー
조국의 운명
チョグゲ　ウンミョン

それは運命ではない
소 레 와 움메ー데 와 나이
그것은 운명이 아니다
クゴスン　ウンミョンイ　アニダ

人の運命はわからない
히또노 움메ー와 와 까 라 나 이
사람 팔자는 모른다
サラム　パルチャヌン　モルンダ

# 【え】

え（絵）
에
그림, 화면
クリム　ファミョン

随分古い絵
즈이붕 후루이 에
꽤 오래 된 그림
クェ オレ テン クリム

絵がはっきりしない
에가 학 끼리시나이
화면이 깨끗하지 못하다
ファミョニ ケクッタジ モッタダ

**えいが(映画)**
에ー가
**영화**
ヨンファ

映画化
에ー가까
영화화
ヨンファファ

映画館に行く
에ー가깐니 이 꾸
영화관에 가다
ヨンファグァネ カダ

記録映画をとる
기로꾸에ー가오 도루
기록 영화를 찍다
キロク ヨンファルル チクタ

**えいきょう(影響)**
에ー꾜ー
**영향**
ヨンヒャン

影響力
에ー꾜ー료꾸
영향력
ヨンヒャンリョク

影響を強く受ける
에ー꾜ー오 쯔요꾸 우께루
영향을 크게 받다
ヨンヒャンウル クゲ パッタ

影響を与えた
에ー꾜ー오 아따에따
영향을 주었다
ヨンヒャンウル チュオッタ

**えいぎょう(営業)**
에ー교ー
**영업**
ヨンオブ

営業停止
에ー교ー떼ー시
영업정지
ヨンオブチョンジ

営業案内
에ー교ー안나이
영업안내
ヨンオブアンネ

九時まで営業する
구지마데 에ー교스루
9시까지 영업하다
アホッシカジ ヨンオブパダ

**えいよう(栄養)**
에ー요ー
**영양**
ヨンヤン

栄養がいい
에ー요ー가 이ー
영양이 좋다
ヨンヤンイ チョッタ

栄養がない
에ー요ー가 나이
영양이 없다
ヨンヤンイ オプタ

栄養を取る
에ー요ー오 도루
영양을 섭취하다
ヨンヤンウル ソプチュィハダ

えき（駅）
에 끼

駅で待つ
에끼데 마 쯔

駅伝競走
에끼멩꾜ー소ー

東京駅で乗りかえる
도ー꾜ー에끼데 노 리 가에루

えきたい（液体）
에 끼 따 이

溶けて液体になる
도 께 떼 에끼따이니 나 루

液体酸素を作る
에끼따이 산소오 쯔꾸루

エネルギー
에 네 루 기ー

エネルギーがある
에 네 루 기ー 가 아 루

運動エネルギーが弱い
운 도ー에 네 루 기ー가 요와이

エネルギーを利用する
에 네 루 기ー 오 리요ー스 루

えび（海老）
에 비

えびを食べる
에 비 오 다 베 루

えびを料理する
에 비 오 료ー리 스 루

えびをごちそうしま
에 비 오 고 찌 소ー 시 마

しょうか
쇼 ー 까

えらい（偉い）
에 라 이

偉い人
에라이 히또

역
ヨク

역에서 기다리다
ヨゲソ　　キダリダ

역전 경주
ヨクチョン キョンジュ

동경역에서 갈아타다
トンギョンヨゲソ　カラタダ

액체
エクチェ

녹아서 액체가 된다
ノガソ　　エクチェガ テンダ

액체산소를 만들다
エクチェサンソルル　マンドゥルダ

에너지
エノジ

에너지가 있다
エノジガ　　イッタ

운동에너지가 약하다
ウンドンエノジガ　　ヤッカタ

에너지를 이용하다
エノジルル　イヨンハダ

새우
セウ

새우를 먹다
セウルル　モクタ

새우를 요리하다
セウルル　ヨリハダ

새우를 대접할까요？
セウルル　テジョブハルカヨ

훌륭하다
フルリュンハダ

훌륭한 사람
フルリュンハン サラム

あ

車に偉い人が乗っている
구루마니 에라이 히또가 놑 떼 이 루

えらぶ(選ぶ)
에 라 부

最もよい物を選ぶ
몯또모 요 이 모노오 에라부

人を選ぶ
히또오 에라부

早く選べ
하야꾸 에라베

える(得る)
에 루

知識を得る
찌시끼오 에 루

信頼を得る
신라이오 에루

えん(円)
엥

鳥が円を描いて飛ぶ
도리가 엥 오 에가이 뗘 도 부

1,000円で買う
셍 엔데가우

えんちょう(延長)
엔 쬬 -

延長戦に入る
엔쬬-센 니 하이루

会議を延長する
가이기오 엔 쬬-스루

えんぴつ(鉛筆)
엠 삐 쯔

鉛筆一本
엠삐쯔 입 뽕

鉛筆ちょうだい
엠삐쯔쬬- 다 이

차에 훌륭한 사람이 타고
チャエ　フルリュンハン　サラミ　タゴ

있다
イッタ

고르다, 뽑다
コルダ　　ポプタ

제일 좋은 것을 고르다
チェイル　チョウン　ゴスㇽ　コルダ

사람을 고르다
サラムㇽ　コルダ

빨리 뽑아라
パㇽリ　ポパラ

얻다
オッタ

지식을 얻다
チシグㇽ　オッタ

신뢰를 얻다
シㇽレルㇽ　オッタ

원, 엔
ウォン　エン

새가 원을 그리며 날다
セガ　ウォヌㇽ　クリミョ　ナㇽダ

1000엔으로 사다
チョネンウロ　サダ

연장
ヨンジャン

연장전에 들어서다
ヨンジャンジョネ　トゥロソダ

회의를 연장하다
フェウィㇽ　ヨンジャンハダ

연필
ヨンピㇽ

연필 한자루
ヨンピㇽ　ハンジャル

연필 주세요
ヨンピㇽ　チュセヨ

鉛筆で書く
엠뻬쯔데 가꾸

연필로 쓰다
ヨンピルロ　スダ



えんまん（円満）
엠　망

원만
ウォンマン

円満な性格
엠 만 나 세―까꾸

원만한 성격
ウォンマナン　ソンキョク

円満な家庭
엠 만 나 가 떼―

원만한 가정
ウォンマナン　カジョン

事が円満に解決して
고또가 엠 만 니 가이께쯔시떼

일이 원만하게
イリ　　ウォンマナゲ

いくね
이 꾸 네

풀려나가네요
プルリョナガネヨ

えんりょ（遠慮）
엔　료

사양
サヤン

あまり遠慮しない
아 마 리 엔 료 시 나 이

너무 사양하지 않는다
ノム　サヤンハジ　アンヌンダ

招待を遠慮する
쇼―따이오엔 료 스 루

초대를 사양하다
チョデルル　　サヤンハダ

# 【お】

おいしい（美味しい）
오 이 시―

맛있다
マディッタ（マシッタ）

とてもおいしい
도 떼 모 오 이 시―

매우 맛있다
メウ　マディッタ

料理は全部おいしい
료―리와 젬 부 오 이 시―

요리는 전부 맛있다
ヨリヌン　チョンブ　マディッタ

ほんとうにおいしいね
혼 또― 니 오 이 시― 네

정말로 맛있어요
チョンマルロ　マディッソヨ

おいつく（追い付く）
오 이 쯔 꾸

뒤따라 붙다, 달하다,
ティタラ　ブッタ　タラダ

미치다
ミチダ

すぐ追いつく
スグ オイ ッ ク

곧 뒤따라 붙다
コッ ティタラ ブッタ

成績が追いつく
セーセッキガ オ イ ッ ク

성적이 달하다
ソンジョギ タラダ

外国の水準に追いつく
ガイッコクノ スイジュンニ オイッ ク

외국의 수준에 미치다
ウェグゲ スジュネ ミチダ

**おいて**(於て)
オ イ ッテ

**에 있어서**
エ イッソソ

開催に於いて
ガイサイニ オ イ ッテ

개최에 있어서
ケチェエ イッソソ

古代に於いては
コダイ ニ オイッテ ワ

고대에 있어서는
コデエ イッソソヌン

規模に於いて第一等だ
キ ボ ニ オ イ ッテ ダイイル ッ トーダ

규모에 있어서 제일이다
キュモエ イッソソ チェイリダ

**おうだん**(横断)
オ ー ダン

**횡단**
フェンダン

大陸横断飛行
ダイリクオ ー ダンヒコー

대륙 횡단 비행
テリュク フェンダン ピヘン

横断歩道
オ ー ダン ホ ドー

횡단 보도
フェンダン ポド

道を横断しよう
ミッチオ オ ー ダンシ ヨー

길을 횡단하자
キルル フェンダンハジャ

**おおい**(多い)
オ ー イ

**많다**
マンタ

山に木が多い
ヤマニ キ ガ オ ー イ

산에 나무가 많다
サネ ナムガ マンタ

経験が多い
ゲ ー ッケンガ オ ー イ

경험이 많다
キョンホミ マンタ

今年は雨が多い
コ ッ トシワ アメガ オ ー イ

금년은 비가 많다
クムニョヌン ピガ マンタ

**おおきい**(大きい)
オ ー ッキー

**크다**
クダ

からだが大きい
ガ ラ ダ ガ オ ーッキー

몸집이 크다
モ ム チビ クダ

このくつは大きい
コ ノ ク ッ ツ ワ オ ーッキー

이 구두는 크다
イ クドゥヌンクダ

大きな松があるよ
오ー끼 나 마쯔가 아 루 요

큰 소나무가 있어요
クン ソナムガ　イッソヨ

**オープン**
오ー 뽕

**오픈**
オプン

店をオープンする
미세오오ー 뽕　스루

가게를 오픈하다
カゲル　オプンハダ

12日のオープン
쥬ー니니찌노오ー 뽕

12일의 오픈
シビイレ　オプン

いつオープンするの
이쯔오ー 뽕　스루노

언제 오픈해요？
オンジェ オプンヘヨ

**おかしい**(可笑しい)
오 까 시ー

**이상하다**
イサンハダ

おかしい機械音
오 까 시ー 기까이옹

이상한 기계소리
イサンハン キゲソリ

頭がおかしい
아따마가오 까 시ー

머리가 이상하다
モリガ　イサンハダ

おかしいことを言うね
오 까 시ー 고또오 유ー네

이상한 말을 하네요
イサンハン マル　ハネヨ

**おきる**(起きる)
오 끼 루

**일어나다**
イロナダ

事件が起きる
지 껭가 오 끼 루

사건이 일어나다
サコニ　イロナダ

朝早く起きる
아사하야꾸오 끼 루

아침 일찍 일어나다
アチム イルチク　イロナダ

起きたら昼だった
오 끼 따 라 히루 닫 따

일어나니 낮이었다
イロナニ　ナジョッタ

**おく**(置く)
오 꾸

**놓다**
ノッタ

物を置く
모노오 오 꾸

물건을 놓다
ムルゴヌ　ノッタ

荷物を置く
니모쯔오 오 꾸

짐을 놓다
チム　ノッタ

そこに置かないで下さい
소 꼬니 오까나이데 구다사이

거기에 물건을 놓지
コギエ　ムルゴヌ ノッチ

마세요
マセヨ

## おくる（送る）
오꾸루

小包を送る
고즈쯔미오 오꾸루

明日荷物を送る
아스 니모쯔오 오꾸루

拍手を送るよ
하꾸슈오 오꾸루요

## おくれる（遅れる）
오꾸레루

時間に遅れる
지깐니 오꾸레루

遅れてはいけない
오꾸레떼 와 이께 나 이

飛行機が1時間送れた
히꼬―끼 가 이찌지깡 오꾸레따

## おこなう（行う）
오꼬나우

式を行う
시끼오 오꼬나우

行事が行われた
교―지가 오꼬나와레따

無事行うことができた
부지오꼬나우 고 또 가 데 끼 따

## おこる（起こる）
오꼬루

事が起こる
고또가 오 꼬 루

起こった事は仕方ない
오 꼳 따 고또와 시까따 나 이

こんど起こったら大変だ
곤 도 오꼳 따 라 다이헨다

## 보내다
ポネダ

소포를 보내다
ソポルル　ポネダ

내일 짐을 보내다
ネイル　チムル　ポネダ

박수를 보내요
パクスルル　ポネヨ

## 늦어지다
ヌジョジダ

시간에 늦어지다
シガネ　ヌジョジダ

늦어지면 안돼요
ヌジョジミョン　アンデョ

비행기가 1시간
ピヘンギガ　ハンシガン

늦어졌다
ヌジョジョッタ

## 거행하다
コヘンハダ

식을 거행하다
シグル　コヘンハダ

행사가 거행되었다
ヘンサガ　コヘンデョッタ

무사히 거행할 수 있었다
ムサヒ　コヘンハルス　イッソッタ

## 일어나다
イロナダ

일이 일어나다
イリ　イロナダ

일어난 일은 할 수 없다
イロナン　イルン　ハルス　オプタ

이번에 일어나면
イボネ　イロナミョン

큰일이다
クニリダ

## おしえる(教える)
오 시 에 루

### ゴルフを教える
고 루 후 오 오 시 에 루

### 子供に英語を教える
고 도 모 니 에ー고 오 오 시 에 루

### よく教えて下さい
요 꾸 오 시 에 떼 구 다 사 이

## おしゃべり
오 샤 베 리

### おしゃべりをする
오 샤 베 리 오 스 루

### 楽しいおしゃべり
다 노 시ー 오 샤 베 리

### おしゃべりをやめなさい
오 샤 베 리 오 야 메 나 사 이

## おす(押す)
오 스

### そのボタンを押す
소 노 보 땅 오 오 스

### そこを押したらだめ
소 꼬 오 오 시 따 라 다 메

## おそい(遅い)
오 소 이

### 今日は遅いな
교ー 와 오 소 이 나

### 遅い電車
오 소 이 덴 샤

### 遅くなりました
오 소 꾸 나 리 마 시 따

## おそらく
오 소 라 꾸

### この頃はおそらく～
고 노 고 로 와 오 소 라 꾸

## 가르치다
カルチダ

### 골프를 가르치다
コルプルル カルチダ

### 어린이에게 영어를
オリニエゲ ヨンオルル

### 가르치다
カルチダ

### 잘 가르쳐 주세요
チャル カルチョ ジュセヨ

## 이야기
イヤギ

### 이야기를 하다
イヤギルル ハダ

### 즐거운 이야기
チュルゴウン イヤギ

### 이야기를 그만두시오
イヤギルル クマンドゥシオ

## 누르다, 밀다
ヌルダ ミルダ

### 그 버튼을 누르다
ク ポトヌル ヌルダ

### 거기를 밀면 안돼
コギルル ミルミョン アンデ

## 늦다
ヌッタ

### 오늘은 늦어요
オヌルン ヌジョヨ

### 늦은 전차
ヌジュン チョンチャ

### 늦어졌습니다
ヌジョジョッスムニダ

## 아마
アマ

### 지금쯤은 아마～
チグムチュムン アマ

あ

おそらく明日帰ってく
오소라꾸 아스 가엘 떼 구

るだろう
루 다 로―

아마 내일쯤 돌아올
アマ　ネイルチュム　トラオル

것이다
コシダ

おそらくこないだろう
오소라꾸고 나 이 다 로―

아마 안올 것이다
アマ　アノル　コシダ

**おそろしい**(恐ろしい)
오 소 로 시―

**무섭다**
ムソプタ

恐ろしくにらみつける
오소로 시 꾸니 라 미 쯔 께 루

무섭게 눈을 부릅뜨다
ムソプケ　ヌヌル　プルプトゥダ

これは恐ろしい
고 레 와 오소로 시―

이것은 무섭다
イゴスン　ムソプタ

恐ろしい人だよ
오소로 시― 히또 다 요

무서운 사람이군요
ムソウン　サラミグンヨ

**おちつく**(落着く)
오 찌 쯔 꾸

**침착하다**
チムチャッカダ

落着いた声
오찌쯔이 따고에

침착한 목소리
チムチャッカン　モクソリ

落着いた態度
오찌쯔이따 다이도

침착한 태도
チムチャッカン　テド

落着きがない
오찌쯔끼가 나 이

침착하지 않다
チムチャッカジ　アンタ

**おちゃ**(お茶)
오 짜

**차**
チャ

お茶をわかす
오 짜 오 와 까 스

차를 끓이다
チャルル　クリダ

熱いお茶
아쯔이 오 짜

뜨거운 차
トゥゴウン　チャ

お茶を飲みませんか
오 짜 오 노 미 마 셍 까

차를 마시지
チャルル　マシジ

않겠습니까?
アンケッスムニカ

**おちる**(落ちる)
오 찌 루

**떨어지다**
トロジダ

日が落ちる
히 가 오 찌 루

해가 떨어지다
ヘガ　トロジダ

木の葉が落ちる
고노 하가 오 찌 루

나뭇잎이 떨어지다
ナムンニピ　トロジダ

入学試験に落ちた
뉴―가꾸시 껜 니 오 찌 따

대학시험에 떨어졌다
テハクシホメ　　トロジョッタ



## おとうと
오 또― 또

## 아우, 남동생
アウ　　ナムドンセン

兄と弟
아니또 오또―또

형과 아우
ヒョングァ アウ

姉と弟
아네또 오또―또

언니와 아우
オンニワ　アウ

弟がきたよ
오또―또가 기따요

남동생이 왔어요
ナムドンセンイ　ワッソヨ

## おとこ(男)
오 또 꼬

## 남자
ナムジャ

男らしい
오또꼬라시―

남자답다
ナムジャダブタ

男と女
오또꼬또 온나

남자와 여자
ナムジャワ　ヨジャ

男の赤ちゃん
오또꼬노 아까쨩

남자 아기
ナムジャ アギ

## おとな(大人)
오 또 나

## 어른
オルン

大人と子供
오또나또 고도모

어른과 아이
オルングァ　アイ

大人になる
오또나니 나루

어른이 되다
オルニ　　テダ

大人げないなあ
오또나게 나 이 나―

어른답지 않아요
オルンダブチ アナヨ

## おなじ(同じ)
오 나 지

## 같음
カットゥム

彼らは同じ学校です
가레라와 오나지 각꼬―데스

그들은 같은 학교입니다
クドゥルン　カットゥン ハクキョイムニダ

同じ洋服を着てる
오나지요― 후꾸오 기떼루

같은 양복을 입고 있다
カットゥン ヤンボグル イプコ イッタ

ふたりは同じ名前だ
후 따 리 와 오나지 나마에다

둘이는 같은 이름이다
トゥリヌン カットゥン イルミダ

**おびやかす**（脅かす）
오비야까스

**위협하다**
ウィヒョブパダ

生活を脅かす
세ー까쯔오 오비야까스

생활을 위협하다
センファルル　ウィヒョブパダ

そんなに脅かすな
손 나니 오비야까스나

그렇게 위협하지 마
クロッケ　ウィヒョブパジ　マ

**おぼえる**（覚える）
오보에루

**기억하다, 외우다**
キオッカダ　　ウェウダ

子供の頃を覚えてる
고도모노 고로오 오보 에떼루

아이 일 때를 기억하다
アイ　　イルテルル　キオッカダ

道を覚える
미찌오 오보 에루

길을 외우다
キルル　　ウェウダ

早く仕事を覚えなさい
하야꾸시 고 또 오 오보에나사이

빨리 일을 외우시오
パルリ　イルル　ウェウシオ

**おもい**（重い）
오모이

**무겁다**
ムゴッタ

重い荷物
오모이 니모쯔

무거운 짐
ムゴウン　チム

もう少し重い方がいい
모ー스꼬시 오모이 호ー가 이ー

좀 더 무거운 편이
チョムトゥ ムゴウン ピョニ

좋다
チョッタ

あの人は口が重いな
아노 히또와 구찌가 오모이나

저 사람은 입이 무겁네
チョ　サラムン イビ　　ムゴムネ

**おもう**（思う）
오모우

**생각하다**
センガッカダ

彼を思う
가레오 오모우

그를 생각하다
クルル　　センガッカダ

国を思う
구니오 오모우

나라를 생각하다
ナラルル　　センガッカダ

思う必要はないよ
오모우 히쯔요ー와 나이요

생각할 필요는 없어요
センガッカル ピリョヌン オッソヨ

**おもに**（主に）
오모니

**주로**
チュロ

主に若い人が受けもった
오모니 와까이 히또가 우께몯 따

주로 젊은이들이
チュロ　チョルムニドゥリ

荷物は主に金銀であった
니모쯔와 오모니 깅긴데 알 따

맡아 나섰다
マッタ ナソッタ

짐은 주로 금은이었다
チムン チュロ クムウニヨッタ

あなたが主にやってくれ
아나따가 오모니 얕 뼤구레

당신이 주로 해 주세요
タンシニ チュロ ヘ ジュセヨ

## およぐ（泳ぐ）
오 요구

## 헤엄치다
ヘヨムチダ

100メートル泳ぐ
햐꾸 메ー 또루 오요구

100미터 헤엄치다
ペンミト ヘヨムチダ

泳ぎに行きましょう
오요기니 이 끼 마 쇼ー

헤엄치러 갑시다
ヘヨムチロ カプシダ

私は泳げないわ
와따시와 오요게나이와

전 헤엄칠 수 없어요
チョン ヘヨムチルス オプソヨ

## おりる（降りる）
오 리 루

## 내리다
ネリダ

幕が降りる
마꾸가 오 리 루

막이 내리다
マギ ネリダ

汽車から降りる
기 샤 까 라 오 리 루

기차에서 내리다
キチャエソ ネリダ

ここで降りて下さい
고 꼬 데 오 리 뼤 구다사이

여기서 내려 주세요
ヨギソ ネリョ ジュセヨ

## オリンピック
오 림 삑 꾸

## 올림픽
オルリムピク

オリンピックが始まる
오 림 삑 꾸가 하지 마루

올림픽이 시작되다
オルリムピギ シジャクテダ

オリンピックに出る
오 림 삑 꾸니데루

올림픽에 나가다
オルリムピゲ ナガダ

オリンピック中継を見ま
오 림 삑 꾸쮸ー께ー오미 마

올림픽 중계를 볼까요？
オルリムピク チュンゲルル ポルカヨ

しょうか
쇼ー 까

## おわる（終る）
오 와 루

## 끝나다
クンナダ

話が終る
하나시가 오와루

이야기가 끝나다
イヤギガ クンナダ

**映画が終る**
에ー가가 오와루

영화가 끝나다
ヨンファガ　クンナダ

**いつ終るんだろう**
이쯔 오와룬　다 로ー

언제 끝날까 ?
オンジェ　クンナルカ

## おんがく（音楽）
옹　가꾸

음악
ウマク

**音楽を聞く**
옹가꾸오 기 꾸

음악을 듣다
ウマグル　トゥッタ

**音楽家になる**
옹 각 까 니 나 루

음악가가 되다
ウマックカガ　テダ

**音楽が好きですか**
옹가꾸가 스 끼 데 스 까

음악을 좋아해요 ?
ウマグル　チョアヘヨ

## おんな（女）
온 나

여자
ヨジャ

**女です**
온나데스

여자입니다
ヨジャイムニダ

**女の友達**
온나노 도모다찌

여자 친구
ヨジャ チング

**女の服です**
온나노 후꾸데스

여자 옷입니다
ヨジャ オシムニダ

## 【か】

## がいこう（外交）
가 이 꼬ー

외교
ウェギョ

**外交政策**
가이꼬ー세ー사꾸

외교 정책
ウェギョ チョンチェク

**外交関係**
가이꼬ー강께ー

외교 관계
ウェギョ クァンゲ

**外交問題だね**
가이꼬ー몬다이 다 네

외교 문제이지요
ウェギョ ムンジェイジョ

## がいこく（外国）

외국
ウェグク

外国に行く
가이꼬꾸니 이 꾸

외국에 가다
ウェグゲ　カダ

外国から来た人
가이꼬꾸까라 기따 히또

외국에서 온 사람
ウェグゲソ　オン　サラム

外国へ行ってみたい
가이꼬꾸에 일　떼 미 따 이

외국에 가고 싶어요
ウェグゲ　カゴ　シッポヨ

## かいしゃ(会社)
가 이 샤

## 회사
フェサ

会社員です
가이샤 인 데 스

회사원입니다
フェサウォニムニダ

会社を設立しました
가이샤오 세쯔리쯔시 마 시 따

회사를 설립했습니다
フェサルル　ソルリプペッスムニダ

会社は何処にありますか
가이샤와 도 꼬니 아리마스 까

회사는 어디 있습니까？
フェサヌン　オディ　イッスムニカ

## かいぜん(改善)
가 이 젱

## 개선
ケソン

改善対策
가이젠 다이사꾸

개선 대책
ケソン　テチェク

生活を改善する
세ー까쯔오 가이젠 스 루

생활을 개선하다
センファルル　ケソンハダ

こんど改善するから
곤　도 가이젠 스 루 까 라

이번에 개선하니까
イボネ　ケソンハニカ

## かいだん(階段)
가 이 당

## 계단, 단계
ケダン　タンゲ

階段を下りる
가이당오 오 리 루

계단을 내려 가다
ケダヌル　ネリョ　カダ

階段をふむ
가이당오 후 무

단계를 밟다
タンゲルル　パルタ

急な階段
규ー나가이당

급경사의 계단
クプキョンサエ　ケダン

## かいてん(回転)
가 이 뗑

## 회전
フェジョン

回転装置
가이뗑소ー찌

회전 장치
フェジョン チャンチ

頭の回転が速い
아따마노 가이뗑가하야이

머리 회전이 빠르다
モリ　フェジョニ　パルゥダ

どのぐらい回転するの
도노구라이 가이뗀스루노

얼마나 회전해요?
オルマナ　フェジョンヘヨ

**がいねん**（概念）
가이넹

**개념**
ケニョム

正確な概念をもつ
세ー까꾸나 가이넹오 모 쯔

정확한 개념을 가지다
チョンファッカン ケニョムル カジダ

科学的概念
까가꾸몌끼가이넹

과학적 개념
クァハクチョク ケニョム

この概念は難しい
고 노 가이넹와 무즈까시ー

이 개념은 어려워요
イ　ケニョムン オリョウォヨ

**かいはつ**（開発）
가이하쯔

**개발**
ケバル

経済開発
게ー자이가이하쯔

경제 개발
キョンジェ ケバル

新製品の開発
신세ー힌노 가이하쯔

신제품의 개발
シンジェプメ　ケバル

開発が遅れるよ
가이하쯔가 오꾸레 루 요

개발이 늦어져요
ケバリ　　ヌジョジョヨ

**かいふく**（回復）
가이후꾸

**회복**
フェボク

身体の調子が回復した
신따이노 죠ー시 가　가이후꾸시따

몸의 상태가 회복되었다
モメ　　サンテガ　フェボクテオッタ

健康回復
겡꼬ー가이후꾸

건강 회복
コンガン フェボク

だいぶ回復したよ
다 이 부 가이후꾸시따요

많이 회복되었어
マニ　　フェボクテオッソ

**かいわ**（会話）
가이와

**회화, 대화**
フェファ　テファ

会話の練習
가이와노 렌 슈ー

회화의 연습
フェファエ ヨンスプ

楽しい英会話の本
다노시ー 에ー까이와노 홍

즐거운 영어 회화책
チュルゴウン ヨンオ フェファ チェク

どういう会話をしたの
도ー유ー 가이와오 시 따 노

어떤 대화를 했어요?
オトン テファルル ヘッソヨ

**かう**（買う）
가우

**사다**
サダ

本を買う
홍오가우

책을 사다
チェグ<sub></sub>ル サダ

車を買いました
구루마오 가이 마시 따

차를 샀습니다
チャル<sub></sub>ル サッス<sub></sub>ムニダ

どこで買ったの
도꼬데 간 따노

어디서 샀어요?
オディソ サッソヨ

**かえす**(返す)
가에스

**돌려주다**
トゥリョジュダ

金を返す
가네오 가에스

돈을 돌려주다
トヌル トゥリョジュダ

借りたものは返しなさい
가리 따 모노 와 가에시 나 사 이

빌린 것은 돌려주어라
ピ<sub></sub>ルリン コスン トゥリョジュオラ

はやく返してくれ
하 야 꾸 가에시 떼 구 레

빨리 돌려다오
パルリ トゥリョダオ

**かえりみる**(顧みる)
가에리미루

**돌보다, 돌아보다**
トゥルボダ トラボダ

健康を顧みる
겡꼬ー오 가에리미루

건강을 돌보다
コンガンウル トゥルボダ

我身を顧みる
와가미오 가에리미루

나 자신을 돌아봐라
ナ チャシヌル トラボァラ

過去を顧みたら
가 꼬 오 가에리미 따라

과거를 돌아보니
クァゴルル トラボニ

**かえる**(帰る)
가에루

**돌아가다**
トラガダ

家に帰る
이에니 가에루

집에 돌아가다
チベ トラガダ

先に帰った
사끼니 가엔 따

먼저 돌아갔다
モンジョ トラガッタ

明日帰ります
아 스 가에리 마스

내일 돌아갑니다
ネイル トラガムニダ

**かお**(顔)
가 오

**얼굴, 안**
オ<sub></sub>ルグル アン

顔を洗う
가오오 아라우

얼굴을 씻다
オ<sub></sub>ルグルル シッタ

顔を上げる
가오오 아 게 루

얼굴을 들다
オ<sub></sub>ルグルル トゥ<sub></sub>ルダ

顔色がよくないね
가오이로가 요 꾸 나 이 네

안색이 좋지 않네
アンセギ　チョッチ　アンネ

**かかく**（価格）
가 까 꾸

**가격**
カギョク

商品価格
쇼ー힝 가까꾸

상품 가격
サンプム　カギョク

価格の安定
가까꾸노 안 떼ー

가격의 안정
カギョゲ　アンジョン

販売価格を決める
함바이가까꾸오 기 메 루

판매 가격을 정하다
パンメ　カギョグル　チョンハダ

**かがく**（化学）
가 가 꾸

**화학**
ファハク

化学繊維
가가꾸 셍 이

화학 섬유
ファハク ソミュ

化学肥料
가가꾸 히 료ー

화학 비료
ファハク ピリョ

**かがく**（科学）
가 가 꾸

**과학**
クァハク

科学技術
가가꾸기쥬쯔

과학 기술
クァハク キスル

自然科学
시 젱 까 가꾸

자연 과학
チャヨン クァハク

**かかる**（掛かる）
가 까 루

**걸리다**
コルリダ

壁にかかったぼうし
가베니 가 깓　 따 보ー시

벽에 걸린 모자
ピョゲ コルリン モジャ

魚が針に引っかかる
사까나가하리니 힠 까 까루

물고기가 낚시에 걸리다
ムルコギガ　　ナクシエ　　コルリダ

病気にかかってしまった
뵤ー끼니 가 깓　 몌시맏　 따

병에 걸려 버렸다
ピョンエ コルリョ ボリョッタ

**かぎ**（鍵）
가 기

**열쇠**
ヨルソェ

問題解決の鍵
몬다이가이께쯔노 가기

문제 해결의 열쇠
ムンジェ ヘギョレ ヨルソェ

鍵をつくる
가기오 쯔 꾸 루

열쇠를 만들다
ヨルソェルル マンドゥルダ

鍵をなくしてしまった
가기오 나꾸시 떼시 맏 따

열쇠를 잃어 버렸다
ヨルソェルル　イロ　ボリョッタ

## かぎる（限る）
가 기 루

## 한하다
ハナダ

自分だけに限ったことで
지분 다 께 니 가긴 따 고 또 데

자기에게만 한한 일이
チャギエゲマン　　ハナン　イリ

はない
와 나 이

아니다
アニダ

10名に限り採用する
쥬ー메ー니 가기리 사이요ー스루

10명에 한하여 채용한다
ヨルミョンエ　ハナヨ　チェヨンハンダ

これだけに限らないよ
고 레 다 께 니 가기라나 이 요

이것만에 한하지 않아요
イゴンマネ　　ハナジ　　アナヨ

## かく（書く）
가 꾸

## 쓰다
スダ

手紙を書く
데가미오 가 꾸

편지를 쓰다
ピョンジルル　スダ

書いてみる
가 이 떼 미 루

써 보다
ソ　ボダ

すぐ書くから
스 구 가 꾸 까 라

곧 쓰니까
コッ　スニカ

## がくせい（学生）
각 세ー

## 학생
ハクセン

優秀な学生
유ー슈ー나 각 세ー

우수한 학생
ウスハン　ハクセン

専門学校の学生
셈 몬 각꼬ー노 각 세ー

전문학교의 학생
チョンムナクキョエ　　ハクセン

学生時代を思い出すな
각세ー지다이오 오모이 다 스 나

학생시절이 생각나네
ハクセンシジョリ　　センガクナネ

## かくめい（革命）
가 꾸 메ー

## 혁명
ヒョンミョン

革命と建設
가꾸메ー또 겐세쯔

혁명과 건설
ヒョンミョングァ コンソル

革命思想
가꾸메ー시소ー

혁명 사상
ヒョンミョン ササン

革命的事件
가꾸메ー떼끼지껭

혁명적인 사건
ヒョンミョンジョキン サコン

かける（掛ける）
가께루

えりまきを首に掛ける
에리마끼오 구비니 가께루

メガネを掛ける
메가네오 가께루

言葉を掛けて下さい
고또바오 가께떼 구다사이

かさ（傘）
가사

傘をさす
가사오 사스

傘を貸してください
가사오 가시떼 구다사이

かず（数）
가즈

数が多い
가즈가오ー이

少ない数
스꾸나이가즈

数が増えるわ
가즈가 후에 루와

かぜ（風邪）
가제

風邪薬
가제구스리

風邪をひかないよう予防
가제 오 히 까 나 이 요ー 요호ー

する
스루

風邪をひいたのかい
가제오 히이이따노까이

かぞえる（数える）
가조에루

100まで数える
햐꾸마데 가조에루

---

걸다, 쓰다
コルダ　スダ

목도리를 목에 걸다
モクトリルル　モゲ　　コルダ

안경을 쓰다
アンギョンウル スダ

말을 걸어 주세요
マルル　コロ　ジュセヨ

우산
ウサン

우산을 쓰다
ウサヌル　スダ

우산을 빌려 주세요
ウサヌル　ビルリョ ジュセヨ

수
ス

수가 많다
スガ　　マンタ

적은 수
チョグンス

수가 불어나요
スガ　　プロナヨ

감기
カムギ

감기약
カムギヤク

감기에 걸리지 않게 미리
カムギエ　コルリジ　アンケ ミリ

막다
マクタ

감기에 걸렸어요？
カムギエ　　コルリョッソヨ

세다
セダ

100까지 세다
ペッカジ　セダ

本を数える
홍 오 가조 에루

책을 세다
チェグル セダ

いくつあるか数えて
이 꾸쯔 아루 까 가조 에 떼

몇 개 있는가 세봐요
ミョッケ インヌンガ セバヨ

## かたい(堅い)
가 따 이

## 굳다
クッタ

かたい表情
가 따 이 효—죠—

굳은 표정
クドゥン ピョジョン

意志の堅い人
이 시 노 가따이 히또

의지가 굳은 사람
ウィジガ クドゥン サラム

## かたち(形)
가 따 찌

## 모양
モヤン

形がきれい
가따찌가 기레—

모양이 곱다
モヤンイ コッタ

形が良い
가따찌가 요이

모양이 좋다
モヤンイ チョッタ

悪い形だね
와루이 가따찌다네

나쁜 모양이에요
ナプン モヤンイエヨ

## かたづける(片付ける)
가 따 즈 께 루

## 치우다
チウダ

本をどこに片付たの
홍 오 도 꼬 니 가따즈께따노

책을 어디다 치웠어요?
チェグル オディダ チウォッソヨ

机の上を片付ける
쯔꾸에노 우에오 가따즈께루

책상위를 치우다
チェクサンウィルル チウダ

はやく片付けて
하 야 꾸 가따즈께떼

어서 치우세요
オソ　チウセヨ

## かち(価値)
가 찌

## 가치
カチ

価値がある
가 찌 가 아 루

가치가 있다
カチガ　イッタ

何の価値もない物
난 노 가 찌 모 나 이 모노

아무 가치도 없는 물건
アム　カチド　オムヌン ムルゴン

これは価値があるの
고 레 와 가 찌 가 아 루 노

이것은 가치가 있어요?
イゴスン　カチガ　イッソヨ

## がっこう(学校)
각 꼬—

## 학교
ハクキョ

| 学校教育<br>각꼬ー교ー 이꾸 | 학교 교육<br>ハクキョ キョユク |
| 学校に通う<br>각꼬ーニ 가요우 | 학교에 다니다<br>ハクキョエ タニダ |
| 学校はいつから休み<br>각꼬ー와 이쯔까라 야스미 | 학교는 언제부터 쉬나 ?<br>ハクキョヌン オンジェブット スィナ |

**かって(勝手)**<br>깓 떼 — **멋대로 함**<br>モッテロ ハム

| 勝手に遊ぶ<br>깓떼니 아소부 | 멋대로 놀다<br>モッテロ ノルダ |
| 勝手にする<br>깓떼니 스루 | 멋대로 하다<br>モッテロ ハダ |
| 自分勝手<br>지분 깓떼 | 자기 멋대로 함<br>チャギ モッテロ ハム |

**かつどう(活動)**<br>가 쯔 도ー — **활동**<br>ファルトン

| 活動的だ<br>가쯔도ー떼끼다 | 활동적이다<br>ファルトンジョギダ |
| 経済活動<br>게ー자이가쯔도ー | 경제 활동<br>キョンジェ ファルトン |
| 活動をやめたら<br>가쯔도ー오 야메 따라 | 활동을 그만두면<br>ファルトンウル クマンドゥミョン |

**かつりょく(活力)**<br>가 쯔 료 꾸 — **활력**<br>ファルリョク

| 活力がある<br>가쯔료꾸가 아 루 | 활력이 있다<br>ファルリョギ イッタ |
| 活力がないよ<br>가쯔료꾸가 나 이 요 | 활력이 없어요<br>ファルリョギ オブソヨ |
| 活力が旺盛だ<br>가쯔료꾸가 오ーセー다 | 활력이 왕성하다<br>ファルリョギ ワンソンハダ |

**かてい(家庭)**<br>가 떼ー — **가정**<br>カジョン

| 家庭の主婦<br>가떼ー노 슈 후 | 가정 주부<br>カジョン チュブ |
| 家庭が崩壊する<br>가떼ー가 호ー까이 스 루 | 가정이 붕괴되다<br>カジョンイ プングェデダ |

暖かい家庭だなあ
아따따까이 가떼－다　나－

따뜻한 가정이로군
タトゥッタン　カジョンイログン

## かなう（適う）
가 나 우

## 부합하다
プハプパダ

よくかなっている
요꾸 가 낟　떼 이 루

잘 부합되고 있다
チャル　プハプテゴ　イッタ

道理にかなう
도－리니 가 나 우

도리에 부합하다
トリエ　　プハプパダ

全然かなわないな
젠젱 가 나 와 나 이 나

전연 부합되지 않구만
チョニョン　プハプテジ　アンクマン

## かなしい（悲しい）
가 나 시－

## 슬프다
スルプダ

悲しい知らせ
가나시－ 시 라 세

슬픈 소식
スルプン ソシク

あまり悲しむな
아 마 리 가나시 무 나

너무 슬퍼하지 마라
ノム　　スルポハジ　　マラ

悲しくてしようがない
가나시꾸 떼 시 요－　가 나 이

슬퍼서 못견디겠다
スルポソ　　モッキョンディゲッタ

## かならず（必ず）
가 나 라 즈

## 반드시
パンドゥシ

必ず来る
가나라즈 구 루

반드시 온다
パンドゥシ　オンダ

必ずやりとげる
가나라즈 야 리 또 게 루

반드시 해치우겠다
パンドゥシ　　ヘチウゲッタ

必ず勝ちます
가나라즈 가 찌 마 스

반드시 이깁니다
パンドゥシ　イギムニダ

## かなり
가 나 리

## 상당히
サンダンヒ

かなりの水準に達する
가 나 리 노 스이쥰니 닷 스 루

상당한 수준에 오르다
サンダンハン スジュネ　オルダ

かなりの時間がかかる
가 나 리 노지 깡 가 가 까 루

상당한 시간이 걸리다
サンダンハン　シガニ　　コルリダ

かなりうまいね
가 나 리 우 마 이 네

상당히 잘 하네
サンダンヒ チャル ハネ

## かね（金）
가 네

## 돈
トン

金をもうける
가네오 모―께루

돈을 벌다
トヌル ポルダ

金がない
가네가 나이

돈이 없다
トニ　オプタ

金を貸して下さい
가네오 가시몌 구다사이

돈을 빌려 주세요
トヌル　ピルリョ　ジューセヨ

## かのう（可能）
가 노―

## 가능
カヌン

可能である
가노―데 아루

가능하다
カヌンハダ

可能性がない
가노―세―가 나이

가능성이 없다
カヌンソンイ オプタ

可能ならやってみよう
가노―나라 얃　몌미요―

가능하다면 해보자
カヌンハダミョン ヘボジャ

## かべ（壁）
가 베

## 벽
ピョク

壁がある
가뻬가 아루

벽이 있다
ピョギ イッタ

壁をはる
가뻬오 하루

벽을 바르다
ピョグル パルダ

ひとつの壁だなあ
히또쯔노 가뻬다 나―

하나의 벽이구만
ハナエ　ピョギグマン

## がまん（我慢）
가 망

## 참음
チャムゥム

笑いを我慢する
와라이오 가 만스루

웃음을 참다
ウスムル チャムタ

痛みを我慢する
이따미오 가 만스루

아픔을 참다
アプムル チャムタ

我慢できない
가 만데 끼나이

참을 수 없다
チャムル ス オプタ

## かむ（嚙む）
가 무

## 씹다, 물다
シプタ　ムルダ

よくかんで食べなさい
요꾸 간 데 다뻬나사이

잘 씹어 먹으시오
チャル シボ モグシオ

犬にかまれた
이누니가 마 례 따

개에 물렸다
ケエ　ムルリョッタ

ガムをかむ
가 무 오 가무

껌을 씹다
コ ム ル シ プ タ

## カメラ
カ メ ラ

## 카메라
カ メ ラ

カメラを買う
カ メ ラ オ 가 우

카메라를 사다
カ メ ラ ル ル サ ダ

カメラをプレゼントする
카 메 라 오 뿌 레 젠 또 스 루

카메라를 선물하다
カ メ ラ ル ル ソ ン ム ル ハ ダ

カメラを貸して下さい
카 메 라 오 가 시 떼 구다사이

카메라를 빌려 주세요
カ メ ラ ル ル ピ ル リョ ジュ セ ヨ

## ～かもしれない
까 모 시 레 나 이

## ～인지 모른다
イ ン ジ モ ル ン ダ

行くかもしれない
이 꾸 까 모 시 레 나 이

가는지 모른다
カ ヌ ン ジ モ ル ン ダ

ないかもしれない
나 이 까 모 시 레 나 이

없는지 모른다
オ ム ヌ ン ジ モ ル ン ダ

そうかもしれないね
소 - 까 모 시 레 나 이 네

그런지 몰라요
ク ロ ン ジ モ ル ラ ヨ

## カラー
가 라

## 컬러, 색
コ ル ロ セ ク

カラーがきれいだ
가 라 - 가 기 레 - 다

색이 곱다
セ ギ コ プ タ

カラーの絵葉書
가 라 - 노 에하가끼

컬러 그림 엽서
コ ル ロ ク リ ム ヨ プ ソ

どういうカラーがある
도 - 유 - 가 라 - 가 아 루

어떤 컬러가 있어요?
オ ト ン コ ル ロ ガ イ ッ ソ ヨ

の？
노

## からい(辛い)
가 라 이

## 맵다
メ プ タ

唐がらしは辛い
도 -가라 시 와 가라이

고추는 맵다
コ チュ ヌ ン メ プ タ

このキムチは辛い
고 노 기 무 찌 와 가라이

이 김치는 맵다
イ キ ム チ ヌ ン メ プ タ

あまり辛くしないで下さい さい
아 마 리 가라꾸시나이데 구다사이

너무 맵게 하지 마세요
ノ ム メ プ ケ ハ ジ マ セ ヨ

**からだ(体)**
가 라 다

**몸**
モム

体が丈夫だ
가라다가 죠ー부다

몸이 튼튼하다
モミ　トゥントゥナダ

体にぴったりの服
가라다니 뻴 따 리 노 후꾸

몸에 꼭 맞는 옷
モメ　コク　マンヌン　オッ

体に気をつけなさい
가라다니 기오 쯔 께 나 사 이

몸조심 하십시오
モムチョシム　ハシプシオ

**かりる(借りる)**
가 리 루

**빌리다**
ピルリダ

本を借りる
홍 오 가 리 루

책을 빌리다
チェグル　ピルリダ

借りた金
가 리 따 가네

빌린 돈
ピルリン　トン

部屋を借りようか
헤야 오 가 리 요ー 까

방을 빌릴까?
パンウル　ピルリルカ

**かるい(軽い)**
가 루 이

**가볍다**
カビョプタ

軽い気持
가루이 기모찌

가벼운 마음
カビョウン　マウム

油は水より軽い
아부라와 미즈요리 가루이

기름은 물보다 가볍다
キルムン　ムルボダ　カビョプタ

軽く振ってみな
가루꾸 혼 떼 미 나

가볍게 흔들어 봐요
カビョプケ　フンドゥロ　バヨ

**かれる(枯れる)**
가 레 루

**시들다**
シドゥルダ

木の葉が枯れる
고노 하가 가 레 루

나뭇잎이 시들다
ナムンニピ　シドゥルダ

雨が少なくて作物が枯
아메가 스꾸나꾸떼 사꾸모쯔가 가

비가 조금 와서 작물이
ピガ　チョグム　ワソ　チャンムリ

れた
레 따

시들었다
シドゥロッタ

**がんばる(頑張る)**
감 바루

**분발하다**
プンバルハダ

頑張って勉強しよう
감 받 떼 벵꾜ー시 요ー

분발해서 공부하자
プンバルヘソ　コンブハジャ

頑張って下さい
감 받 떼 구다사 이

분발해 주시오
プンバルヘ　ジュシオ

これからも頑張ろう
고 레 까 라 모 감바로ー

앞으로도 분발하자
アプロド　　プンバルハジャ

## かんばん（看板）
감 방

## 간판
カンパン

看板をかける
감 방 오 가 께 루

간판을 걸다
カンパヌル　コルダ

看板をおろす
감 방 오 오 로 스

간판을 내리다
カンパヌル　ネリダ

看板を作ろうか
감 방 오 쯔 꾸 로ー까

간판을 만들까요？
カンパヌル　マンドゥルカヨ

## かんり（管理）
간 리

## 관리
クァルリ

人を管理する
히 또 오 간 리 스 루

사람을 관리하다
サラムル　　クァルリハダ

新しい管理法
아 따 라 시ー간 리 호ー

새로운 관리법
セロウン　　クァルリポブ

よく管理してね
요 꾸 간 리 시 떼 네

잘 관리해 주세요
チャル クァルリヘ　ジュセヨ

## 【き】

## き（木）
기

## 나무
ナム

木の枝
기 노 에 다

나뭇가지
ナムッカジ

木を切る
기 오 기 루

나무를 베다
ナムル　　ペダ

木を大事にしよう
기 오 다 이 지 니 시 요ー

나무를 소중히 하자
ナムル　　ソジュンヒ ハジャ

## きえる（消える）
기 에 루

## 사라지다
サラジダ

消えた影
기에 따까게

사라진 그림자
サラジン　クリムジャ

飛行機が消える
히 꼬ー끼가 기에 루

비행기가 사라지다
ピヘンギガ　サラジダ

## きおく（記憶）
기 오 꾸

기억
キオゥ

記憶にない
기오꾸니 나이

기억에 없다
キオゲ　　オプタ

記憶力がよい
기오꾸료꾸가 요 이

기억력이 좋다
キオンニョギ　チョッタ

記憶に新しい
기오꾸니 아따라시ー

기억에 새롭다
キオゲ　　セロプタ

## きおん（気温）
기 옹

기온
キオン

気温が高い
기 옹 가 다까이

기온이 높다
キオニ　　ノプタ

今日は気温が低い
교ー 와 기 옹 가 히꾸이

오늘은 기온이 낮다
オヌルン　キオニ　　ナッタ

いま気温はどのくらい
이 마 기 옹 와 도 노 구 라 이

지금 기온은
チグム　キオヌン

かな
까 나

어느 정도인지
オヌ　チョンドインジ

## きかい（機会）
기 까 이

기회
キフェ

いい機会だ
이ー 기 까이다

좋은 기회다
チョウン　キフェダ

次の機会に
쯔기노 기까이니

다음 기회에
タウム　キフェエ

会う機会がないな
아 우 기까이가 나 이 나

만나는 기회가 없구만
マンナヌン　キフェガ　オプクマン

## きき（危機）
기 끼

위기
ウィギ

危機一髪
기 끼 입빠쯔

위기 일발
ウィギ　イルバル

危機から逃れる
기 끼 까 라 노가레루

위기에서 벗어나다
ウィギエソ　　ポソナダ

危機は去ったよ
기끼와 산 따요

**きぎょう**（企業）
기 교ー

위기는 사라졌어요
ウィギヌン　サラジョッソヨ

**기업**
キオプ

企業経営
기교ー게ー에ー

企業管理
기교ー 간 리

彼は企業家だよ
가레와 기교ー까다요

기업 경영
キオプ　キョンヨン

기업 관리
キオプ　クァルリ

그는 기업가에요
クヌン　キオプカエヨ

**きく**（聞く）
기 꾸

音楽を聞く
옹 가꾸오 기 꾸

聞いてみなさい
기 이떼 미 나사 이

頼みを聞く
다노미 오 기 꾸

**듣다**
トゥッタ

음악을 듣다
ウマグル　トゥッタ

들어 보십시오
トゥロ　ボシプシオ

부탁을 듣다
プタグル　トゥッタ

**きけん**（危険）
기 껭

危険が多い
기 껭 가 오ー이

危険なことだ
기 껜 나 고또 다

危険な場所
기 껜 나 바 쇼

**위험**
ウィホム

위험이 많다
ウィホミ　マンタ

위험한 일이다
ウィホマン　イリダ

위험한 장소
ウィホマン　チャンソ

**きげん**（期限）
기 껭

期限がくる
기 껭 가 구루

期限はいつまで？
기 껭 와 이 쯔 마 데

期限がついてます
기 껭 가 쯔 이떼 마 스

**기한**
キハン

기한이 오다
キハニ　オダ

기한은 언제까지？
キハヌン　オンジェカジ

기한이 붙어 있습니다
キハニ　プット　イッスムニダ

**きこう**（気候）
기 꼬ー

**기후**
キフ

気候が温暖だ
기꼬ー가 온 단 다
기후가 온난하다
キフガ　オンナナダ

気候条件が違う
기 꼬ー죠ー껭가 찌가우
기후 조건이 달라요
キフ　チョコニ　タルラヨ

異常な気候だな
이죠ー나 기꼬ー다 나
이상한 기후라네
イサンハン　キフラネ

## きごう(記号)
기 고ー
## 기호
キホ

数学記号
스ー가꾸 기고ー
수학 기호
スハク　キホ

音楽記号
옹 가꾸기 고ー
음악 기호
ウマク　キホ

記号をつけて下さい
기고ー오 쯔께 떼 구다사 이
기호를 붙여주세요
キホルル　プチョジュセヨ

## きこえる(聞こえる)
기 꼬에 루
## 들리다
トゥルリダ

声が聞こえる
고에가 기 꼬에 루
목소리가 들리다
モクソリガ　トゥルリダ

音楽が聞こえる
옹 가꾸 가 기꼬에 루
음악이 들리다
ウマギ　トゥルリダ

聞こえてこないかい
기 꼬에 떼 고 나이 까이
들려오지 않아요
トゥリョオジ　アナヨ

## きしゃ(汽車)
기 샤
## 기차
キチャ

汽車に乗る
기 샤니 노 루
기차를 타다
キチャルル　タダ

汽車の時間
기 샤 노 지 깡
기차 시간
キチャ　シガン

汽車で行きます
기 샤 데 이 끼 마스
기차로 갑니다
キチャロ　カムニダ

## ぎじゅつ(技術)
기 쥬 쯔
## 기술
キスル

技術者
기 쥬쯔샤
기술자
キスルチャ

技術革新
기쥬쯔 가꾸싱
기술 혁신
キスル　ヒョクシン

技術を習得しなくちゃ
기쥬쯔오 슈―또꾸시 나 꾸 쨔

기술을 습득하지 않으면
キスルル　スプトゥッカジ　アヌミョン

## きじゅん（基準）
기 쥰

기준
キジュン

基準がない
기 쥰 가 나 이

기준이 없다
キジュニ　オプタ

基準をたてる
기 쥰 오 다 떼 루

기준을 세우다
キジュヌル　セウダ

基準はどのぐらいかな
기 쥰 와 도 노구라이 까 나

기준은 어느 정도인가
キジュヌン　オヌ　チョンドインガ

## きず（傷）
기 즈

상처
サンチョ

傷をおう
기즈오 오 우

상처를 입다
サンチョルル　イプタ

戦争の傷
센 소―노 기즈

전쟁의 상처
チョンジェンエ　サンチョ

心の傷があるの
고꼬로노 기즈가 아 루 노

마음의 상처가 있어요
マウメ　サンチョガ　イッソヨ

## きずく（築く）
기 즈 꾸

쌓다, 건축하다
サッタ　コンチュクカダ

城を築く
시로오 기즈꾸

성을 쌓다
ソンウル　サッタ

ビルを築く
비 루 오 기즈꾸

빌딩을 건축하다
ピルディンウル　コンチュクカダ

いつ築かれますか
이 쯔 기즈까 레 마 스 까

언제 건축됩니까 ?
オンジェ　コンチュクテムニカ

## きせつ（季節）
기 세 쯔

계절
ケジョル

季節がかわる
기세쯔가 가 와 루

계절이 변하다
ケジョリ　ピョナダ

季節によって咲く花
기세쯔니 욘　떼 사 꾸 하나

계절에 따라 피는 꽃
ケジョレ　タラ　ピヌン　コッ

寒い季節だね
사무이 기세쯔다네

추운 계절이네
チュウン　ケジョリネ

## きそ（基礎）
기 소

기초
キチョ

<table>
<tr><td>

基礎工事<br>
기 소 꼬ー지

基礎がある<br>
기 소 가 아 루

基礎を築いて<br>
기 소 오 기즈이떼

きそく（規則）<br>
기 소 꾸

規則違反<br>
기소꾸 이 항

規則をつくる<br>
기소꾸오 쯔 꾸 루

規則を守って下さい<br>
기 소꾸 오 마 몯 떼 구다사이

きた（北）<br>
기 따

北と南<br>
기따또 미나미

北のほう<br>
기따노 호ー

北に行くの？<br>
기따니 이 꾸 노

きたい（期待）<br>
기 따 이

期待をもつ<br>
기 따이오 모 쯔

あまり期待しないで<br>
아 마 리 기따이시 나 이 데

期待が大きい<br>
기따이가 오ー끼ー

きたえる（鍛える）<br>
기 따 에 루

からだを鍛える<br>
가 라 다 오 기따에 루

もう鍛えられた<br>
모ー 기따에 라 레 따

</td><td>

기초 공사<br>
キチョ　コンサ

기초가 있다<br>
キチョガ　イッタ

기초를 닦아서<br>
キチョルル　タッカソ

규칙<br>
キュチク

규칙 위반<br>
キュチク　ウィバン

규칙을 만들다<br>
キュチグル　マンドゥルダ

규칙을 지켜 주십시오<br>
キュチグル　チキョ　ジュシプシオ

북<br>
プク

북과 남<br>
プクァ　ナム

북쪽<br>
プクチョク

북으로 가요？<br>
プグロ　カヨ

기대<br>
キデ

기대를 가지다<br>
キデルル　カジダ

너무 기대하지 말고<br>
ノム　キデハジ　マルゴ

기대가 크다<br>
キデガ　クダ

단련하다<br>
タルリョナダ

몸을 단련하다<br>
モムル　タルリョナダ

이젠 단련이 되었다<br>
イジェン　タルリョニ　テヨッタ

</td></tr>
</table>

もっと鍛えなくては
몯 또기따에나꾸뗴 와

더 단련하지 않으면
ト タルリョナジ　アヌミョン

**きたない**（汚ない）
기 따 나 이

**더럽다**
ト ロッ タ

汚ない部屋
기따나 이 헤 야

더러운 방
ト ロ ウン　パン

顔が汚ない
가오가 기따나이

얼굴이 더럽다
オ ル グ リ　　ト ロッ タ

汚なくて気持悪い
기따나 꾸 뗴 기모찌와루이

더러워서 기분 나빠
ト ロ ウォ ソ　キ ブン　ナ パ

**きちんと**
기 쩐 또

**가지런히**
カ ジ ロ ニ

木の枝をきちんと切る
기 노 에다오 기 쩐 또기루

나뭇가지를 가지런히
ナ ムッ カ ジ ル ル　　　　カ ジ ロ ニ

잘라 주다
チャ ル ラ　チュ ダ

住宅がきちんと並んでる
쥬ー따꾸가 기 쩐 또나란데루

주택이 가지런히 줄지어
チュ テ ギ　カ ジ ロ ニ　　　　チュ ル ジ オ

ねえ
네ー

있어요
イッ ソ ヨ

**きって**（切手）
긷 뗴

**우표**
ウ ピョ

切手を買う
긷 뗴오 가우

우표를 사다
ウ ピョ ル ル　サ ダ

切手を貼る
긷 뗴오 하루

우표를 붙이다
ウ ピョ ル ル　プ チ ダ

記念切手をもらったの
기넴긷뗴오 모 랃 따노

기념 우표를 받았어요
キ ニョ ム　ウ ピョ ル ル　パ ダッ ソ ヨ

**きっと**
긷 또

**꼭**
コ ク

きっとやりとげる
긷 또야리또게루

꼭 해내겠다
コ ク　ヘ ネ ゲッ タ

きっと行くよ
긷 또이꾸요

꼭 가겠어요
コ ク　カ ゲッ ソ ヨ

きっと成功する
긷 또세ー꼬ー스루

꼭 성공한다
コ ク　ソンゴンハンダ

**きっぷ**(切符)
킵 뿌

切符を予約する
킵 뿌오 요야꾸 스루

차표
チャピョ

차표를 예약하다
チャピョルル イェヤクカダ

切符を見せて下さい
킵 뿌오 미세메 구다사이

차표를 보여 주십시오
チャピョルル ポヨ ジュシプシオ

切符を買う
킵 뿌오 가우

차표를 사다
チャピョルル サダ

**きねん**(記念)
기 넹

創立記念
소ー리쯔 기넹

기념
キニョム

창립 기념
チャンニプ キニョム

十周年記念
쥬ー슈ー넹 기넹

십주년 기념
シプチュニョン キニョム

記念会をもとう
기 넹 까이오 모 또ー

기념회를 가지자
キニョムフェルル カジジャ

**きのう**(機能)
기 노ー

機能がある
기노ー가 아 루

기능
キヌン

기능이 있다
キヌンイ イッタ

機能的です
기노ー떼끼 데스

기능적입니다
キヌンジョギムニダ

機能がおちてるね
기노ー가 오찌떼루네

기능이 떨어지군요
キヌンイ トロジグニョ

**きびしい**(厳しい)
기 비 시ー

厳しい規律
기비시ー 기리쯔

엄하다
オマダ

엄한 규율
オマン キュユル

厳しい顔
기비시ー 가오

엄한 얼굴
オマン オルグル

厳しい先生
기비시ー 센세ー

엄한 선생님
オマン ソンセンニム

**きぶん**(気分)
기 붕

気分屋
기 붕 야

기분
キブン

기분파
キブンパ

お祭り気分
오 마쯔리 기 붕

축제 기분
チュクチェ　キブン

ご気分はいかがですか
고 끼 붕 와 이 까 가 데 스 까

기분은 어떻습니까 ?
キブヌン　オトッスムニカ

## きぼう（希望）
기 보ー

## 희망
ヒマン

希望にあふれる生活
기보ー니 아 후 레 루 세ー까쯔

희망에 넘치는 생활
ヒマンエ　ノムチヌン　センファル

希望がある
기 보ー가 아 루

희망이 있다
ヒマンイ　イッタ

希望をもって下さい
기보ー오 몯　떼 구다사 이

희망을 가져 주세요
ヒマンウル　カジョ　ジュセヨ

## きまる（決まる）
기 마 루

## 정해지다
チョンヘジダ

時間が決まる
지 깡 가 기 마 루

시간이 정해지다
シガニ　チョンヘジダ

方向が決まる
호ー꼬ー가 기 마 루

방향이 정해지다
パンヒャンイ　チョンヘジダ

決まっている席
기 맏　떼 이 루 세끼

정해진 자리
チョンヘジン　チャリ

## ぎむ（義務）
기 무

## 의무
ウィム

義務的だ
기 무 떼끼다

의무적이다
ウィムジョギダ

義務がある
기 무 가 아 루

의무가 있다
ウィムガ　イッタ

義務教育
기무꾜ー이꾸

의무 교육
ウィム　キョユク

## きめる（決める）
기 메 루

## 결정하다
キョルチョンハダ

勝利を決める
쇼ー리오 기 메 루

승리를 결정하다
スンニルル　キョルチョンハダ

席を決める
세끼오 기 메 루

자리를 결정하다
チャリルル　キョルチョンハダ

早く決めて下さい
하야꾸 기 메 떼 구다사이

빨리 결정해 주세요
パルリ　キョルチョンヘ　ジュセヨ

か

## きもち（気持）
기 모 찌

気持を強くもつ
기모찌오 쯔요꾸모 쯔

気持が爽快だ
기모찌가 소ー까이다

きれいな気持で
기레ー 나 기모찌데

## ぎもん（疑問）
기 몽

疑問をもつ
기몽오 모쯔

それが疑問だ
소레가기몬다

どういう疑問ですか
도ー유ー 기몬데스까

## きゃく（客）
갸 구

客が来る
갸꾸가 구 루

客をもてなす
갸꾸오모 떼 나스

だいじな客だ
다 이지 나 갸꾸다

## きゃっかん（客観）
갸　 깡

客観的には
갸 깐 떼끼니와

主観と客観
슈 깐또 갸 깡

客観を無視するな
갸 깡 오무 시 스루나

## きゅうか（休暇）
규ー 까

休暇をとる
규ー까오 도 루

## 마음
マウム

마음을 굳게 가지다
マウムル　クッケ　カジダ

마음이 상쾌하다
マウミ　　サンクェハダ

깨끗한 마음으로
ケクッタン　マウムロ

## 의문
ウィムン

의문을 가지다
ウィムヌル　カジダ

그것이 의문이다
クゴシ　　　ウィムニダ

어떤 의문입니까？
オトン　ウィムニムニカ

## 손님
ソンニム

손님이 오다
ソンニミ　オダ

손님을 대접하다
ソンニムル　テジョブパダ

귀한 손님이에요
クィハン　ソンニミエヨ

## 객관
ケックァン

객관적으로는
ケックァンジョグロヌン

주관과 객관
チュグァングァ　ケックァン

객관을 무시하지 마라
ケックァヌル　ムシハジ　　マラ

## 휴가
ヒュガ

휴가를 받다
ヒュガルル　パッタ

休暇が短い
きゅーかが みじかい

휴가가 짧다
ヒュガガ　チャルタ

休暇を下さい
きゅーかお くださ い

휴가를 주세요
ヒュガルル　チュセヨ

**ぎゅうにゅう**（牛乳）
きゅー　にゅー

**우유**
ウユ

牛乳を飲む
きゅーにゅーお　のむ

우유를 마시다
ウユルル　マシダ

牛乳配達
きゅーにゅー　はいたつ

우유 배달
ウユ　ペダル

冷たい牛乳だね
つめたい きゅーにゅーだね

차가운 우유이군요
チャゴウン　ウユイグニョ

**きゅうりょう**（給料）
きゅー　りょー

**급료, 봉급**
クムニョ　ポングブ

給料をもらう
きゅーりょーおもら う

급료를 받다
クムニョルル　パッタ

給料をあげて下さい
きゅーりょーおあ げ て くださ い

봉급을 올려 주시오
ポングブル　オルリョ　ジュシオ

少ない給料だな
すくな い きゅーりょーだな

적은 급료이군
チョグン　クムニョイグン

**きょういく**（教育）
きょー　いく

**교육**
キョユク

教育現場
きょーいくげんば

교육 현장
キョユク　ヒョンジャン

学校教育
がっこーきょーいく

학교 교육
ハクキョ　キョユク

教育はだいじだ
きょーいくわ だ い じ だ

교육은 귀중하다
キョユグン　クィジュンハダ

**きょうし**（教師）
きょー　し

**교사**
キョサ

女性教師
じょせーきょーし

여성 교사
ヨソン　キョサ

教師と生徒
きょーしと せーと

교사와 생도
キョサワ　センド

教師の資格をとったよ
きょーしの しかくお とっ た よ

교사의 자격을 땄어요
キョサエ　チャギョグル　タッソヨ

ぎょうじ（行事）
교ー지

年中行事
넨쥬ー교ー지

行事を成功させる
교ー지오 세ー꼬ー 사세루

記念行事が行われる
기넹교ー지가 오꼬나 와 레 루

행사
ヘンサ

연중 행사
ヨンジュン ヘンサ

행사를 성공시키다
ヘンサルル　ソンゴンシキダ

기념 행사가 행해지다
キニョム　ヘンサガ　ヘンヘジダ

きょうしつ（教室）
교ー시쯔

語学教室
고가꾸교ー시쯔

広い教室
히로이 교ー시쯔

教室を掃除しよう
교ー시쯔오 소ー지시요ー

교실
キョシル

어학 교실
オハク　キョシル

넓은 교실
ノルブン　キョシル

교실을 청소하자
キョシルル　チョンソハジャ

きょうじゅ（教授）
교ー쥬

大学教授
다이가꾸교ー쥬

教授の講義
교ー쥬노 꼬기ー쥬

教授のところに行こうか
교ー쥬노 도꼬로니 이꼬ー 까

교수, 교수님
キョス　キョスニム

대학 교수
テハク　キョス

교수님의 강의
キョスニメ　カンイ

교수님한테 갈까？
キョスニムハンテ　カルカ

ぎょうせい（行政）
교ー세ー

行政改革
교ー세ー가이까꾸

行政機関
교ー세ー기깡

行政に問題があるよ
교ー세ーニ 몬다이가 아 루 요

행정
ヘンジョン

행정 개혁
ヘンジョン ケヒョク

행정 기관
ヘンジョン キグァン

행정에 문제가 있어요
ヘンジョンエ　ムンジェガ　イッソヨ

きょうそう（競争）
교ー소ー

生存競争
세ー종 교ー소ー

경쟁
キョンジェン

생존 경쟁
センジョン キョンジェン

競争がはげしい
교ー소ー가 하 게 시ー

경쟁이 심하다
キョンジェンイ　シマダ

競争しようか
교ー소ー시 요ー　까

경쟁할까
キョンジェンハルカ

# きょうだい（兄弟）
교ー 다 이

# 형제
ヒョンジェ

兄弟と姉妹
교ー다이또 시마이

형제와 자매
ヒョンジェワ　チャメ

仲のいい兄弟
니까노 이ー교ー다이

사이좋은 형제
サイジョウン　ヒョンジェ

兄弟は何人？
교ー다이와 난 닝

형제는 몇명？
ヒョンジェヌン　ミョンミョン

# きょうつう（共通）
교ー　쯔ー

# 공통
コントン

共通科目
교ー쯔ー가모꾸

공통 과목
コントン　クァモク

共通の問題
교ー쯔ー노 몬다이

공통의 문제
コントンエ　ムンジェ

共通の敵だよ
교ー쯔ー노 데끼다 요

공통의 적이요
コントンエ　チョギヨ

# きょうてい（協定）
교ー 떼ー

# 협정
ヒョプチョン

協定を結ぶ
교ー떼ー오 무스부

협정을 맺다
ヒョプチョンウル メッタ

協定をやぶる
교ー떼ー오야 부 루

협정을 깨다
ヒョプチョンウル ケダ

協定に調印するのはいつ
교 떼 니 쬬 인 스루노 와이쯔

협정에 조인하는 것은
ヒョプチョンエ チョインハヌン ゴスン

かな
까 나

언제일까？
オンジェイルカ

# きょうみ（興味）
교ー 미

# 흥미
フンミ

興味がある
교ー미가 아 루

흥미가 있다
フンミガ　イッタ

興味をひく
교ー미오 히 꾸

흥미를 끌다
フンミルル　クルダ

もっと興味をもって  
몯 또교ー미오 몰 떼  
더 흥미를 가지고  
ト フンミルル カジゴ

**きょうよう**(教養)  
교ー 요ー  
**교양**  
キョヤン

彼は教養がある  
가레와 교ー요ー가아루  
그는 교양이 있다  
クヌン キョヤンイ イッタ

教養過程  
교ー요ー가떼ー  
교양 과정  
キョヤン クァジョン

よく教養(教育)したね  
요꾸교ー요 꼬ー이꾸 시 따네  
잘 교양(교육)받았어요  
チャル キョヤン(キョユク)パダッソヨ

**きょうりょく**(協力)  
교ー 료 꾸  
**협력**  
ヒョムニョク

協力体制  
교ー료꾸 다이세ー  
협력 체제  
ヒョムニョク チェジェ

彼に協力する  
가레니교ー료꾸스루  
그에게 협력하다  
クエゲ ヒョムニョッカダ

もう協力しないよ  
모ー 교ー료꾸시 나이 요  
이제 협력 안하겠어요  
イジェ ヒョムニョク アナゲッソヨ

**ギョーザ**(餃子)  
교ー 자  
**만두**  
マンドゥ

ギョーザを食べる  
교ー 자오다 베루  
만두를 먹다  
マンドゥルル モクタ

ギョーザを注文しようか  
교ー 자오쮸ー몬 시 요ー 까  
만두를 주문할까 ?  
マンドゥルル チュムナルカ

**きょか**(許可)  
교 까  
**허가**  
ホガ

許可する  
교까스루  
허가하다  
ホガハダ

許可してくれ  
교 까시뗴 구레  
허가해 주시오  
ホガヘ ジュシオ

許可を申請する  
교까ー오 신 세ー스루  
허가를 신청하다  
ホガルル シンチョンハダ

**きょり**(距離)  
교 리  
**거리**  
コリ

学校までの距離  
각 꼬ー마데 노 교 리  
학교까지의 거리  
ハクキョカジエ コリ

距離が短い
교 리 가 미지까이

거리가 짧다
コリガ　チャルタ

どのぐらいの距離だろう
도노구 라 이 노교 리 다 로─

어느 정도의 거리일까?
オヌ　チョンドエ　コリイルカ

## きらい（嫌い）
기 라 이

## 싫다
シルタ

彼が嫌いだ
가레가 기라이 다

그가 싫다
クガ　シルタ

嫌いな食べ物
기라이 나 다 베 모노

싫은 음식
シルン　ウムシク

あれもこれも嫌いだよ
아 레 모　고 레 모 기라이 다 요

이것도 저것도 싫어요
イゴット　チョゴット　シロヨ

## きらう（嫌う）
기 라 우

## 싫어하다
シロハダ

酒を嫌う
사께오 기라우

술을 싫어하다
スルル　シロハダ

彼女を嫌う
가노쬬─오기라우

그녀를 싫어하다
クニョルル　シロハダ

ほんとうに嫌ってるね
혼 또─ 니 기랄 떼 루 네

정말 싫어하고 있어요
チョンマル　シロハゴ　イッソヨ

## きり（霧）
기 리

## 안개
アンゲ

霧がかかる
기리가 가 까 루

안개가 끼다
アンゲガ　キダ

霧雨
기리사메

안개비
アンゲビ

濃い霧だなあ
고 이 기리다 나─

짙은 안개로군
チトゥン　アンゲログン

## ぎり（義理）
기 리

## 의리
ウィリ

義理人情
기 리 닌쬬─

의리 인정
ウィリ　インジョン

義理がある
기 리 가 아 루

의리가 있다
ウィリガ　イッタ

義理が悪い
기 리 가 와루이

의리가 나쁘다
ウィリガ　ナプダ

きりつ（規律）
기 리 쯔

規律を守る
기리쯔오 마모루

規律違反
기리쯔 이 항

規律正しい生活
기리쯔 다다시— 세—까쯔

きりひらく（切開く）
기 리 히 라 이

運命をきりひらく
움메— 오기리 히 라 꾸

きりひらいた土地
기 리 히 라 이 따 도 찌

未来をきりひらこう
미 라이오 기 리 히 라 꼬—

きりょう（器量）
기 료—

器量が高い
기료—가 다까이

いい器量だ
이— 기료—다

芸術的器量があるよ
게—쥬쯔 떼끼기료—가아 루 요

きる（切る）
기 루

根を切る
네 오 기 루

肉を切る
니꾸오 기 루

適当に切ってくれ
데끼또—니 긷 떼 구 레

きる（着る）
기 루

服を着る
후꾸오 기 루

규율
キュユル

규율을 지키다
キュユルル　チキダ

규율 위반
キュユル　ウィバン

규율 바른 생활
キュユル パルン センファル

개척하다
ケチョクカダ

운명을 개척하다
ウンミョンウル　ケチョクカダ

개척한 토지
ケチョクカン トジ

미래를 개척하자
ミレルル　ケチョクカジャ

기량
キリャン

기량이 높다
キリャンイ　ノプタ

좋은 기량이다
チョウン　キリャンイダ

예술적 기량이 있어요
イェスルジョク キリャンイ イッソヨ

끊다, 자르다
クンタ　チャルダ

뿌리를 끊다
プリルル　クンタ

고기를 자르다
コギルル　チャルダ

적당히 끊어주시오
チョクタンヒ　クノジュシオ

입다
イプタ

옷을 입다
オスル イプタ

着物を着る
기모노오 기루

기모노(옷)를 입다
キモノ　オッルル　イブタ

洋服を着ようか
요－후꾸오기 요－ 까

양복을 입을까
ヤンボグル　イブルカ

きれい（奇麗）
기 레－

고움
コウム

きれいな声
기 레 － 나고에

고운 목소리
コウン　モクソリ

言葉がきれいだ
고또바가 기 레 － 다

말이 곱다
マリ　コブタ

きれいな色だね
기 레 － 나이로 다 네

고운 빛깔이군요
コウン　ピッカリグニョ

きろく（記録）
기 로 꾸

기록
キロク

世界新記録
세까이싱 끼로꾸

세계 신기록
セゲ　シンギロク

記録への挑戦
기로꾸 에 노 쬬－셍

기록에의 도전
キロゲエ　トジョン

記録を更新する
기로꾸오 고－신 스루

기록을 갱신하다
キログル　ケンシンハダ

キログラム（kg）
기 로 구 라 무

킬로그램
キルログレム

100kg
햐꾸 끼로구라무

100킬로그램
ペクキルログレム

1kg下さい
이찌끼로 구다사이

1킬로그램 주시오
イルキルログレム　チュシオ

体重は60kgです
다이쥬－와 로꾸직 끼로데스

체중은 60킬로그램
チェジュンウン　ユッシプキルログレ

입니다
ミムニダ

キロメートル（km）
기 로 메 － 또 루

킬로미터
キルロミト

2km走る
니끼로 하시루

2킬로미터 달리다
イキルロミト　タルリダ

ここから10kmです
고 꼬 까 라 직끼로데스

여기서부터
ヨギソブット

10킬로미터입니다
シプキルロミトイムニダ

何kmありますか
낭끼로아리마스까

몇 킬로미터 됩니까?
ミョッ キルロミト テムニカ

**か**

ぎわく(疑惑)
기 와 꾸

의혹
ウィホク

疑惑をいだく
기 와꾸오 이다 꾸

의혹을 품다
ウィホグル プムタ

疑惑をとく
기와꾸오 도 꾸

의혹을 풀다
ウィホグル プルダ

疑惑の人物だな
기와꾸노 짐부쯔 다 나

의혹의 인물이로군
ウィホゲ インムリログン

きん(金)
깅

금
クム

金を掘る
깅오 호 루

금을 캐다
クムル ケダ

金を買う
깅오 가 우

금을 사다
クムル サダ

金銀の財宝があるよ
깅 긴노 자이호-가 아 루 요

금은의 보물이 있어요
クムウネ ポムリ イッソヨ

きんぎょ(金魚)
깅 교

금붕어
クムブンオ

金魚をかう
깅교 오 가 우

금붕어를 기르다
クムブンオルル キルダ

金魚が死んだ
깅교 가신 다

금붕어가 죽었다
クムブンオガ チュゴッタ

きれいな金魚を買ってき
기 레-나 깅교오 갇 뼤 기
たよ
따 요

예쁜 금붕어를 사왔어요
イェプン クムブンオルル サワッソヨ

ぎんこう(銀行)
깅 꼬-

은행
ウネン

銀行に行く
깅꼬-니 이 꾸

은행에 가다
ウネンエ カダ

銀行に預金する
깅 꼬-니 요낀 스루

은행에 예금하다
ウネンエ イェグムハダ

銀行でお金を借りる
깅꼬―데 오 까네오 가리루

은행에서 돈을 빌리다
ウネンエソ　トヌル　ビルリダ

## きんし（禁止）
긴　시

금지
クムジ

出入禁止
데이리 낀 시

출입 금지
チュリプ　クムジ

駐車禁止
쮸―샤 낀 시

주차 금지
チュチャ　クムジ

ここは撮影禁止です
고 꼬 와 사쯔에―낀 시 데 스

여기는 촬영 금지입니다
ヨギヌン　チャリョン　クムジイムニダ

## きんだい（近代）
긴　다이

근대
クンデ

近代化する
긴 다이까 스 루

근대화하다
クンデファハダ

近代文明の恩恵
긴 다이붐 메―노 옹 께―

근대 문명의 은혜
クンデ　ムンミョンエ　ウネ

近代から現代へ
긴 다이까 라 겐 다이에

근대로부터 현대에
クンデロブット　　ヒョンデエ

## きんちょう（緊張）
긴 쬬 ―

긴장
キンジャン

緊張する
긴쬬―스 루

긴장하다
キンジャンハダ

緊張の連続
긴쬬―노 렌조꾸

긴장의 연속
キンジャンエ　ヨンソク

あまり緊張しないで
아 마 리 긴쬬―시 나 이 데

너무 긴장하지 말고
ノム　　キンジャンハジ　マルゴ

## きんゆう（金融）
깅 유―

금융
クミュン

不動産金融
후 도―상 깅 유―

부동산 금융
プドンサン　クミュン

金融自由化
깅 유―지유―까

금융 자유화
クミュン　チャユファ

金融関係の仕事をして
깅 유―강 께―노시고또 오 시 떼

금융 관계의 일을 하고
クミュン　クァンゲエ　イルル　　ハゴ

いるよ
이 루 요

있어요
イッソヨ

## 【く】



くうき（空気）
구―끼

공기
コンギ

空気がすんでる
구―끼가슨　데루

공기가 맑다
コンギガ　マルタ

空気をすう
구―끼오스우

공기를 마시다
コンギルル　マシダ

險悪な空気だなあ
겡 아꾸나 구―끼다 나―

험악한 공기로구만
ホマッカン　コンギログマン

くうこう（空港）
구― 꼬―

공항
コンハン

国際空港
고꾸사이꾸―꼬―

국제 공항
ククチェ　コンハン

広い空港だ
히로이 구―꼬―다

넓은 공항이다
ノルブン　コンハンイダ

空港で会おうよ
구―꼬―데아오― 요

공항에서 만나자
コンハンエソ　マンナジャ

ぐうぜん（偶然）
구― 젱

우연히, 우연
ウヨニ　　ウヨン

偶然に思いつく
구―젠니 오모이 쯔꾸

우연히 생각나다
ウヨニ　　センガンナダ

偶然出会った
구―젠데 알　 따

우연히 만났다
ウヨニ　　マンナッタ

偶然の一致
구―젠노 잇찌

우연의 일치
ウヨネ　　イルチ

クーデター
구― 데 따―

쿠데타
クデタ

クーデターが起きる
구― 데 따― 가오끼루

쿠데타가 일어나다
クデタガ　　イロナダ

クーデターの可能性がある　る
구― 데 따― 노가노―세―가아루

쿠데타의 가능성이
クデタエ　　カヌンソンイ

있다
イッタ

クーデターを阻止しよう
구- 데 따-오 소 시 시 요-

쿠데타를 저지하자
クデタルル　チョジハジャ

くぐる（潜る）
구 구 루

（밑으로）빠져나가다
ミトゥロ　パジョナガダ

잠수하다
チャムスハダ

垣根をくぐる
가끼네오 구 구 루

울타리 밑으로 빠져
ウルタリ　ミトゥロ　パジョ

나가다
ナガダ

法の網をくぐる
호-노모-오 구 구 루

법망을 빠져 나가다
ポムマンウル　パジョ　ナガダ

海中にくぐる
가이쮸-니 구 구 루

바닷속에 잠수하다
パダッソゲ　チャムスハダ

くさ（草）
구 사

풀
プル

草が枯れた
구사가 가 레 따

풀이 말랐다
プリ　マルラッタ

草と木
구사또 기

풀과 나무
プルグァ　ナム

くさい（臭い）
구 사 이

구리다
クリダ

臭いにおいがする
구사이니 오 이 가 스 루

구린내가 나다
クリンネガ　ナダ

ちょっと臭いな
쫀　또 구사이나

좀 구리네
チョム　クリネ

くじら（鯨）
구 지 라

고래
コレ

鯨をとる
구지라오 도루

고래를 잡다
コレルル　チャプタ

鯨の肉
구지라노 니꾸

고래 고기
コレ　コギ

ぐずぐず
구 즈 구 즈

꾸물꾸물, 우물쭈물
クムルクムル　ウムルチュムル

ぐずぐずするな
구 즈 구 즈 스 루 나

꾸물꾸물 하지 마
クムルクムル　ハジ　マ

まだぐずぐずしてるの
마다구즈구즈시떼루노

아직도 우물쭈물하고
アジクド　ウムルチュムルハゴ

있어
イッソ

**か** くすり（薬）
구스리

약
ヤク

薬を飲む
구스리오노무

약을 먹다
ヤグル　モクタ

薬を買う
구스리오가우

약을 사다
ヤグル　サダ

風邪薬
가제 구스리

감기약
カムギヤク

ぐずれる（崩れる）
구즈레루

무너지다
ムノジダ

壁が崩れる
가베가 구즈레루

벽이 무너지다
ピョギ　ムノジダ

家が崩れた
이에가 구즈레따

집이 무너졌다
チビ　ムノジョッタ

岩が崩れおちる
이와가 구즈레오찌루

바위가 무너지다
パウィガ　ムノジダ

くせ（癖）
구세

버릇
ポルッ

つめをかむ癖
쯔메오가무구세

손톱을 깨무는 버릇
ソントブル　ケムヌン　ポルッ

笑い癖
와라이 구세

웃는 버릇
ウンヌン　ポルッ

なまけ癖
나마께 구세

게으른 버릇
ケウルン　ポルッ

ぐたいてき（具体的）
구따이떼끼

구체적
クチェジョク

具体的な意見
구따이떼끼나 이껭

구체적인 의견
クチェジョギン　ウィギョン

提案が具体的だ
데―앙 가 구따이떼끼다

제안이 구체적이다
チェアニ　クチェジョギダ

もうちょっと具体的に
모― 죤 또 구따이떼끼니

좀 더 구체적으로
チョム　ト　クチェジョグロ

言ってくれ
일 떼구레

말해주오
マレジュオ

## ください(下さい)
구 다 사 이

## 주세요, 주시오
チュセヨ　チュシオ

この菓子を下さい
고노 까시오 구다사이

이 과자를 주세요
イ　クァジャルル　チュセヨ

手紙を送って下さい
데 가미오 오꾿떼 구다사이

편지를 부쳐 주시오
ピョンジルル　ブチョ　ジュシオ

もっといいものを下さいな
몯 또이ー 모노오 구다사이나

더 좋은 것을 주세요
ト　チョウン　ゴスル　チュセヨ

## くだもの(果物)
구 다 모 노

## 과일, 과실
クァイル　クァシル

果物が食べたい
구다모노가다 베 따 이

과일이 먹고 싶다
クァイリ　モッコ　シプタ

果物を送ろう
구다모노오 오꾸로ー

과실을 보내자
クァシルル　ポネジャ

果物を食べる
구다모노오 다 베 루

과실을 먹다
クァシルル　モクタ

## くだる(下る)
구 다 루

## 내리다
ネリダ

山を下る
야마오 구다루

산에서 내려오다
サネソ　　ネリョオダ

命令が下った
매ー레ー가구 닫 따

명령이 내려졌다
ミョンニョンイ　ネリョジョッタ

## くち(口)
구 찌

## 입
イプ

口をふさぐ
구찌오 후 사 구

입을 막다
イブル　マクタ

口をあける
구찌오 아 께 루

입을 벌리다
イブル　ポルリダ

口が小さいね
구찌가 찌ー사이네

입이 작군요
イビ　　チャックニョ

## くつ(靴)
구 쯔

## 구두
クドゥ

靴がきつい
구쯔가 기 쯔 이

구두가 끼다
クドゥガ　キダ

<table>
<tr><td>靴を買う<br>구쯔오 가우</td><td>구두를 사다<br>クドゥルル サダ</td></tr>
<tr><td>靴をとりかえよう<br>구쯔오도리 가에요—</td><td>구두를 바꾸자<br>クドゥルル パクジャ</td></tr>
<tr><td>くつがえす (覆す)<br>구쯔가에스</td><td>뒤집다<br>ティジブタ</td></tr>
<tr><td>政権をくつがえす<br>세—껭오 구쯔가에스</td><td>정권을 뒤집다<br>チョンクォヌル ティジブタ</td></tr>
<tr><td>判決をくつがえす<br>항께쯔오 구쯔가에스</td><td>판결을 뒤집다<br>パンギョルル ティジブタ</td></tr>
<tr><td>くつした (靴下)<br>구쯔시따</td><td>양말<br>ヤンマル</td></tr>
<tr><td>靴下をはく<br>구쯔시따오 하꾸</td><td>양말을 신다<br>ヤンマルル シンタ</td></tr>
<tr><td>暖かい靴下だなあ<br>아따따까이 구쯔시 따다나—</td><td>따뜻한 양말이로군<br>タトゥッタン ヤンマリログン</td></tr>
<tr><td>靴下をもらう<br>구쯔시따오 모라우</td><td>양말을 받다<br>ヤンマルル パッタ</td></tr>
<tr><td>くに (国)<br>구니</td><td>나라<br>ナラ</td></tr>
<tr><td>私の国は日本です<br>와따시노구니와니 혼 데스</td><td>나의 나라는 일본입니다<br>ナエ ナラヌン イルボニムニダ</td></tr>
<tr><td>国の繁栄<br>구니노 항에—</td><td>나라의 번영<br>ナラエ ポニョン</td></tr>
<tr><td>美しい国だなあ<br>우쯔꾸시—구니다 나—</td><td>아름다운 나라로군<br>アルムダウン ナラログン</td></tr>
<tr><td>くび (首)<br>구비</td><td>목, 면직<br>モク ミョンジク</td></tr>
<tr><td>首が病い<br>구비가 이따이</td><td>목이 아프다<br>モギ アブダ</td></tr>
<tr><td>首にする<br>구비니스 루</td><td>면직하다<br>ミョンジッカダ</td></tr>
<tr><td>首が長いね<br>구비가 나가이 네</td><td>목이 길군요<br>モギ キルグンヨ</td></tr>
<tr><td>くべつ (区別)<br>구베쯔</td><td>구별<br>クピョル</td></tr>
</table>

区別がない
구베쯔가 나 이

구별이 없다
クビョリ　オプタ

男と女の区別
오또도꼬또 온나노 구베쯔

남자와 여자의 구별
ナムジャワ　ヨジャエ　　クビョル

区別するな
구베쯔스 루 나

구별하지 마라
クビョルハジ　マラ

くみあい（組合）
구 미 아 이

조합
チョハブ

労働組合
로ー도ー구미아이

노동조합
ノドンチョハブ

組合の集会
구미아이노 슈ー까이

조합의 집회
チョハベ　チッペ

組合の役員になったよ
구미아이노 야꾸인니 낟　　따 요

조합의 임원이 되었어요
チョハベ　イムォニ　　テヨッソヨ

くみたてる（組立てる）
구 미 다 떼 루

조립하다
チョリブパダ

機械を組立てる
기 까이오 구미다 떼 루

기계를 조립하다
キゲルル　チョリブパダ

組立て式建物
구미다 떼 시끼다떼모노

조립식 건물
チョリブシク　コンムル

組立てがうまくいった
구미다떼가 우 마 꾸　일 따

조립이 잘 되었다
チョリビ　チャル　テオッタ

くむ（組む）
구 무

짜다, 편성하다
チャダ　ピョンソンハダ

組（クラス）を組む
구미(구 라 스) 오 구 무

조를 짜다
チョルル　チャダ

音楽隊を組む
옹 가꾸따이오 구 무

음악대를 편성하다
ウマッテルル　ピョンソンハダ

くも（雲）
구 모

구름
クルム

雲が流れる
구모가 나가레 루

구름이 흐르다
クルミ　　フルダ

雲と雨
구모또 아메

구름과 비
クルムグァ　ピ

白い雲が見えるよ
시로이 구모가 미 에 루 요

흰 구름이 보여요
フィン　クルミ　ポヨヨ

くもり（曇）
구 모 리

今日は曇だ
교ー 와 구모리다

窓が曇っている
마도가 구 몯 떼 이 루

明日の天気は曇か
아 스 노 멩 끼 와 구모리까

흐림
フリム

오늘은 흐리다
オヌルン フリダ

창문이 흐려지고 있다
チャンムニ フリョジゴ イッタ

내일 날씨는 흐린가
ネイル ナルシヌン フリンガ

くやしい（悔しい）
구 야 시ー

悔しいよ、ほんとに
구야시ー 요 혼 또 니

悔しい気持
구야시ー 기모찌

悔しくてたまらない
구야시 꾸 떼 다 마 라 나 이

분하다
プナダ

분해요, 정말로
プネヨ チョンマルロ

분한 마음
プナン マウム

분해서 참을 수 없다
プネソ チャムルス オプタ

くらい（暗い）
구 라 이

外が暗い
소또가 구라이

この部屋は暗い
고 노 헤 야 와 구라이

暗い色だなあ
구라이 이로다 나ー

어둡다
オドゥプタ

밖이 어둡다
パッキ オドゥプタ

이 방은 어둡다
イ パンウン オドゥプタ

어두운 빛깔이로군
オドゥウン ピッカリログン

〜くらい
구 라 이

駅までどのくらい？
에꺼마 데도노 구 라 이

一つぐらい下さい
히또쯔 구 라 이 구다사 이

どのぐらい残っているの
도 노 구라이 노꼳 떼 이 루 노

쯤
チュム

역까지 얼마쯤？
ヨッカジ オルマチュム

하나쯤 주세요
ハナチュム チュセヨ

얼마쯤 남아있어요？
オルマチュム ナマイッソヨ

くらし（暮し）
구 라 시

国の暮し（経済管理）
구니노 구라시（게ー자이간리）

살림（살이）
サルリムサリ

나라의 살림살이
ナラエ サルリムサリ

暮しを立派にしているね
구라시 오 립빠니 시뼤 이루네

살림살이를 알뜰히
サルリムサリルル　アルトゥリ

하고 있어요
ハゴ　イッソヨ

**くらす**（暮す）
구 라 스

**살다**
サルダ

一緒に暮す
잇 쇼 니 구라스

함께 살다
ハムケ　サルダ

楽天的に暮す
락 땐뼤끼니 구라스

낙천적으로 살다
ナクチョンジョグロ　サルダ

**クラス**
구 라 스

**반**
パン

クラスを編成する
구 라 스 오 헨 세-스 루

반을 편성하다
パヌル　ピョンソンハダ

クラス会
구 라 스 까이

반 모임
パン　モイム

同じクラスになったよ
오나지 구 라 스 니 낟　따요

같은 반이 되었어요
カットゥン　パニ　テオッソ

**クラブ**
구 라 부

**클럽**
クルロブ

クラブに入った
구 라 부니 하읻 따

클럽에 들어 갔다
クルロベ　トゥロ　カッタ

娯楽クラブ
고라꾸 구 라 부

오락 클럽
オラク　クルロブ

クラブをやめようか
구 라 부 오 야 메 요- 까

클럽을 그만둘까
クルロブル　クマンドゥルカ

**くらべる**（比べる）
구 라 배 루

**비교하다**
ピギョハダ

優劣を比べる
유-레쯔오 구라배루

우열을 비교하다
ウヨルル　ピギョハダ

よく比べてみる
요꾸 구라배뼤 미 루

잘 비교해 보다
チャル　ピギョヘ　ボダ

あまり比べるな
아 마 리 구라배루 나

너무 비교하지 마라
ノム　ピギョハジ　マラ

**クリーム**
구 리- 무

**크림**
クリム

クリームをぬる
구리― 무 오누루

크림을 바르다
クリムル　バルダ

クリームを食べる
구리― 무 오다배루

크림을 먹다
クリムル　モクタ

なんだこのクリームは
난 다고노구리―무 와

뭐냐 이 크림은
ムォニャ イ クリムン

## くりかえす（繰返す）
구리가에스

## 되풀이하다
トェプリハダ

失敗を繰返す
십빠이오 구리가에스

실패를 되풀이하다
シルペルル　トェプリハダ

練習を繰返す
렌슈―오 구리가에스

연습을 되풀이하다
ヨンスブル　トェプリハダ

繰返して言って下さい
구리가에시떼 일 떼 구다사이

되풀이해서 말해 주시오
トェプリヘソ　　マレ　ジュシオ

## クリスマス
구리스마스

## 성탄절, 크리스마스
ソンタンジョル クリスマス

クリスマスに会いましょう
구리스마스니 아이마쇼―

성탄절에 만납시다
ソンタンジョレ　マンナブンダ

クリスマスに雪が降った
구리스마스니유끼가 혼 따

성탄절에 눈이 내렸다
ソンタンジョレ ヌニ　ネリョッタ

クリスマスパーティーをする
구리스마스빠― 띠― 오스루

크리스마스 파티를 하다
クリスマス　　　パティルル　ハダ

## くる（来る）
구루

## 오다
オダ

今日来る
교― 구루

오늘 오다
オヌル　オダ

みやげをもって来る
미야게오 몯 떼구루

선물을 가지고 오다
ソンムルル　カジゴ　　　オダ

友達が来る
도모다찌가구 루

친구가 오다
チングガ　オダ

## グループ
구루― 뿌

## 그룹
グルブ

5人のグループです
고닌노구루― 뿌데스

5명의 그룹입니다
タソンミョンエ　グルビムニダ

グループを作る
구루― 뿌오 쯔꾸루

그룹을 만들다
グルブル　マンドゥルダ

グループを解散しよう
구 루- 뿌 오 가이산 시 요-
그룹을 해산하자
グルプル　ヘサンハジャ

くるしい(苦しい)
구 루 시-
괴롭다
クェロプタ

生活が苦しい
세-까쯔가 구루시-
생활이 괴롭다
センファリ クェロプタ

とても苦しい
도 떼 모 구루시-
몹시 괴롭다
モプシ　クェロプタ

苦しくないかい
구루시 꾸 나 이 까 이
괴롭지 않아요
クェロプチ　アナヨ

くるま(車)
구 루 마
차
チャ

車に乗る
구루마니 노 루
차를 타다
チャルル タダ

車を買う
구루마오 가 우
차를 사다
チャルル　サダ

新しい車だね
아따라시- 구루마다네
새 차네
セ　チャネ

くれる
구 레 루
(나에게) 주다
ナエゲ　チュダ

本をくれる
홍 오 구 레 루
(나에게) 책을 주다
ナエゲ　チェグル チュダ

金をくれた
가네오 구 레 따
(나에게) 돈을 주었다
ナエゲ　トヌル チュオッタ

くろい(黒い)
구 로 이
검다
コムタ

黒いメガネ
구로이 메 가 네
검은 안경
コムン アンギョン

色が黒い
이로가 구로이
색이 검다
セギ　コムタ

黒の車がいいよ
구로노 구루마가 이-요
검은 차가 좋아요
コムン チャガ チョアヨ

くろう(苦労)
구 로-
고생, 수고
コセン　スゴ

苦労をする
구로-오 스 루
고생을 하다
コセンウル ハダ

ご苦労さまです
고 꾸로ー사마 데스

수고하십니다
スゴハシムニダ

もっと苦労しなくちゃ
몯 또구로ー시 나꾸 쨔

더 고생하지 않으면
ト　コセンハジ　　アヌミョン

**か**

## くろじ（黒字）
구 로 지

## 흑자
フクチャ

貿易黒字
보ー에끼 구로지

무역 흑자
ムヨク　フクチャ

今年は黒字だ
고또시와 구로지다

올해는 흑자다
オレヌン　フクチャダ

黒字になればいいなあ
구로지니 나 레 바 이ー　나ー

흑자가 되면 좋은데
フクチャガ　テミョン　チョウンデ

## くわえる（加える）
구 와 에 루

## 가하다, 더하다
カハダ　　　トハダ

打撃を加える
다 게끼오 구와에 루

타격을 가하다
タギョグル　カハダ

一点を加えた
일 쩽 오 구와에 따

일점을 더했다
イルチョムル　トヘッタ

あまり加えるなよ
아 마 리 구와에 루 나ー요

너무 가하지 마라
ノム　　カハジ　　マラ

## くわしい（詳しい）
구 와 시ー

## 상세하다
サンセハダ

詳しい説明
구와시ー 셰쯔메ー

상세한 설명
サンセハン　ソルミョン

情報が詳しい
죠ー호ー가 구와시ー

정보가 상세하다
チョンボガ　サンセハダ

もっと詳しく言って
몯　또 구와시꾸 일　때

더 상세히 말해줘
ト　サンセヒ　マレジュォ

## ぐん（軍）
궁

## 군
クン

軍隊を動員する
군따이오 도ー인스 루

군대를 동원하다
クンデルル　トンウォナダ

軍を指揮する
궁오 시 끼 스 루

군을 지휘하다
クヌル　チフィハダ

## くんれん（訓練）
군 렝

## 훈련
フルリョン

訓練がきびしい
군 렝 가 기 비 시ー

훈련이 엄하다
フルリョニ　オマダ

よく訓練されている
요 꾸 군 렌 사 레 떼 이 루

잘 훈련되어 있다
チャル フルリョンデオ イッタ

訓練した結果がよく出た
군 렌 시 따 곅 까 가 요 꾸 데 따

훈련한 결과가
フルリョナン キョルグァガ

잘 나왔다
チャル ナワッタ



# 【け】

け(毛)
게

털
トル

　毛のシャツ
　게 노 샤　쯔

　털 셔츠
　トル シャス

　鳥の毛
　도 리 노 께

　새 털
　セ トル

　～に毛のはえたもの
　니 게 노 하 에 따 모 노

　～에 털이 난 것
　エ トリ ナンゴッ

けいえい(経営)
게ー 에ー

경영
キョンヨン

　経営者
　게ー에ー샤

　경영자
　キョンヨンジャ

　経営哲学
　게ー에ー데쯔가꾸

　경영 철학
　キョンヨン チョラク

　経営がうまいねえ
　게ー에ー가 우 마 이 네ー

　경영을 잘 하네
　キョンヨンウル チャル ハネ

けいかい(警戒)
게ー 까 이

경계
キョンゲ

　警戒網
　게ー까이모ー

　경계망
　キョンゲマン

　警戒警報が鳴る
　게ー까이게ー호ー가 나 루

　경계 경보가 울리다
　キョンゲ キョンボガ ウルリダ

よく警戒しなくては
요꾸 게—까이시 나꾸 뗴 와

잘 경계하지 않으면
チャル キョンゲハジ アヌミョン

## けいかく(計画)
게— 까꾸

## 계획
ケフェク

計画を変える
제—까꾸오 가 에 루

계획을 바꾸다
ケフェグル パクダ

計画が綿密だ
제—까꾸가 멤미쯔다

계획이 면밀하다
ケフェギ ミョンミラダ

計画を実行しよう
제—까꾸오 직꼬—시요—

계획을 실행하자
ケフェグル シレンハジャ

## けいき(景気)
게— 끼

## 경기
キョンギ

景気が回復する
게—끼가 가이후꾸스루

경기가 회복되다
キョンギガ フェボクテダ

景気が悪い
게—끼가 와루이

경기가 나쁘다
キョンギガ ナプダ

景気はどう
게—끼와 도—

경기는 어때요
キョンギヌン オッテヨ

## けいけん(経験)
게— 껭

## 경험
キョンホム

経験をつむ
게—껭오 쯔 무

경험을 쌓다
キョンホムル サッタ

経験が豊かだ
게—껭가 유따까 다

경험이 풍부하다
キョンホミ プンブハダ

何事も経験だよ
나니고또모 게—껜다요

무슨 일이든 경험이요
ムスン イリドゥン キョンホミヨ

## けいこう(傾向)
게— 꼬—

## 경향
キョンヒャン

傾向文学
게—꼬—붕가꾸

경향 문학
キョンヒャン ムナク

物価が下る傾向にある
북 까 가 사가루게—꼬—니 아 루

물가가 내려가는 경향이
ムルカガ ネリョガヌン キョンヒャンイ

있다
イッタ

上昇する傾向だ
죠—쇼—스 루 게—꼬—다

상승하는 경향이다
サンスンハヌン キョンヒャンイダ

けいざい（経済）
게ー자이

経済活動
게ー자이가쯔도ー

経済学者になる
게ー자이가꾸샤니 나 루

経済を立直す
게ー자이오 다찌나오스

けいさつ（警察）
게ー 사 쯔

秘密警察
히 마즈게ー사쯔

警察に引っ張られる
게ー사쯔니 힙　빠라 레 루

警察に届ける
게ー사쯔니 도도께루

けいさん（計算）
게ー 상

計算がはやい
게ー상 가 하 야 이

計算問題をだす
게ー삼 몬 다이오 다 스

計算がまちがってるよ
게ー상 가 마 찌 간　떼루요

けいしき（形式）
게ー 시 끼

形式主義
게ー시끼슈기

形式的
게ー시끼떼끼

形式より内容だろ
게ー시끼요 리 나이요ー다 로

げいじゅつ（芸術）
게ー 쥬 쯔

芸術的才能
게ー쥬쯔떼끼 사이노ー

경제
キョンジェ

경제 활동
キョンジェ ファルトン

경제 학자가 되다
キョンジェ ハクチャガ テダ

경제를 되돌리다
キョンジェルル テドルリダ

경찰
キョンチャル

비밀 경찰
ピミル　　キョンチャル

경찰에 끌려 가다
キョンチャレ クルリョ カダ

경찰에 신고하다
キョンチャレ シンゴハダ

계산
ケサン

계산이 빠르다
ケサニ　　　パルダ

계산 문제를 내다
ケサン　ムンジェルル ネダ

계산이 틀려요
ケサニ　　　トゥルリョヨ

형식
ヒョンシク

형식주의
ヒョンシクチュウィ

형식적
ヒョンシクチョク

형식보다 내용이지
ヒョンシクボダ ネヨンイジ

예술
イェスル

예술적 재능
イェスルチョク チェヌン

黄金の芸術
オーゴンノ ゲージュツ

황금의 예술
ファングメ イェスル

伝統ある芸術
デン トーアルゲージュツ

전통있는 예술
チョントンインヌン イェスル



けいそつ（軽率）
ゲーソツ

경솔
キョンソル

行動が軽率だ
コードーガ ゲーソツダ

행동이 경솔하다
ヘンドンイ キョンソラダ

軽率な言動
ゲーソツナ ゲンドー

경솔한 언동
キョンソラン オンドン

彼はちょっと軽率だなあ
カレワ ジョッ ト ゲーソツダ ナー

그는 조금 경솔하군
クヌン チョグム キョンソラグン

けいやく（契約）
ゲーヤク

계약
ケヤク

契約期間がすぎた
ゲーヤク キ ガンガ スギ タ

계약 기간이 넘었다
ケヤク キガニ ノモッタ

契約金を払う
ゲーヤクキンオ ハラウ

계약금을 지불하다
ケヤククムル チブルハダ

新たに契約した
アラタ ニ ゲーヤクシタ

새로 계약했다
セロ ケヤッケッタ

けが（怪我）
ゲガ

부상, 실수
プサン シルス

けがで負ける
ゲガデ マケル

실수로 지다
シルスロ チダ

けがした人
ゲガシ タ ヒト

부상병이 있다
プサンビョンイ イッタ

けがをしないよう
ゲガオシ ナ イ ヨー

부상을 입지 않도록
プサンウル イプチ アントロク

げきじょう（劇場）
ゲキジョー

극장
ククチャン

大劇場で上演する
ダイゲキジョーデ ジョーエンスル

대극장에서 상연하다
テグクチャンエソ サンヨンハダ

いい劇場ですね
イー ゲキジョーデ スネ

좋은 극장이에요
チョウン ククチャンイエヨ

劇場で観覧する
ゲキジョーデ カンランスル

극장에서 관람하다
ククチャンエソ クァルラマダ

## けさ（今朝）
게 사

今朝は爽快だ
게 사 와 소-까이다

今朝は早く目がさめた
게 사 와 하야꾸 메 가 사 메 따

今朝は体操をしたよ
게 사 와 다이소-오 시 따 요

## けしき（景色）
게 시 끼

田舎の景色
이나까노 게시끼

景色の良い所
게시끼노 요 이 도꼬로

景色を見る
게시끼오 미 루

## けしょう（化粧）
게 쇼-

高価な化粧品
고-까 나 게 쇼-힝

化粧がこい
게 쇼-가 고 이

化粧をしなくてもきれい
게 쇼-오 시 나 꾸 메 모 기 레-

だね
다 네

## けずる（削る）
게 즈 루

鉛筆を削る
엠뻬쓰오 게즈루

ナイフで削った
나 이 후 데 게 즐 따

## 오늘 아침
オヌル　アチム

오늘 아침은 상쾌하다
オヌル　アチムン　サンクェハダ

오늘 아침은 일찍 눈을
オヌル　アチムン　イルチク　ヌヌル

떴다
トゥッタ

오늘 아침은 체조를
オヌル　アチムン　チェジョルル

했어요
ヘッソヨ

## 풍경, 경치
プンギョン　キョンチ

시골 풍경
シゴル　プンギョン

경치 좋은 곳
キョンチ チョウン ゴッ

경치를 보다
キョンチルル　ボダ

## 화장
ファジャン

고급 화장품
コグプ　ファジャンプム

화장이 짙다
ファジャンイ　チッタ

화장을 안해도 고와요
ファジャンウル　アネド　　コワヨ

## 깎다
カッタ

연필을 깎다
ヨンピルル　　カッタ

나이프로 깎았다
ナイプロ　　　カッカッタ

か

げた（下駄）
게 따

下駄を買う
게 따 오 가우

게다（나막신）
ゲタ　ナマクシン

게다를 구하다
ゲタルル　クハダ

下駄をはいた人
게 따 오 하 이 따 히또

게다를 신은 사람
ゲタルル　シヌン　サラム

下駄より靴がいいね
게 따 요 리 구쯔가 이ー 네

게다보다 구두가
ゲタボダ　　クドゥガ

좋아요
チョアヨ

けち
게 찌

彼はけちだ
가레와 게 찌 다

깍쟁이, 인색함
カクチェンイ　インセクカム

그는 깍쟁이다
クヌン　カクチェンイダ

あんまりけちでもためだよ
암　마리게찌데모 다메다요

너무 인색해도 안돼요
ノム　インセクケド　アンデヨ

金持ちにはけちが多い
가네모 찌 니 와 게 찌 가 오ー이

부자에는 깍쟁이가 많다
プジャエヌン　カクチェンイガ　　マンタ

けつい（決意）
게 쯔 이

決意がかたい
게 쯔이가 가 따 이

결의
キョリ

결의가 굳다
キョリガ　クッタ

そうとうな決意
소ー 또ー 나 게쯔이

상당한 결의
サンダンハン　キョリ

新たな決意をしたよ
아라따나 게쯔이 오 시 따 요

새로운 결의를 다졌어요
セロウン　キョリルル タジョッソヨ

けつえき（血液）
게 쯔 에 끼

血液の循環
게쯔에끼노 즁 깡

혈액
ヒョレク

혈액의 순환
ヒョレゲ　スヌァン

同じ血液型
오나지 게쯔에끼 가따

같은 혈액형
カットゥン ヒョレクキョン

O型の血液
오가따노 게쯔에끼

O형의 혈액
オヒョンエ ヒョレク

けっか（結果）
겍　 까

결과
キョルグァ

結果が悪い
겍 까 가 와루이

결과가 나쁘다
キョルグァガ　ナプダ

良い結果が出る
요이 겍 까 가 데 루

좋은 결과가 나오다
チョウン　キョルグァガ　ナオダ

この結果は問題だね
고 노 겍 까 와 몬다이 다 네

이 결과는 문제로구만
イ　キョルグァヌン　ムンジェログマン

か

**けっこう**(結構)
겍　꼬ー

**훌륭함, 괜찮음, 좋음**
フルリュンハム　クェンチャヌス　チョウム

結構な建物です
겍꼬ー나 다떼모노데스

훌륭한 건물입니다
フルリュンハン　コンムリムニダ

もう結構です
모ー 겍 꼬ー데 스

이제 괜찮습니다
イジェ　クェンチャンスムニダ

結構なことです
겍 꼬ー나 고 또 데 스

좋은 일입니다
チョウン　イリムニダ

**けっこん**(結婚)
겍　꽁

**결혼**
キョロン

結婚式をあげる
겍 꼰 시끼오 아 게 루

결혼식을 올리다
キョロンシグル　オルリダ

結婚の条件
겍 꼰 노 죠ー껭

결혼의 조건
キョロネ　チョコン

結婚しようか
겍 꼰 시 요ー 까

결혼할까?
キョロンハルカ

**けっして**(決して)
겟　시 떼

**결코**
キョルコ

決して忘れない
겟 시 떼 와스레 나 이

결코 잊지 않다
キョルコ　イッチ　アンタ

決して間違っていない
겟 시 떼 마 찌 갇 떼 이 나 이

결코 틀리지 않다
キョルコ　トゥルリジ　アンタ

決して死んではいけない
겟 시 떼 신 데 와 이 께 나 이

결코 죽어서는 안된다
キョルコ　チュゴソヌン　アンデンダ

**けっしん**(決心)
겟　싱

**결심**
キョルシム

かたい決心
가 따 이 겟 싱

굳은 결심
クドゥン　キョルシム

決心をする
겟 싱 오 스 루

결심을 하다
キョルシムル　ハダ

一度決心したら実行する
이찌도 겟 신 시 따라 직꼬ー스루

한 번 결심하면
ハン ボン キョルシマミョン

だけ
다 께

실행할뿐
シレンハルプン



けっせき（欠席）
겟 세 끼

결석
キョルソク

今日の欠席者は？
교ー 노 겟 세 끼샤 와

오늘 결석자는？
オヌル キョルソクチャヌン

欠席した人はだれ？
겟세끼 시 따 히또와 다 레

결석한 사람은 누구？
キョルソクカン サラムン ヌグ

欠席をしてはいけないよ
겟세끼오 시 떼 와 이 께 나 이 요

결석하면 안돼요
キョルソクカミョン アンデヨ

けってい（決定）
겐 떼ー

결정
キョルチョン

会議で決定する
가이기데 겐 떼ー스 루

회의에서 결정하다
フェウィエソ キョルチョンハダ

決定事項に従う
겐 떼ー지 꼬ー니 시따가우

결정 사항에 따르다
キョルチョン サハンエ タルダ

新しい決定をしたよ
아따라시ー 겐 떼ー오 시 따 요

새로운 결정을 했어요
セロウン キョルチョンウル ヘッソヨ

けつろん（結論）
게 쯔 롱

결론
キョルロン

結論を出す
게쯔롱오 다스

결론을 내다
キョルロヌル ネダ

いい結論が出たね
이ー 게쯔롱가 데 따 네

좋은 결론이 나왔어요
チョウン キョルロニ ナワッソヨ

今度結論を出そう
곤 도 게쯔롱오 다 소ー

이번에 결론을 내자
イボネ キョルロヌル ネジャ

けむり（煙）
게 무 리

연기
ヨンギ

煙が上がる
게무리가아 가루

연기가 오르다
ヨンギガ オルダ

煙がたちこめるね
게무리가 다 찌 꼬메 루 네

연기가 자욱하네
ヨンギガ チャウックカネ

たばこの煙
다 바 꼬 노 게무리

담배 연기
タムベ ヨンギ

**けわしい**(険しい)
게 와 시 ─

険しい山道
게와시─ 야마미찌

人生航路は険しい
진 세─꼬─로와 게와시─

道は険しくても
미찌와 게와 시 꾸 떼 모

**げんいん**(原因)
겡 잉

事故の原因
지꼬 노 겡잉

原因を調べる
겡 잉 오 시라베 루

原因を徹底的に究明しよう
겡 잉 오 뗄떼─떼기니 규─메─ 시 요─

**けんか**(喧嘩)
겡 까

夫婦げんか
후─후 겡 까

喧嘩をしてはいけない
겡 까 오 시 떼 와 이 께 나 이

喧嘩をとめよう
겡 까 오 도 메 요─

**けんかい**(見解)
겡 까 이

どういう見解がありますか　　か
도─ 유─ 겡 까이가 아 리 마스 까

見解が違う
겡까이가 찌가우

見解の一致を見よう
겡 까 이 노 잇 찌 오 미 요─

**けんがく**(見学)
겡 가 꾸

工場を見学する
고─바 오 겡가꾸 스 루

**험하다**
ホマダ

험한 산길
ホマン　サンキル

인생 항로는 험하다
インセン　ハンノヌン　ホマダ

길은 험해도
キルン　ホメド

**원인**
ウォニン

사고의 원인
サゴエ　　ウォニン

원인을 조사하다
ウォニヌル　チョサハダ

원인을 철저히 구명하자
ウォニヌル　チョルチョヒ　クミョンハジャ

**싸움**
サウム

부부 싸움
プブ　サウム

싸움을 해서는 안된다
サウムル　ヘソヌン　アンデンダ

싸움을 말리자
サウムル　マルリジャ

**견해**
キョネ

어떤 견해가 있습니까?
オットン　キョネガ　イッスムニカ

견해가 다르다
キョネガ　タルダ

견해의 일치를 보자
キョネエ　イルチルル　ポジャ

**견학**
キョナク

공장을 견학하다
コンジャンウル　キョナクカダ

見学もだいじな勉強だ
겡 가꾸모 다 이 지 나 벵꾜ー다

견학도 중요한 공부다
キョナクト　チュンヨハン　コンブダ

放送局の見学
호ー소ー꾜꾸노 겡가꾸

방송국의 견학
パンソングゲ　キョナク

**げんかん（玄関）**
겡 깡

**현관**
ヒョングァン

玄関を掃除する
겡 깡오 소ー지스루

현관을 청소하다
ヒョングァヌル　チョンソハダ

玄関をあける
겡 깡오 아께루

현관을 열다
ヒョングァヌル　ヨルダ

空港は空の玄関だ
구ー꼬ー와 소라노 겡 깐 다

공항은 하늘의 현관이다
コンハンウン　ハヌレ　ヒョングァニダ

**げんき（元気）**
겡 끼

**건강, 원기**
コンガン　ウォンギ

元気ですか
겡 끼데스 까

건강하십니까？
コンガンハシムニカ

元気百倍
겡 끼 햐꾸바이

원기 백배
ウォンギ　ペクペ

元気がないよ
겡 끼가 나 이 요

원기가 없어요
ウォンギガ　オプソヨ

**げんきゅう（研究）**
겡 뀨ー

**연구**
ヨング

研究に熱心だね
겡 뀨ー니 넷 신 다 네

연구에 열심이군요
ヨングエ　ヨルシミグンヨ

若い研究者
와까이 겡 뀨ー샤

젊은 연구자
チョルムン　ヨングジャ

研究の成果だよ
겡 뀨ー노 세ー까 다 요

연구의 성과요
ヨングエ　ソンクァヨ

**げんご（言語）**
겡 고

**언어**
オノ

言語障害
겡 고 쇼ー가이

언어 장해
オノ　チャンヘ

言語学者
겡 고 가꾸샤

언어 학자
オノ　ハクチャ

言語は民族の魂とも
겡 고 와 민조꾸노 다마시ー또모

언어는 민족의
オノヌン　ミンジョゲ

いうね
이우네

## けんこう（健康）
겡 꼬ー

健康状態はいい
겡 꼬ー죠ー따이와 이ー

健康に気をつけて
겡 꼬ー니 기 오 쯔께 메

健康が第一だ
겡꼬ー가 다이이찌다

## げんこう（現行）
겡 꼬ー

現行の法律では
겡꼬ー노 호ー리쯔데와

現行のままにしておく
겡 꼬ー노 마 마 니 시 메 오 꾸

現行の状態
겡 꼬ー노 죠ー따이

## けんさ（検査）
겐 사

定期検査をする
데ー끼겐 사 오 스 루

検査に合格する
겐 사 니 고ー까 꾸 스 루

明日は一次検査の日だな
아 스 와 이찌지 겐 사 노 히 다 나

## げんし（原子）
겐 시

原子力
겐 시 료꾸

原子力発電所
겐 시 료꾸 하쯔덴쇼

原子爆弾
겐 시 바꾸당

---

얼이라고도 해요
オリラゴド　　ヘヨ

## 건강
コンガン

건강 상태는 좋다
コンガン サンテヌン　チョッタ

건강에 조심하세요
コンガンエ　チョシマセヨ

건강이 제일이다
コンガンイ　チェイリダ

## 현행
ヒョネン

현행의 법률로는
ヒョネンエ　ポムニュルロヌン

현행대로 해 놓다
ヒョネンデロ　ヘ　ノッタ

현행의 상태
ヒョネンエ サンテ

## 검사
コムサ

정기 검사를 하다
チョンギ コムサルル　ハダ

검사에 합격하다
コムサエ　ハプキョッカダ

내일은 일차 검사의
ネイルン　イルチャ コムサエ

날이로군
ナリログン

## 원자
ウォンジャ

원자력
ウォンジャリョク

원자력 발전소
ウォンジャリョク パルチョンソ

원자 폭탄
ウォンジャ ポクタン

---

か

けんしき（見識）
ゼン シ ッキ

견식
キョンシク

見識が広い
ゼンシッキが ひろい

견식이 넓다
キョンシギ ノルタ

豊かな見識
ゆたかな ゼンシッキ

풍부한 견식
プンブハン キョンシク

あの人の見識には驚くよ
あの ひっとの ゼンシッキ に わ おどろくよ

저 사람의 견식에는
チョ サラメ キョンシゲヌン

놀래요
ノルレヨ

げんじつ（現実）
ゼン ジ ッズ

현실
ヒョンシル

現実と理想
ゼン じっずと り そー

현실과 이상
ヒョンシルグァ イサン

より現実的に
よ り ゼンじっずてっきに

보다 현실적으로
ポダ　ヒョンシルチョグロ

現実は無視できない
ゼン じっずわ むしで っき ない

현실은 무시할 수 없다
ヒョンシルン ムシハル ス オプタ

げんしょう（現象）
ゼン ショー

현상
ヒョンサン

自然現象
し ぜんゼン ショー

자연 현상
チャヨン ヒョンサン

いろいろな現象
い ろ い ろ な ゼン ショー

여러 가지 현상
ヨロガジ　　ヒョンサン

おかしな現象だね
お か し な ゼン ショーだ ね

이상한 현상이군요
イサンハン ヒョンサンイグニョ

けんせつ（建設）
ゼン セ ッズ

건설
コンソル

建設建材
ゼンセッズ ゼンざい

건설 건재
コンソル コンジェ

建設現場を見る
ゼン せっずげんばお み る

건설 현장을 보다
コンソル ヒョンジャンウル ポダ

国を建設する
くにお ゼンせっずする

나라를 건설하다
ナラルル　コンソラダ

げんそく（原則）
ゼン ソ ック

원칙
ウォンチク

基本原則にする
기 홍 겐소꾸니 스 루

기본 원칙으로 삼다
キボン　ウォンチグロ　サムタ

原則を守る
겐소꾸오 마모루

원칙을 지키다
ウォンチグル　チキダ

原則的なことを言うね
겐소꾸 떼끼나 고 또 오 이 우 네

원칙적인 말을 하네
ウォンチクチョキノ　マルル　ハネ

## げんだい（現代）
겐　다 이

## 현대
ヒョンデ

現代は複雑だ
겐 다이와 후꾸자쯔다

현대는 복잡하다
ヒョンデヌン　ボッチャッパダ

近代と現代
긴다이또 겐다이

근대와 현대
クンデワ　ヒョンデ

現代文明とは
겐 다이붐메ー 또 와

현대 문명이란？
ヒョンデ　ムンミョンイラン

## けんちく（建築）
겐　찌꾸

## 건축
コンチュク

建築技士
겐찌꾸 기 시

건축 기사
コンチュク　キサ

違法建築だ
이호ー 겐 찌 꾸다

위법 건축이다
ウィポプ　コンチュギダ

いい建築だよ
이ー 겐찌꾸 다 요

좋은 건축이오
チョウン　コンチュギョ

## げんてい（限定）
겐　떼ー

## 한정
ハンジョン

人数が限定されてる
닌즈가 겐 떼ー사 레 떼 루

인원수가 한정되어 있다
イヌォンスガ　ハンジョンデオ　イッタ

この本は限定版だ
고 노 홍 와 겐떼ー한 다

이 책은 한정판이다
イ　チェグン　ハンジョンパニダ

## げんど（限度）
겐　도

## 한도
ハンド

これが限度だ
고 레 가 겐 도 다

이것이 한도이다
イゴシ　ハンドイダ

最小限度
사이쇼ー 겐 도

최소 한도
チェソ　ハンド

限度はない
겐 도 와 나 이

한도는 없다
ハンドヌン　オプタ

けんとう（検討）
겐 또-

よく検討しよう
요꾸 겐또-시요-

検討した結果だ
겐또-시 따 객 까다

検討の余地はないね
겐또-노 요찌와 나이 네

検討
コムト

잘 검토하자
チャル コムトハジャ

검토한 결과다
コムトハン キョルグァダ

검토의 여지는 없어요
コムトエ ヨジヌン オプソヨ

げんば（現場）
겜 바

事故現場
지 꼬 겜 바

現場で会おう
겜 바 데아 오-

現場監督になった
겜 바 간 또꾸니 낟 따

現場
ヒョンジャン

사고 현장
サゴ ヒョンジャン

현장에서 만나자
ヒョンジャンエソ マンナジャ

현장 감독이 되었다
ヒョンジャン カムドギ テオッタ

けんり（権利）
겐 리

権利を獲得する
겐 리 오 가꾸또꾸 스 루

権利を守る
겐 리 오 마모루

われらの権利だ
와 레 라 노 겐 리 다

権利
クォルリ

권리를 획득하다
クォルリルル フェットゥクカダ

권리를 지키다
クォルリルル チキダ

우리들의 권리다
ウリドゥレ クォルリダ

げんりょう（原料）
겐 료-

原料をもってくる
겐 료-오 몯 떼 구 루

原料を輸出する
겐 료-오 유슈쯔 스 루

原料を作ろう
겐 료-오 쯔꾸로-

原料
ウォルリョ

원료를 가져오다
ウォルリョルル カジョオダ

원료를 수출하다
ウォルリョルル スチュルハダ

원료를 만들자
ウォルリョルル マンドゥルジャ

けんりょく（権力）
겐 료 꾸

権力者
겐료꾸샤

権力
クォルリョク

권력자
クォルリョクチャ

権力の悪用
ケン りょっꝜ노 아꾸요ー

권력의 악용
クォルリョゲ　アギョン

権力を奪取した
ケン료꾸오 닷슈시 따

권력을 탈취했다
クォルリョグル　タルチュィヘッタ

## げんろん（言論）
ケン　ロン

## 언론
オルロン

言論の自由
ケン론노 지유ー

언론의 자유
オルロネ　チャユ

言論出版界
ケン론 슘 빵까이

언론 출판계
オルロン チュルパンゲ

言論界では有名だ
ケン론 까이데 와 유ー메ー다

언론계에서는 유명하다
オルロンゲエソヌン　ユミョンハダ

【こ】

## こ（子）
꼬

## 새끼, 애
セキ　　エ

猫が子を生む
네꼬가 꼬오 우무

고양이가 새끼를 낳다
コヤンイガ　　セキルル　　ナッタ

この子はいたずらで困る
고 노꼬와 이따즈라데 고마루

이 애는 장난이 심해서
イ　エヌン　チャンナニ シメソ

큰 일이다
ク　ニリダ

## こい（濃い）
고 이

## 짙다
チッタ

濃い霧
고이기리

짙은 안개
チットゥン アンゲ

濃い色
고 이 이로

짙은 색
チットゥン セク

## こう
고ー

## 이렇게
イロッケ

こう言えばああ言う
고ー 이에바아ー 유

이렇게 말하면 저렇게
イロッケ マラミョン チョロッケ

말한다
マランダ

ぼくはこうだと思う
보꾸와 고- 다또 오모우

나는 이렇다고 생각한다
ナヌン イロッタゴ センガッカンダ

**こうい**（好意）
고- 이

**호의**
ホウィ

好意で接する
고-이데 셋스루

호의로 만나다
ホウィロ　マンナダ

好意を持つ
고-이오 모쯔

호의를 가지다
ホウィルル　カジダ

好意的な人だなあ
고-이떼끼나 히또다 나-

호의적인 사람이에요
ホウィジョギン　サラミエヨ

**こうい**（行為）
고- 이

**행위**
ヘンウィ

今度の行為は何だ
곤도노 꼬-이와 난다

이번 행위는 뭐예요?
イボン　ヘンウィヌン　ムォイェヨ

善良な行為
젠 료-나 꼬-이

선량한 행위
ソルリャンハン　ヘンウィ

**こうえん**（公園）
고- 엥

**공원**
コンウォン

公園で遊ぶ
고-엔데 아소부

공원에서 놀다
コンウォネソ ノルダ

公園を作る
고-엥오 쯔꾸루

공원을 만들다
コンウォヌル マンドゥルダ

家の近くに公園がある
이에노 찌까꾸니 고-엥가 아 루

집 근처에 공원이 있다
チブ クンチョエ コンウォニ イッタ

**こうか**（効果）
고- 까

**효과**
ヒョクァ

絶妙な効果
제쯔묘-나 고-까

절묘한 효과
チョルミョハン ヒョクァ

効果がある
고-까가 아 루

효과가 있다
ヒョクァガ イッタ

音響効果
옹꼬- 꼬-까

음향 효과
ウムヒャン ヒョクァ

**こうかい**（公開）
고- 까이

**공개**
コンゲ

公開授業
고ー까이 쥬 교ー

공개 수업
コンゲ スオ<sub>ブ</sub>

一般公開
입 빵 꼬ー까이

일반 공개
イルバン コンゲ

公開日はいつなの
고ー까이비와 이 쯔 나 노

공개일은 언제요 ?
コンゲイルン オンジェヨ

か

## こうがい（公害）
고ー 가 이

## 공해
コンヘ

公害は現代病の一種だ
고ー가이와 겐 다이뵤ー노 잇 슈 다

공해는 현대병의
コンヘヌン ヒョンデピョンエ

일종이다
イルチョンイダ

公害を無くそう
고ー가이오 나 꾸 소ー

공해를 없애자
コンヘルル オ<sub>ブ</sub>セジャ

公害対策
고ー가이다이사꾸

공해 대책
コンヘ テチェ<sub>ク</sub>

## ごうかく（合格）
고ー 까 꾸

## 합격
ハ<sub>ブ</sub>キョ<sub>ク</sub>

試験に合格する
시 껜 니 고ー까꾸스루

시험에 합격하다
シホメ ハ<sub>ブ</sub>キョ<sub>ッ</sub>カダ

合格発表の日
고ー까꾸 합뾰ー 노히

합격 발표의 날
ハ<sub>ブ</sub>キョ<sub>ク</sub> パルピョエ ナル

合格してよかった
고ー까꾸시 떼 요 깐 따

합격해서 좋았다
ハ<sub>ブ</sub>キョ<sub>ッ</sub>ケソ チョアッタ

## こうかん（交換）
고ー 깡

## 교환
キョファン

交換手さん
고ー깐 슈 상

교환수 양
キョファンス ヤン

手紙を交換する
데가미오 고ー깐 스 루

편지를 교환하다
ピョンジル<sub>ル</sub> キョファナダ

物物交換
부쯔부쯔 꼬ー깡

물물 교환
ムルムル キョファン

## こうきゅう（高級）
고ー 뀨ー

## 고급
コグ<sub>ブ</sub>

高級車に乗る
고ー뀨ー샤니 노 루

고급차를 타다
コグ<sub>ブ</sub>チャル<sub>ル</sub> タダ

高級な料理　　　고급 요리
고ー뀨ー나료ー리　　コグプ ヨリ

最高級の品物をプレゼン　　최고급의 물건을
사이꼬ー뀨ーノ시나모노오 뿌레젠　　チェゴグペ　ムルゴヌル

トされた　　선물 받았다
또사레따　　ソンムル パダッタ



こうきょう（公共）　　공공
고ー　꾜ー　　コンゴン

公共の福祉　　공공의 복지
고ー꾜ーノ 후꾸시　　コンゴンエ ポクチ

公共料金　　공공 요금
고ー꾜ー료ー낑　　コンゴン ヨグム

公共団体　　공공 단체
고ー꾜ー단따이　　コンゴン タンチェ

こうぎょう（工業）　　공업
고ー　교ー　　コンオプ

工業を優先する　　공업을 우선하다
고ー교ー오유ー센스루　　コンオブル ウソンハダ

工業化が進む　　공업화가 진척되다
고ー교ー까가 스스무　　コンオプファガ チンチョクテダ

工業大国になった　　공업 대국이 되었다
고ー교ー다이꼬꾸니 낟 따　　コンオプ テグギ　テオッタ

こうくう（航空）　　항공
고ー　꾸ー　　ハンゴン

航空母艦　　항공 모함
고ー꾸ー보 깡　　ハンゴン モハム

航空機に乗る　　항공기를 타다
고ー꾸ー끼니 노 루　　ハンゴンギルル タダ

航空機が飛ぶ　　항공기가 날다
고ー꾸ー끼가 도 부　　ハンゴンギガ ナルダ

こうげき（攻撃）　　공격
고ー 게 끼　　コンギョク

攻撃のまと　　공격의 목표
고ー게끼노 마 또　　コンギョゲ モクピョ

攻撃をするな　　공격하지 마라
고ー게끼오스루나　　コンギョクカジ マラ

攻撃を加える
고ー게끼오 구와에루

공격을 가하다
コンギョグル カハダ

こうこく（広告）
고ー 꼬꾸

광고
クァンゴ

広告を出す
고ー꼬꾸오 다스

광고를 내다
クァンゴルル ネダ

謝罪広告
샤자이꼬ー꼬꾸

사죄 광고
サジェ クァンゴ

広告費をもらう
고ー꼬꾸히오 모라우

광고비를 받다
クァンゴビルル パッタ

こうさい（交際）
고ー 사이

교제
キョジェ

男女交際
단 죠 고ー사이

남녀 교제
ナムニョ キョジェ

交際をはじめる
고ー사이오 하지 메루

교제를 시작하다
キョジェルル シジャクカダ

交際費
고ー사이이히

교제비
キョジェビ

こうじ（工事）
고ー 지

공사
コンサ

工事現場
고ー지 겜 바

공사 현장
コンサ ヒョンジャン

工事費
고ー지 히

공사비
コンサビ

工事を始める
고ー지오 하지메루

공사를 시작하다
コンサルル シジャクカダ

こうしき（公式）
고ー 시 끼

공식
コンシク

数学の公式を覚える
스ー가꾸노 고ー시끼오 오보에루

수학 공식을 외우다
スハク コンシグル ウェウダ

公式行事に参加する
고ー시끼교ー지니 상 까스루

공식 행사에 참가하다
コンシク ヘンサエ チャムガハダ

公式的な発言だな
고ー시끼떼끼나 하쯔겐 다 나

공식적인 발언이구만
コンシクチョギン パロニグマン

こうしょう（交渉）
고ー 쇼ー

교섭
キョソプ

交渉を進める
고ー쇼ー오 스스 메 루

교섭을 진행하다
キョソブル チネンハダ

難しい交渉だ
무즈까시ー 고ー쇼ー다

어려운 교섭이다
オリョウン キョソビダ

交渉を持つ
고ー쇼ー오 모 쯔

교섭을 가지다
キョソブル カジダ

## こうじょう(工場)
고ー 죠ー

## 공장
コンジャン

工場を経営する
고ー죠ー오 게ー에ー스루

공장을 경영하다
コンジャンウル キョンヨンハダ

修理工場
슈ー리 꼬ー죠ー

수리 공장
スリ コンジャン

工場を見学する
고ー죠ー오 겡가꾸 스루

공장을 견학하다
コンジャンウル キョナッカダ

## こうぞう(構造)
고ー 조ー

## 구조
クジョ

構造が単純だ
고ー조ー가 단 쥰 다

구조가 단순하다
クジョガ タンスナダ

複雑な構造
후꾸자쯔나 꼬ー조ー

복잡한 구조
ポクチャプバン クジョ

構造を変えようか
고ー조ー오 가 에 요ー 까

구조를 바꿀까
クジョルル バクルカ

## こうつう(交通)
고ー 쯔ー

## 교통
キョトン

交通が便利だ
고ー쯔ー가 벤 리 다

교통이 편리하다
キョトンイ ピョルリハダ

交通整理
고ー쯔ー세ー리

교통 정리
キョトン チョンニ

交通標識が見えるよ
고ー쯔ー효ー시끼가 미 에 루 요

교통 표지가 보여요
キョトン ピョジガ ポヨヨ

## こうどう(行動)
고ー 도ー

## 행동
ヘンドン

行動に責任を持つ
고ー도ー니 세끼닝오 모 쯔

행동에 책임을 지다
ヘンドンエ チェギムル チダ

行動範囲が広い
고ー도ー항이 가 히로이

행동 범위가 넓다
ヘンドン ポミガ ノルタ

言葉と行動が違うね
고또바또 고ー도ー가찌가우네

말과 행동이 다르구만
マルグァ　ヘンドンイ　タルグマン

## こうばん（交番）
고ー 방

**파출소**
パチュルソ

交番の警官
고ー반노 게ー깡

파출소의 경관
パチュルソエ　キョングァン

交番はどこですか
고ー방와도 꼬데스까

파출소는 어디입니까?
パチュルソヌン　オディイムニカ

交番で道をたずねる
고ー반데 미찌오 다즈네루

파출소에서 길을 묻다
パチュルソエソ　キルル　ムッタ

## こうふく（幸福）
고ー 후꾸

**행복**
ヘンボク

幸福な家庭
고ー후꾸나 가떼ー

행복한 가정
ヘンボクカン　カジョン

あの二人は幸福だ
아노 후따리와 고ー후꾸다

저 둘이는 행복하다
チョ　トゥリヌン　ヘンボクカダ

幸福をつかむ
고ー후꾸오 쯔 까 무

행복을 잡다
ヘンボグル　チャプタ

## こうふん（興奮）
고ー 훙

**흥분**
フンブン

興奮のるつぼ
고ー훈노 루쯔보

흥분의 도가니
フンブネ　トガニ

あまり興奮するな
아마리 고ー훈스루나

너무 흥분하지 마세요
ノム　　フンブナジ　　マセヨ

興奮の絶頂
고ー훈노 젯쬬ー

흥분의 절정
フンブネ　チョルチョン

## こうむる（被る）
고ー 무루

**입다, 받다**
イプタ　　パッタ

損害を被る
송가이오 고ー무루

손해를 입다
ソネルル　　イプタ

おしかりを被る
오시 까 리 오 고ー무루

야단을 달게 받다
ヤダヌル　　タルゲ　パッタ

罪を被った
쪼미오 고ー묻 따

죄를 받다
チェルル　パッタ

## こうりゅう（交流）
고ー 류ー

**교류**
キョリュ

交流を深める
고—류—오후까메루
교류를 깊이하다
キョリュルル キピハダ

文化の交流
붕까노꼬—류—
문화의 교류
ムヌァエ キョリュ

国際交流が活発だね
국제 교류가 활발하군요
クッチェ キョリュガ ファルバルハグンョ

こえ(声)
고에
목소리, 소리
モクソリ ソリ

声がきれい
고에가 기 레—
목소리가 곱다
モクソリガ コプタ

大きな声
오—끼나고에
큰 소리
クン ソリ

反省をもとめる声が高い
한세—오 모또 메루 고에가 다까이
반성을 요구하는 소리가
パンソンウル ョグハヌン ソリガ

높다
ノプタ

こえる(越える)
고에루
넘다
ノムタ

塀を越える
헤—오고에루
담을 넘다
タムル ノムタ

国境を越える
국꼭꾜—오고에루
국경을 넘다
ククキョンウル ノムタ

一定水準を越える
일뗴—스이즁오 고에루
일정 수준을 넘다
イルチョン スジュヌル ノムタ

コース
꼬— 스
코스
コス

フランス料理のフルコース
후랑스 료—리노 후루꼬—스
프랑스 요리의 풀코스
プランス ョリエ プルコス

100mのコース
햐꾸메—또루노 꼬—스
100미터의 코스
ペンミトエ コス

教職コース
교—쇼꾸꼬— 스
교직 코스
キョジク コス

コーヒー
고— 히—
커피
コピ

コーヒーを飲む
고— 히— 오노무
커피를 마시다
コピルル マシダ

コーヒー豆
ゴー ヒー マメ

커피 원두
コピ　ウォンドゥ

喫茶店でコーヒーを
ギッサ　メンデゴー　ヒー　オ

다방에서 커피를
タバンエソ　　コピルル

注文する
チューモン スル

주문하다
チュムナダ

## こおり（氷）
ゴー リ

## 얼음
オルム

氷がとける
ゴーリが ドッケル

얼음이 녹다
オルミ　　ノクタ

氷がわれる
ゴーリが ワ レ ル

얼음이 깨지다
オルミ　　ケジダ

氷砂糖
ゴーリ ザ ト ー

얼음 사탕
オルム サタン

## こくさい（国際）
ゴ ク サ イ

## 국제
ククチェ

国際社会の一員
ゴクサイ シャカイノ イッチィン

국제 사회의 일원
ククチェ サフェエ イルウォン

国際化の時代だ
ゴクサイカノ ジダイダ

국제화의 시대다
ククチェファエ　シデダ

国際的に孤立する
ゴクサイッテキニ ゴリッツスル

국제적으로 고립하다
ククチェジョグロ　　コリプパダ

## こくみん（国民）
ゴ ク ミン

## 국민
クンミン

国民のために
ゴクミンノ ダ メ ニ

국민을 위하여
クンミヌル　ウィハヨ

国民の税金
ゴクミンノ ゼ ー キン

국민의 세금
クンミネ　　セグム

国民所得が高いね
ゴクミンショトクが ダカイネ

국민 소득이 높아요
クンミン ソドゥギ ノプパヨ

## ごご（午後）
ゴ ゴ

## 오후
オフ

午後一時に来る
ゴ ゴ イッチジニ ク ル

오후 한 시에 오다
オフ　ハン シエ オダ

会うのは午後だ
ア ウ ノ ワ ゴ ゴ ダ

만나는 것은 오후다
マンナヌン ゴスン オフダ

午後はひまですよ
고고 와 히마데스요

오후는 한가해요
オフヌン　ハンガヘヨ

## こころ（心）
고꼬로

## 마음
マウム

心にない
고꼬로니 나이

마음에 없다
マウメ　オプタ

きれいな心
기레ー나 고꼬로

고운 마음
コウン　マウム

心強い
고꼬로 즈요이

마음 강하다
マウム　カンハダ

## こし（腰）
고시

## 허리
ホリ

腰が痛い
고시가 이따이

허리가 아프다
ホリガ　アプダ

腰を伸ばす
고시오 노바스

허리를 펴다
ホリルル　ピョダ

腰を悪くしたよ
고시오 와루꾸시 따요

허리를 다쳤어요
ホリルル　タチョッソヨ

## こしょう（故障）
고 쇼ー

## 고장
コジャン

機械の故障
기까이노 고 쇼ー

기계의 고장
キゲエ　　コジャン

故障した自動車
고쇼ー 시 따 지도ー샤

고장난 자동차
コジャンナン チャドンチャ

よく故障するテレビだ
요꾸 고쇼ー스루데 레비 다

잘 고장나는
チャル コジャンナヌン

텔레비전이다
テルレビジョンイダ

## こじん（個人）
고 징

## 개인
ケイン

個人の意見
고 진 노 이 껭

개인의 의견
ケイネ　　ウィギョン

個人主義
고 진 슈 기

개인주의
ケインチュウィ

個人の自由だろ
고 진 노 지 유ー다 로

개인의 자유이지
ケイネ　チャユイジ

**こす**(越す)
고 스

年を越す
도시오고스

山を越す
야마오고스

期限を越す
기겡오고스

**ごぜん**(午前)
고 젱

午前三時
고 젠 산 지

午前中にしよう
고 젠 쮸ー니 시 요ー

午前と午後
고 젠 또 고 고

午前の会議
고 젠 노 가이기

**こたい**(固体)
고 따 이

石炭は固体だ
세끼땅 와 고따이 다

固体燃料
고따이넨료ー

固体から液体へ
고따이까 라 에끼따이에

**こたえる**(答える)
고 따 에 루

質問に答える
시쯔몬니 고따에 루

正しい答え
다다시ー고따에

彼の答えは間違っている
가레노 고따에와 마찌간　떼 이 루

**こっか**(国家)
곡　　까

넘기다, 넘다
ノ ム ギ ダ　　ノ ム タ

해를 넘기다
ヘ ル ル　 ノ ム ギ ダ

산을 넘다
サ ヌ ル　 ノ ム タ

기한을 넘기다
キ ハ ヌ ル　 ノ ム ギ ダ

오전
オ ジョン

오전　3시
オ ジョン セ シ

오전 중에 합시다
オ ジョン ジュン エ ハ ブ シ ダ

오전과 오후
オ ジョング ァ オ フ

오전 회의
オ ジョン　 フェ イ

고체
コ チェ

석탄은 고체다
ソ ク タ ヌ ン　 コ チェ ダ

고체 연료
コ チェ　 ヨ ル リョ

고체에서 액체로
コ チェ エ ソ　　エ ク チェ ロ

대답하다
テ ダ ブ パ ダ

질문에 대답하다
チ ル ム ネ　 テ ダ ブ パ ダ

옳은 대답
オ ル ン　 テ ダ ブ

그의 대답은 틀려요
ク エ　　テ ダ ブ ン　 トゥ ル リョ ヨ

국가
ク ク カ

か

国家試験をうける
곡 까 시껭 오 우께 루

국가 시험을 치다
クゥカ　シホムル　チダ

国家予算の作成
곡 까 요 산 노 사꾸세ー

국가 예산의 작성
クゥカ　イェサネ　チャクソン

**こづかい**(小遣い)
고 즈 까 이

**용돈**
ヨントン

小遣いを使う
고즈까이 오 쯔까우

용돈을 쓰다
ヨントヌル　スダ

小遣いをもらう
고즈까이 오 모 라 우

용돈을 받다
ヨントヌル　パッタ

小遣いかせぎ
고즈까이 가 세 기

용돈 모으기
ヨントン　モウギ

**こっこう**(国交)
곡 꼬ー

**국교**
クゥキョ

国交を結ぶ
곡꼬ー오 무스부

국교를 맺다
クゥキョルル　メッタ

国交正常化
곡꼬ー세ー죠ー까

국교 정상화
クゥキョ　チョンサンファ

国交の断絶
곡 꼬ー노 단제쯔

국교의 단절
クゥキョエ　タンジョル

**こてい**(固定)
고 떼ー

**고정**
コジョン

固定資産税
고떼ー시산제ー

고정 자산세
コジョン　チャサンセ

固定観念
고떼ー 깐 넴

고정 관념
コジョン　クァンニョム

固定財産がある
고떼ー 자이상가 아 루

고정 재산이 있다
コジョン　チェサニ　イッタ

**こと**(事)
고 또

**일**
イル

事を始める
고또오 하지메 루

일을 시작하다
イルル　シジャクカダ

担当した(仕)事を誠実に
단또ー시따 (시) 고또오 세ー지쯔니

맡은 일을 성실히 하다
マットゥン イルル　ソンシリ　　ハダ

やる
야 루

重要な事だ
ジューヨーナ ゴットダ

중요한 일이다
チュンヨハン イリダ

## ことなる（異なる）
고또나루

## 다르다
タルダ

顔立ちが異なる
가오다 찌 가 고또나루

모습이 다르다
モスビ　　タルダ

概念が異なる
가이넹 가 고또나루

개념이 다르다
ケニョミ　　タルダ

意見が異なる
이 껭 가 고또나루

의견이 다르다
ウィギョニ　タルダ

## ことば（言葉）
고 또 바

## 말
マル

言葉遣い
고또바즈까이

말을 사용하는 방법
マルル　サヨンハヌン　バンボブ

民族の言葉を使う
민조꾸노 고또바오 쓰까우

민족의 말을 쓰다
ミンジョゲ マルル スダ

言葉の勉強をする
고또바노 뼁꾜ー오 스 루

말 공부를 하다
マル　コンブルル　　ハダ

## こども（子供）
고 도 모

## 아이
アイ

子供を産む
고도모오 우 무

아이를 낳다
アイルル　　ナッタ

子供の夢
고 도모노 유메

아이의 꿈
アイエ　　クム

子供は何人？
고도모와 난 닝

아이는 몇이요？
アイヌン　　ミョッチョ

## ことわる（断る）
고 또 와 루

## 거절하다
コジョルハダ

注文を断る
쥬ー몽오 고또와루

주문을 거절하다
チュムヌル コジョルハダ

その件は断るよ
소 노 껭 와 고또와루요

그것은 거절하겠소
クコスン コジョルハゲッソ

断るのは難しい
고또와루노와 무즈까시ー

거절하는 것은 어렵다
コジョルハヌン ゴスン オリョブタ

## このむ（好む）
고 노 무

## 좋아하다, 즐기다
チョアハダ　チュルギダ

酒を好む
사께오 고노무

술을 좋아하다
スルル　チョアハダ

旅行を好む
료꼬ー오 고노무

여행을 즐기다
ヨヘンウル　チュルギダ

好んで約りをする
고논데 쯔리오 스루

즐겨서 낚시를 하다
チュルギョソ　ナクシルル　ハダ

コピー
꼬삐ー

복사, 카피
ポクサ　カピ

コピーの機械
꼬삐ー 노 기까이

복사 기계
ポクサ　キゲ

書類をコピーする
쇼루이오 꼬삐ー 스루

서류를 카피하다
ソリュルル　カピハダ

きれいにコピーできた
기래ー 니꼬삐ー 데끼따

깨끗하게 카피되었다
ケクッタゲ　カピテオッタ

こまかい(細かい)
고마까이

섬세하다
ソムセハダ

線が細かい
셍 가 고마까이

선이 섬세하다
ソニ　ソムセハダ

細かい作業
고마까이 사교ー

섬세한 작업
ソムセハン　チャゴブ

ごみ
고미

쓰레기, 먼지
スレギ　モンジ

ごみをすてる
고미오 스떼루

쓰레기를 버리다
スレギルル　ポリダ

ごみ箱
고미바꼬

쓰레기 통
スレギ　トゥン

ごみが出る
고미 가 데 루

먼지가 나다
モンジガ　ナダ

こむ(混む)
고무

붐비다
プムビダ

市場が混む
이찌바가 고무

시장이 붐비다
シジャンイ　プムビダ

混む電車
고무 덴 샤

붐비는 전차
プムビヌン　チョンチャ

百貨店は混んでいるよ
햑까뗑와 곤 데 이루요

백화점은 붐비고 있어요
ペクァジョムン　プムビゴ　イッソヨ

ゴム
고 무

ゴムの木
고무노기

고무 나무
コム　　ナム

ゴム靴をはく
고무쯔오하꾸

고무신을 신다
コムシヌル　　シンタ

ゴム風船を上げる
고 무 후ー생오 아게 루

고무 풍선을 띄우다
コム　　プンソヌル　トゥィウダ

こめ（米）
고 메

쌀
サル

米を食べる
고메오 다 베루

쌀을 먹다
サルル　　モクタ

いい米だなあ
이ー　고메다 나ー

좋은 쌀이군요
チョウン サリグニョ

米を配給する
고메오 하이뀨ー스루

쌀을 배급하다
サルル　　ペグブパダ

こめる（込める）
고 메 루

다하다, 집중하다
タハダ　　チィブチュンハダ

心を込める
고꼬로오 고 메 루

성의를 다하다
ソンウィルル　　タハダ

力を込めて
찌까라오고 메 떼

감정을 집중하고
カムジョンウル　チィブチュンハゴ

こゆう（固有）
고 유ー

고유
コユ

固有名詞
고유ー메ー시

고유 명사
コユ　　ミョンサ

固有語を生かして使う
고유ー고 오 이까시 떼 쯔까우

고유어를 살려 쓰다
コユオルル　　サルリョ　スダ

固有の文化を持つ民族
고 유ー노 붕 까 오 모 쯔 민조꾸

고유한 문화를 가진
コユハン　ムヌァルル　カジン

민족
ミンジョク

ごらく（娯楽）
고 라 꾸

오락
オラク

娯楽の殿堂
고라꾸노 덴 도ー

오락의 전당
オラゲ　　チョンダン

か

大衆娯楽
다이슈―고라꾸

대중 오락
テジュン オラク

娯楽が好きだ
고라꾸 가 스끼 다

오락을 좋아하다
オラグル　チョアハダ

**か** こ**ろす**(殺す)
고 로스

**죽이다**
チュギダ

けものを殺す
게 모 노 오 고로스

짐승을 죽이다
チムスンウル　チュギダ

虫を殺した
무시오 고로시따

벌레를 죽였다
ポルレルル　チュギョッタ

こわす(壊す)
고 와 스

**부수다**
プスダ

箱をこわす
하꼬오 고 와 스

상자를 부수다
サンジャルル　プスダ

またおもちゃを壊したな
마 따 오 모 쨔　오 고와시 따 나

또 장난감을 부쉈구나
ト　チャンナンカムル　プソックナ

これ以上こわすな
고 레 이죠―고 와 스 나

이 이상 부수지 마세요
イ　イサン　プスジ　　　マセヨ

こわれる(壊れる)
고 와 레 루

**부서지다**
プソジダ

壊れた時計
고와레 따 도께―

부서진 시계
プソジン　シゲ

壊れた食器
고와레 따 쇽 끼

부서진 식기
プソジン　シックキ

こんきょ(根拠)
공　　꼬

**근거**
クンゴ

根拠のない主張
공 꼬 노 나 이 슈쬬―

근거 없는 주장
クンゴ　オムヌン チュジャン

根拠地を持つ
공 꼬 찌 오 모 쯔

근거지를 갖다
クンゴジルル　　カッタ

こんど(今度)
곤　　도

**이번**
イボン

今度博士になった
곤 도 하까세니 낟　　따

이번에 박사가 되었다
イボネ　　パクサガ　テオッタ

今度また会おう
곤 도 마 따 아 오―

이번에 또 만나자
イボネ　　ト　マンナジャ

今度は成功する
곤 도 와 세-꼬- 스 루

이번에는 성공한다
イボネヌン　ソンゴンハンダ

## こんなん（困難）
곤　 낭

**곤란, 어려움**
コルラン　オリョウム

困難な問題
곤 낭 나 몬다이

곤란한 문제
コルラナン　ムゥンゼェ

困難を克服する
곤 낭 오 고꾸후꾸 스 루

곤란을 극복하다
コルラヌル　ククポックカダ

困難に負けない
곤 난 니 마께 나 이

어려움에 지지 않다
オリョウメ　チジ　アンタ

## こんらん（混乱）
곤　 랑

**혼란**
ホルラン

混乱に陥いる
곤 란 니 오 찌이 루

혼란에 빠지다
ホルラネ　パジダ

社会の混乱を正す
샤까이노 곤 랑 오 다다스

사회의 혼란을 바로잡다
サフェエ　ホルラヌル　パロチャプタ

頭が混乱した
아따마가 곤란시 따

머리가 혼란하였다
モリガ　ホルラナヨッタ

# 【さ】

## さ（差）
사

**차**
チャ

品質の差がひどい
힌시쯔노 사 가 히 도 이

품질의 차가 심하다
プムジレ　チャガ　シマダ

実力の差
지쯔료꾸노 사

실력의 차
シルリョゲ　チャ

貧富の差がある
힝뿌 노 사 가 아루

빈부의 차가 있다
ピンブエ　チャガ　イッタ

## サービス
사- 비스

**서비스**
ソビス

サービスがいい
사- 비 스 가 이-

서비스가 좋다
ソビスガ　チョッタ

サービス産業
사— 비스 상교—
서비스 산업
ソビス　サノブ

サービスを向上する
사— 비스 오 고—죠—스루
서비스를 향상하다
ソビスルル　ヒャンサンハダ

**さいがい**(災害)
사 이 가 이
**재해**
チェヘ

災害が多い
사이가이가 오—이
재해가 많다
チェヘガ　マンタ

災害をこうむる
사이가이오 고— 무루
재해를 입다
チェヘルル　イブタ

自然災害
시 젱 사이가이
자연 재해
チャヨン チェヘ

**さいきん**(最近)
사 이 낑
**최근**
チェグン

最近は忙しい
사이낑와 이소가시—
최근에는 바쁘다
チェグネヌン　パブダ

最近外国に行ってきた
사이낑가이꼬꾸니 일　떼 기 따
최근 외국에 갔다왔다
チェグン ウェグゲ カッタワッタ

最近の流行
사이낀노 류—꼬—
최근의 유행
チェグネ　ユヘン

**さいご**(最後)
사 이 고
**최후**
チェフ

最後の挑戦
사이고노 쬬—셍
최후의 도전
チェフエ　トジョン

最後の審判
사 이고노 심 빵
최후의 심판
チェフエ　シムパン

会議の最後をしめくくる
가이기노 사이고오 시메구꾸루
회의의 끝을 맺다
フェウィエ クチュル メッタ

**さいこう**(最高)
사 이 꼬—
**최고**
チェゴ

最高記録を出す
사이꼬—기로꾸오 다스
최고 기록을 내다
チェゴ　キログル　ネダ

最高の年だった
사이꼬—노 도시닫 따
최고의 해였다
チェゴエ　ヘヨッタ

最高峰に登る
사이꼬—호—니 노보루
최고봉에 오르다
チェゴボンエ オルダ

ざいさん（財産）
자 이 상

財産家である
자이상까데 아 루

財産の相続
자이산노 소ー조꾸

財産を失う
자이상오 우시나우

さいしょ（最初）
사 이 쇼

最初に出会った人
사이쇼니 데 앗 따히또

最初のうちはおとなし
사이쇼노 우찌와 오또나 시

かった
깐 따

最初のページから誤植が
사이쇼노 뻬ー 지 까 라 고쇼꾸가

ある
아 루

さいそく（催促）
사 이 소 꾸

催促状
사이소꾸죠ー

催促がましい
사이소꾸가 마 시ー

支払いを催促する
시하라이 오 사이소꾸스 루

さいなん（災難）
사 이 낭

とんだ災難
돈 　다사이낭

災難にめげず立ち
사이난니 메 게 즈 다 찌

上がる
아 가 루

재산
チェサン

재산가이다
チェサンガイダ

재산의 상속
チェサネ 　　サンソク

재산을 잃다
チェサヌル イルタ

최초, 처음, 첫
チェチョ　チョウム　チョッ

최초에 만난 사람
チェチョエ マンナン 　サラム

처음 얼마 동안은 얌전
チョウム オルマ 　トンアヌン ヤムジョ

했다
ネッタ

첫 페이지부터 오식이
チョッ 　ペイジブッ 　　オシギ

있다
イッタ

독촉, 재촉
トクチョク チェチョク

독촉장
トクチョクチャン

재촉하는 것 같다
チェチョクカヌン コッ カッタ

지불을 독촉하다
チブルル 　　トクチョクカダ

재난
チェナン

뜻밖의 재난
トゥッパケ チェナン

재난에 굴하지 않고
チェナネ 　クラジ 　　アンコ

일어서다
イロソダ

災難にあう
사이난니 아우
재난을 만나다
チェナヌル　マンナダ

**さいのう**（才能）
사 이 노-
재능
チェヌン

優れた才能
스구레따 사이노-
뛰어난 재능
ティオナン　チェヌン

多方面的に才能がある
다호-멘떼끼니 사이노-가 아루
다방면으로 재능이
タバンミョヌロ　チェヌンイ

있다
イッタ

**さいばん**（裁判）
사 이 방
재판
チェパン

裁判の判決
사이반 노 항께쯔
재판의 판결
チェパネ　パンギョル

高等裁判所
고-또-사이반쇼
고등 재판소
コドゥン　チェパンソ

裁判が始まる
사이방 가 하지마루
재판이 시작되다
チェパニ　シジャクテダ

**さいふ**（財布）
사 이 후
지갑
チガブ

財布を忘れた
사이후 오 와스레 따
지갑을 잃었다
チガブル　イロッタ

財布の中のお金
사이후노 나까노 오까네
지갑속의 돈
チガブソゲ　トン

財布を落した
사이후오 오또시따
지갑을 떨어뜨렸다
チガブル　トロトゥリョッタ

**ざいりょう**（材料）
자 이 료-
재료
チェリョ

料理の材料
료리 노 자이료-
요리의 재료
ヨリエ　チェリョ

いい研究材料だ
이- 겡뀨- 자이료-다
좋은 연구재료다
チョウン　ヨングチェリョダ

材料を提供する
자이료-오 데-꾜-스루
재료를 제공하다
チェリョルル チェゴンハダ

**サイン**
사 잉
사인
サイン

サインをして下さい
사 잉　오 시 떼 구다사 이

사인을 해 주세요
サイヌ<sub>ル</sub>　ヘ　ジュセヨ

書類にサインをする
쇼루이니 사 잉 오 스 루

서류에 사인하다
ソリュエ　サインハダ

サイン用紙
사 잉　요―시

사인 용지
サイン　ヨンジ

さか(坂)
사 까

비탈 길, 내리막 길
ピタ<sub>ル</sub> キ<sub>ル</sub>　ネリマ<sub>ク</sub>　キ<sub>ル</sub>

坂を登る
사까오 노보루

비탈길을 오르다
ピタ<sub>ル</sub>キ<sub>ル</sub><sub>ル</sub>　オ<sub>ル</sub>ダ

坂からころげおちる
사까까라 고 로 게 오 찌 루

비탈길에서
ピタ<sub>ル</sub>キレソ

굴러떨어지다
ク<sub>ル</sub>ロトロジダ

下り坂
구다리자까

내리막 길
ネリマ<sub>ク</sub>　キ<sub>ル</sub>

さかい(境)
사 까 이

경계, 기로
キョンゲ キロ

土地の境
도 찌 노 사까이

토지의 경계
トジエ　　キョンゲ

畑と道の境
하따깨또 미찌노 사까이

밭과 길의 경계
パックァ キレ　キョンゲ

生死の境
세―시노 사까이

생사의 기로
センサエ　キロ

さがす(捜す)
사 가 스

찾다
チャッタ

人を捜す
히또오 사가스

사람을 찾다
サラム<sub>ル</sub>　チャッタ

物を捜す
모노오 사가스

물건을 찾다
ム<sub>ル</sub>ゴヌ<sub>ル</sub> チャッタ

早く捜して下さい
하야꾸 사가시떼 구다사이

빨리 찾아주세요
パ<sub>ル</sub>リ　チャジャジュセヨ

さかな(魚)
사 까 나

물고기, 생선
ム<sub>ル</sub>コギ　　センソン

魚をとる
사까나오 도 루

물고기를 잡다
ム<sub>ル</sub>コギル<sub>ル</sub>　チャ<sub>プ</sub>タ

おいしい魚
오이시- 사까나

맛있는 생선
マディンヌン センソン

魚の料理
사까나노 료-리

생선 요리
センソン ヨリ

さがる（下がる）
사 가 루

내리다
ネリダ

値が下がる
네가사가루

값이 내리다
カプシ ネリダ

温度が下がる
온도가사가루

온도가 내리다
オンドガ ネリダ

さかん（盛ん）
사 깡

왕성함
ワンソンハム

血気盛んだ
켁끼사깐다

혈기 왕성하다
ヒョルギ ワンソンハダ

旺盛（さかん）な食欲
오-세-（사깐）　나 쇼꾸요꾸

왕성한 식욕
ワンソンハン シギョク

盛んな勢いだ
사 깐 나이끼오이 다

왕성한 기세다
ワンソンハン キセダ

さき（先）
사 끼

맨 앞, 앞, 장래
メン アプ アプ チャンネ

列の先
레쯔노 사끼

열의 맨 앞
ヨレ メン アプ

この先は海だ
고 노 사끼와 우미다

이 앞은 바다다
イ アプン パダダ

先が思いやられる
사끼가 오모이야 라 래루

장래가 염려되다
チャンネガ ヨムリョテダ

さぎょう（作業）
사 교-

작업
チャゴプ

作業を中止する
사 교-오 쮸-시 스루

작업을 중지하다
チャゴブル チュンジハダ

作業をはじめる
사 교-오 하지 메루

작업을 시작하다
チャゴブル シジャクカダ

作業が終った
사 교-가 오왈 따

작업이 끝나다
チャゴビ クンナダ

さく（咲く）
사 꾸

피다
ピダ

花が咲く
하나가 사 꾸

꽃이 피다
コッチ ピダ

きれいに咲いた
기 레ー 니 사 이 따

곱게 피었다
コッケ ピョッタ

## さくひん（作品）
사 꾸 힝

## 작품
チャクプム

作品を創作する
사꾸힝오 소ー사꾸스루

작품을 창작하다
チャクプムル チャンジャクカダ

展示された作品
덴 지 사 례 따 사꾸힝

전시된 작품
チョンシデン チャクプム

作品を発表した
사꾸힝오 합뾰ー시 따

작품을 발표하였다
チャクプムル パルピョハヨッタ

## さけ（酒）
사 께

## 술
スル

酒を飲む
사께오 노 무

술을 마시다
スルル マシダ

酒を買って来てくれ
사께오 갇 떼 기떼구레

술을 사 와라
スルル サ ワラ

酒のつまみ
사께노쯔 마 미

술 안주
スル アンジュ

## さけぶ（叫ぶ）
사 께 부

## 부르짖다, 외치다
プルジッタ ウェチダ

再軍備反対を叫ぶ
자이굼비 한따이오 사께부

재군비 반대를 부르짖다
チェグンビ パンデルル プルジッタ

独立を叫ぶ
도꾸리쯔오 사께부

독립을 부르짖다
トンニプル プルジッタ

ふたたび叫ぶ
후따 따 비 사께부

다시 한번 외치다
タン ハンボン ウェチダ

## さける（避ける）
사 께 루

## 피하다
ピハダ

衝突を避ける
쇼ー또쯔오 사 께 루

충돌을 피하다
チュンドルル ピハダ

避けて通る
사 께 떼 도ー루

피해서 다니다
ピヘソ タニダ

警察の目を避ける
게ー사쯔노 메 오 사 께 루

경찰의 눈을 피하다
キョンチャレ ヌヌル ピハダ

さげる（下げる）
사 게 루

　値を下げる
　네 오 사 게 루

　高度を下げる
　고ー도 오 사 게 루

　温度をもっと下げろ
　온 도 오 몯　또 사 게 로

ささえる（支える）
사 사 에 루

　柱で支える
　하시라데 사사에루

　下から支える
　시따까라 사사에루

　国民が国を支えている
　고꾸밍가 구니오 사사에떼 이 루

さす（刺す）
사 스

　刃物で刺す
　하모노데 사 스

　彼の話は胸を刺す
　가래노 하나시와 무네오사스

さす（指す）
사 스

　目的地を指す
　모꾸떼끼찌오 사 스

　今5時を指している
　이마고지오 사 시 떼 이 루

さすが
사 스 가

---

내리다
ネリダ

　값을 내리다
　カプスル　ネリダ

　고도를 내리다
　コドルル　ネリダ

　온도를 더 내려라
　オンドルル　ト　ネリョラ

받치다
パッチダ

　기둥으로 받치다
　キドゥンウロ　パッチダ

　밑에서 받치다
　ミッテソ　パッチダ

　국민이 나라를 받치고
　クンミニ　ナラルル　パッチゴ

　있다
　イッタ

찌르다
チルダ

　칼로 찌르다
　カルロ　チルダ

　그의 이야기는 가슴을
　クエ　イヤギヌン　カスムル

　찌른다
　チルンダ

가리키다
カリキダ

　목적지를 가리키다
　モクチョクチルル　カリキダ

　지금 5시를 가리키고
　チグム　タソッシルル カリキゴ

　있다
　イッタ

과연, 대단한
クァヨン　テダナン

さすがにうまい
サスガニウマイ

과연 잘한다
クァヨン　チャルハンダ

さすが先生だ
サスガセンセーダ

대단한 선생님이다
テダナン　ソンセンニミダ

**さそう**（誘う）
サソウ

**권유하다**
クォニュハダ

宴会に誘う
エンカイニサソウ

연회에 권유하다
ヨネエ　　クォニュハダ

誘いをことわる
サソイオコトワル

권유를 거절하다
クォニュルル　コジョルハダ

**ざっし**（雑誌）
ザッシ

**잡지**
チャプチ

週刊雑誌
シューかんザッシ

주간 잡지
チュガン　チャプチ

月刊雑誌を発刊する
げッかんザッシオはっかんスル

월간 잡지를 발간하다
ウォルガン　チャプチルル　パルガンハダ

雑誌に投稿する
ザッシニ　トーこースル

잡지에 투고하다
チャプチエ　トゥゴハダ

**さとう**（砂糖）
サトー

**설탕**
ソルタン

砂糖を入れる
サトーオ　イレル

설탕을 넣다
ソルタンウル　ノッタ

砂糖を輸入する
サトー　オ　ユニュースル

설탕을 수입하다
ソルタンウル　スイプハダ

砂糖を安く買う
サトーオ　ヤスク　カウ

설탕을 싸게 사다
ソルタンウル　サゲ　サダ

**さびしい**（寂しい）
サビシー

**쓸쓸하다**
スルスラダ

一人で寂しい
ひとりで　サビシー

혼자서 쓸쓸하다
ホンジャソ　スルスラダ

寂しい夜だ
サビシー　ヨルダ

쓸쓸한 밤이다
スルスラン　　パミダ

寂しくない
サビシクナイ

쓸쓸하지 않다
スルスラジ　アンタ

**さまたげる**（妨げる）
サマタゲル

**방해하다**
パンヘハダ

発展を妨げる
핫 뗑 오 사마따게루

발전을 방해하다
パルチョヌル パンヘハダ

勉強するのに妨げになる
뼁꾜ー스루노니사마따게니나루

공부하는데 방해가 되다
コンブハヌンデ　パンヘガ　テダ

妨げるな
사마따게루나

방해하지 마라
パンヘハジ　マラ

**さむい**(寒い)
사 무 이

**춥다**
チュプタ

寒い季節
사무이 기세쯔

추운 계절
チュウン　ケジョル

今日は寒い
교ー 와 사무이

오늘은 춥다
オヌルン　チュプタ

今年の冬は寒いねえ
고또시노 후유와 사무이네ー

올 겨울은 추워요
オル　キョウルン　チュウォヨ

**さよう**(作用)
사 요ー

**작용**
チャギョン

自動的に作用する
지도ー떼끼니 사 요ー스루

자동적으로 작용하다
チャドンジョグロ　チャギョンハダ

物理的作用
부쯔리떼끼 사요ー

물리적 작용
ムルリジョク　チャギョン

**さらに**(更に)
사 라 니

**더욱**
トウク

更に前進する
사라니 쟨 신 스루

더욱 전진하다
トウク　チョンジナダ

更に向上した
사라니 고ー죠ー시따

더욱 향상하였다
トウク　ヒャンサンハヨッタ

**さわぐ**(騒ぐ)
사 와 구

**떠들다**
トドゥルダ

子供が騒ぐ
고도모가 사와구

어린애가 떠들다
オリネガ　　トドゥルダ

騒いだらいけない
사와이 다 라 이 께 나 이

떠들면 안된다
トドゥルミョン　アンデンダ

騒がしくなるばかりだ
사와가시꾸나루 바까리다

떠들썩해질 뿐이다
トドゥルソクケジル　プニダ

**さわやか**(爽やか)
사 와 야 까

**상쾌함**
サンクェハム

さわやかな朝
사 와 야 까 나 아사

상쾌한 아침
サンクェハン　アチム

運動した後はさわやかだ
운도-시 따 아또와 사 와 야 까 다

운동한 후는 상쾌하다
ウンドンハン　フヌン　サンクェハダ

さわやかな気分
사 와 야 까 나 기 붕

상쾌한 기분
サンクェハン　キブン

## さわる（触る）
사 와 루

## 만지다
マンジダ

そっと触る
손　또 사와루

살짝 만지다
サルチャク　マンジダ

手を触る
데 오 사와루

손을 만지다
ソヌル　マンジダ

あんまり触らないで
암　마리 사와라 나 이 데

너무 만지지 마세요
ノム　マンジジ　マセヨ

## さんか（参加）
상　까

## 참가
チャムガ

集いに参加する
쯔도이니 상 까스루

모임에 참가하다
モイメ　　チャムガハダ

参加者は全員集まれ
상 까 샤 와 젱 잉아쯔 마 레

참가자는 전원 모여라
チャムガジャヌン　チョヌォン　モヨラ

今回は参加しない
공까이와 상 까 시 나 이

이 번에는 참가하지
イ　ボネヌン　　チャムガハジ

않는다
アンヌンダ

## さんぎょう（産業）
상　교-

## 산업
サノプ

1兆ウォン産業
잇쬬- 원　상교-

1조 원 산업
イルチョウォン サノプ

産業革命
상교-가꾸메-

산업 혁명
サノプ　ヒョンミョン

産業を発展させる
상교-오 한 면 사세 루

산업을 발전시키다
サノブル　パルチョンシキダ

## さんこう（参考）
상　꼬-

## 참고
チャムゴ

参考書を見る
상꼬-쇼오 미루

참고서를 보다
チャムゴソルル　ポダ

意見を参考にする
이껭오 상꼬-니스루

의견을 참고로 하다
ウィギョヌル　チャムゴロ　ハダ

いい参考になった
이- 상꼬-니 낟 따

좋은 참고가 되었다
チョウン　チャムゴガ　テオッタ

**さんせい**(賛成)
산　세-

**찬성**
チャンソン

賛成多数
산세- 다스-

찬성 다수
チャンソン　タス

賛成意見を出す
산세- 이껭오다스

찬성 의견을 내다
チャンソン　ウィギョヌル　ネダ

賛成と反対
산세-또 한따이

찬성과 반대
チャンソングァ　パンデ

**さんち**(産地)
산　찌

**산지**
サンジ

産地直送
산 찌쬬 꾸소-

산지 직송
サンジ　チクソン

原料の産地
겐료-노 산 찌

원료의 산지
ウォルリョエ　サンジ

有名な米の産地
유-메-나고메노 산 찌

유명한 쌀의 산지
ユミョンハン　サレ　サンジ

**ざんねん**(残念)
잔　넹

**유감스러움**
ユガムスロウム

ほんとうに残念だ
혼　또- 니잔넨 다

정말로 유감스럽다
チョンマルロ　ユガムスロプタ

残念に思う
잔 넨니 오모우

유감스럽게 생각하다
ユガムスロプケ　センガックカダ

今度の失敗は残念だ
곤 도노 십빠이와 잔넨 다

이번 실패는 유감스럽다
イボン　シルペヌン　ユガムスロプタ

**さんぽ**(散歩)
삼　뽀

**산보**
サンポ

公園を散歩する
고-엥오 삼뽀스루

공원을 산보하다
コンウォヌル　サンポハダ

一緒に散歩しませんか
잇쇼니 삼뽀시마 셍 까

같이 산보하지
カッチ　サンポハジ

않겠습니까 ?
アンケッスムニカ

| 散歩に行く | 산보를 나가다 |
|---|---|
| 삼뽀니 이꾸 | サンポルル　ナガダ |

# 【し】

さ

| しあわせ（幸せ） | 행복 |
|---|---|
| 시아와세 | ヘンボク |

| 幸せになってください | 행복하세요 |
|---|---|
| 시아와세니 낟　뗴 구다사 이 | ヘンボクカセヨ |

| 幸せな人生 | 행복한 인생 |
|---|---|
| 시아와세나 진세ー | ヘンボクカン インセン |

| 幸せを歌おう | 행복을 노래 부르자 |
|---|---|
| 시아와세오 우따오ー | ヘンボグル ノレ　プルジャ |

| じが（自我） | 자아 |
|---|---|
| 지 가 | チャア |

| 自我の形成 | 자아의 형성 |
|---|---|
| 지 가 노 게ー세ー | チャアエ　ヒョンソン |

| 自我に目ざめる | 자아에 눈뜨다 |
|---|---|
| 지 가 니 메 자 메 루 | チャアエ ヌントゥダ |

| 自我を押し通す | 자아를 관철하다 |
|---|---|
| 지 가 오 오 시 도ース | チャアルル　クァンチョラダ |

| しかく（資格） | 자격 |
|---|---|
| 시 까 꾸 | チャギョク |

| 資格をえる | 자격을 얻다 |
|---|---|
| 시 까 꾸 오 에 루 | チャギョグル オッタ |

| 資格がない | 자격이 없다 |
|---|---|
| 시 까 꾸 가 나 이 | チャギョギ オプタ |

| 資格を失ってしまった | 자격을 잃어버렸다 |
|---|---|
| 시 까 꾸 오 우 시 낟뗴 시 맏　따 | チャギョグル イロボリョッタ |

| しかし | 그러나 |
|---|---|
| 시 까 시 | クロナ |

| しかしおかしいね | 그러나 이상하군 |
|---|---|
| 시 까 시 오 까 시ー 네 | クロナ　イサンハグン |

しかしまちがっている
시까시 마찌갇  떼이루

그러나 틀리고 있다
クロナ　トゥルリゴ イッタ

しかしまだ意見がある
시까시 마 다 이껭가아루

그러나 아직 의견이
クロナ　　アジク ウィギョニ

있다
イッタ

**じかに**（直に）
지 까 니

**직접, 맨살에 그대로**
チクチョブ メンサレ　クデロ

じかに話す
지 까 니 하나스

직접 이야기하다
チクチョブ　イヤギハダ

じかに手渡す
지 까 니 데와따스

직접 넘겨주다
チクチョブ　ノムギョチュダ

じかに着る
지 까 니 기 루

맨살에 그대로 입다
メンサレ　クデロ　　イブタ

**しかる**（叱る）
시 까 루

**꾸짖다, 꾸지람하다**
クジッタ　　クジラムハダ

子供を叱る
고 도모오 시까루

어린애를 꾸짖다
オリネルル　クジッタ

叱られた学生
시까라레 따 가꾸세ー

꾸지람 받은 학생
クジラム　　パドゥン ハクセン

いつも叱られてばかり
이 쯔 모 시까라 레 떼 바 까 리

언제나 꾸지람만 받고
オンジェナ　クジラムマン　　パッコ

いる
이 루

있다
イッタ

**じかん**（時間）
지 깡

**시간**
シガン

時間と空間
지 깐 또 꾸ー깡

시간과 공간
シガングァ コンガン

時間を守る
지 깡 오 마모루

시간을 지키다
シガヌル　チキダ

約束の時間に遅れる
약소꾸 노 지 깐 니 오꾸레 루

약속한 시간에 늦어지다
ヤクソクカン シガネ　　ヌジョジダ

**しき**（式）
시 끼

**식**
シク

式を挙げる
시끼오 아게 루

식을 올리다
シグル オルリダ

形式をととのえる
게ー시끼오 도또노 에루

형식을 차리다
ヒョンシグ<sub>ル</sub> チャリダ

方程式をとく
호ー뼤ー시끼오 도꾸

방정식을 풀다
パンジョンシグ<sub>ル</sub> プルダ

じぎょう（事業）
지교ー

사업
サオプ

事業報告
지교ー호ー꼬꾸

사업 보고
サオプ ポゴ

社会事業をする
샤까이지교ー오 스루

사회 사업을 하다
サフェ サオブ<sub>ル</sub> ハダ

事業をくりひろげる
지교ー오 구리 히로게루

사업을 전개하다
サオブ<sub>ル</sub> チョンゲハダ

しきりに
시 끼리니

빈번히, 몹시
ピンボニ モプシ

しきりに手紙をよこす
시 끼리니 데가미오 요꼬스

빈번히 편지를 보내 오다
ピンボニ ピョンジル<sub>ル</sub> ポネ オダ

しきりにせがむ
시 끼리니세가무

몹시 조르다
モプシ チョルダ

しきん（資金）
시 낑

자금
チャグム

資金をつくる
시 낑오 쯔꾸루

자금을 만들다
チャグム<sub>ル</sub> マンドゥルダ

資金援助をする
시 낀엔쿄오스루

자금 원조를 하다
チャグム ウォンジョル<sub>ル</sub> ハダ

建設資金
겐세쯔 시 낑

건설 자금
コンソル チャグム

しく（敷く）
시 꾸

깔다, 펴다
カ<sub>ル</sub>ダ ピョダ

じゅうたんを敷く
쥬ー 땅 오시꾸

융단을 깔다
ユンダヌ<sub>ル</sub> カルダ

布団を敷く
후똥오시꾸

이불을 펴다
イブル<sub>ル</sub> ピョダ

しげき（刺激）
시 게끼

자극
チャグク

刺激をうける
시게끼오 우께루

자극을 받다
チャググ<sub>ル</sub> パッタ

さ

| | |
|---|---|
| 神経を刺激する<br>싱께ー오 시게끼스루 | 신경을 자극하다<br>シンギョンウル チャグッカダ |
| あんまり刺激するな<br>암 마리시게끼스루나 | 너무 자극하지 마세요<br>ノム チャグッカジ マセヨ |

**しけん**（試験）
시껭

**시험**
シホム

| | |
|---|---|
| 試験を受ける<br>시껭오우께루 | 시험을 치다<br>シホムル チダ |
| 試験日が近づく<br>시껨비가찌까즈꾸 | 시험일이 다가오다<br>シホミリ タガオダ |
| 試験に合格した<br>시껜니 고ー까꾸시 따 | 시험에 합격했다<br>シホメ ハブキョクケッタ |

**じけん**（事件）
지껭

**사건**
サコン

| | |
|---|---|
| 事件がおきる<br>지껭가오끼루 | 사건이 일어나다<br>サコニ イロナダ |
| 事件を調査する<br>지껭 오쬬ー사스루 | 사건을 조사하다<br>サコヌル チョサハダ |
| 強盗事件<br>고ー또ー지껭 | 강도 사건<br>カンド サコン |

**じこ**（自己）
지꼬

**자기**
チャギ

| | |
|---|---|
| 自己紹介<br>지꼬 쇼ー까이 | 자기 소개<br>チャギ ソゲ |
| 自己批判をする<br>지꼬 히항 오스루 | 자기 비판을 하다<br>チャギ ピパヌル ハダ |
| 冷静に自己を<br>레ー세ー니 지꼬오 | 냉정하게 자기를<br>ネンジョンハゲ チャギルル |
| 見つめる<br>미쯔메루 | 살펴보다<br>サルピョボダ |

**じこ**（事故）
지꼬

**사고**
サゴ

| | |
|---|---|
| 事故の原因<br>지꼬노겡잉 | 사고의 원인<br>サゴエ ウォニン |
| 事故の責任を追求する<br>지꼬 노 세끼닝오 쯔이뀨ー스루 | 사고의 책임을 추궁하다<br>サゴエ チェギムル チュグンハダ |

事故を未然に防ぐ
지꼬오미젠니 후세구

사고를 미리 막다
サゴルル ミリ マクタ

じこく（時刻）
지꼬꾸

시각
シガッ

時刻をきざむ
지꼬꾸오 기 자 무

시각을 새기다
シガグル セギダ

時刻を知らせる
지꼬꾸오 시 라 세루

시각을 알리다
シガグル アルリダ

予定時刻
요 떼―지꼬꾸

예정 시각
イェジョン シガッ

しごと（仕事）
시 고 또

일
イル

仕事を始める
시고또 오 하지메루

일을 시작하다
イルル シジャックカダ

仕事をやりとげる
시고또 오 야 리 또 게 루

일을 해치우다
イルル ヘチウダ

難しい仕事だ
무즈까 시―시고또다

어려운 일이다
オリョウン イリダ

しじ（支持）
시 지

지지
チジ

支持をうける
시 지 오 우 께 루

지지를 받다
チジルル パッタ

積極的に支持する
셋꾜꾸떼끼니 시 지 스 루

적극적으로 지지하다
チョックックチョグロ チジハダ

じじつ（事実）
지 지 쯔

사실
サシル

事実関係を調べる
지지쯔 강 께―오 시라베루

사실 관계를 조사하다
サシル クァンゲルル チョサハダ

事実無根
지지쯔 무 꽁

사실 무근
サシル ムグン

事実を知らせる
지 지쯔오 시 라 세루

사실을 알리다
サシルル アルリダ

しじゅう（始終）
시 쥬―

자초지종, 늘
チャチョジジョン ヌル

事の始終を明らかにする
고또노 시 쥬―오 아끼라 까니 스루

일의 자초지종을 밝히다
イレ チャチョジョンウル パルキダ

一部始終を語る
이찌부시쥬ー오 가따루
자초지종을 다 말하다
チャチョジジョンウル タ マラダ

始終遊んでいる
시쥬ー아손 데 이 루
늘 놀고 있다
ヌル ノルゴ イッタ

**じしょ**(辞書)
지 쇼
**사전**
サジョン

国語辞書
고꾸고 지 쇼
국어 사전
クゴ　サジョン

辞書をひく
지 쇼 오 히 꾸
사전을 찾다
サジョヌル　チャッタ

辞書をつくる
지 쇼 오 쯔 꾸 루
사전을 만들다
サジョヌル　マンドゥルダ

**しじょう**(市場・いちば)
시 죠ー
**시장**
シジャン

市場に行く
시 죠ー니 이 꾸
시장에 가다
シジャンエ　カダ

市場は混んでいる
시 죠ー와 곤　데 이 루
시장은 붐비고 있다
シジャンウン　プムビゴ　イッタ

市場開放
시 죠ー가이호ー
시장 개방
シジャン　ケバン

**じじょう**(事情)
지 죠ー
**사정**
サジョン

事情を理解する
지 죠ー오 리까이 스 루
사정을 이해하다
サジョンウル　イヘハダ

納得できない事情
낟 또꾸데 끼 나 이 지 죠ー
납득할 수 없는 사정
ナブトゥクカル　ス　オムヌン　サジョン

事情が事情だから
지 죠ー가 지 죠ー 다 까 라
사정이 사정이니까
サジョンイ　サジョンイニカ

**じしん**(自信)
지 싱
**자신**
チャシン

自信を持つ
지 싱 오 모 쯔
자신을 가지다
チャシヌル　カジダ

自信まんまんだ
지 심 맘　만 다
자신 만만하다
チャシン　マンマナダ

彼は自信過剰だ
가레와 지 신 가 죠ー다
그는 자신이 넘친다
クヌン　チャシニ　ノムチンダ

しずか（静か）
시 즈 까

　静かな部屋
　시즈까나 헤 야

　あまりにも静かだ
　아 마 리 니 모 시즈까다

　静かにしなさい
　시즈까니 시 나 사 이

しずむ（沈む）
시 즈 무

　船が沈む
　후네가 시즈무

　興奮が沈まる
　고ー홍가 시즈마루

　沈まった嵐
　시즈맏　따 아라시

しせい（姿勢）
시 세ー

　姿勢がいい
　시세ー가 이ー

　姿勢をなおす
　시세ー오 나 오 스

　正しい姿勢
　다다시ー 시세ー

しせつ（施設）
시 세 쯔

　施設をつくる
　시세쯔오 쯔 꾸 루

　福祉施設
　후꾸시 시세쯔

　施設がととのっている
　시세쯔가도 또 놀　떼 이 루

しぜん（自然）
시 젱

　自然の法則
　시 젠 노 호ー소꾸

조용함
チョヨンハム

　조용한 방
　チョヨンハン　パン

　너무나도 조용하다
　ノムナド　　　　チョヨンハダ

　조용히 하시오
　チョヨンヒ　ハシオ

가라 앉다
カラ　アンタ

　배가 물에 가라 앉다
　ペガ　　ムレ　カラ　アンタ

　흥분이 가라 앉다
　フンブニ　　カラ　アンタ

　가라 앉은 폭풍우
　カラ　アンジュン　ポクプンウ

자세
チャセ

　자세가 좋다
　チャセガ　チョッタ

　자세를 고치다
　チャセルル　コチダ

　올바른 자세
　オルバルン　チャセ

시설
シソル

　시설을 만들다
　シソルル　　マンドゥルダ

　복지 시설
　ポクチ　シソル

　시설이 갖추어져 있다
　シソリ　　カチュオジョ　イッタ

자연
チャヨン

　자연 법칙
　チャヨン　ポプチク

自然を破壊から守る
시 젱 오 하까이 까 라 마모루

자연을 파괴로부터
チャヨヌル パグェロブト

지키다
チキダ

自然の流れ
시 젠 노 나가레

자연의 흐름
チャヨネ フルム

した(下)
시 따

밑, 아래
ミッ アレ

下を見る
시따오 미 루

밑을 보다
ミットゥル ポダ

下と上
시따또 우에

아래와 위
アレワ ウィ

机の下にある
쯔꾸에노 시따니 아 루

책상 밑에 있다
チェクサン ミテ イッタ

じだい(時代)
지 다 이

시대
シデ

新しい時代
아따라시ー 지다이

새로운 시대
セロウン シデ

時代の流れ
지다이노 나가레

시대의 흐름
シデエ フルム

時代に逆行する
지다이니 갸꼬ー스루

시대에 역행하다
シデエ ヨクヘンハダ

したがう(従う)
시 따 가 우

따르다
タルダ

指示に従う
시 지 니 시따가우

지시에 따르다
チシエ タルダ

私に従って
와따시니 시따갇떼

나를 따라
ナルル タラ

命令に従って働く
메ー레ー니 시따갇 떼 하따라꾸

명령에 따라 움직이다
ミョンリョンエ タラ ウムジギダ

したく(支度)
시 따 꾸

채비, 준비
チェビ チュンビ

行く支度をする
이 꾸 시따꾸오 스루

떠날 채비를 하다
トナル チェビルル ハダ

旅行の支度
료꼬ー노 시따꾸

여행의 준비
ヨヘンエ チュンビ

支度が出来た
시따꾸가 데 끼 따

준비가 되었다
チュンビガ テオッタ

## じっけん（実験）
직  껭

## 실험
シロム

実験室で研究する
직껜시쯔데 겡뀨ー스 루

실험실에서 연구하다
シロムシレソ　　　ヨングハダ

実験をくりかえす
직껭 오구리 가에스

실험을 거듭하다
シロムル　コドプパダ

実験で実証する
직껜 데 짓쇼ー스 루

실험으로 실증하다
シロムロ　　　シルチュンハダ

## じつげん（実現）
지 쯔 겡

## 실현
シリョン

夢を実現する
유메오 지쯔겐스루

꿈을 실현하다
クムル　シリョンハダ

実現するために努力する
지쯔겐스 루 다 메 니 도료꾸 스 루

실현하기 위해 노력하다
シリョンハギ　ウィヘ　ノリョクカダ

機械化の実現
기까이 까노 지쯔겡

기계화의 실현
キゲファエ　シリョン

## じっこう（実行）
직　　꼬ー

## 실행
シレン

実行力がある
직꼬ー료꾸가 아 루

실행력이 있다
シレンリョギ　イッタ

計画の実行
게ー까꾸노 직 꼬ー

계획의 실행
ケフェゲ　シレン

学んだことを実行に移そう
마 난 다 고또오 직 꼬ー니 우쯔소ー

배운 것을 실행에 옮기자
ペウン　ゴスル　シレンエ　オムギジャ

## じっさい（実際）
짓　　사 이

## 실제
シルチェ

実際やってみる
짓사이얕　　떼 미 루

실제로 해 보다
シルチェロ　ヘ ボダ

実際には無理だ
짓사이니 와 무 리 다

실제로는 무리다
シルチェロヌン　ムリダ

## しっぱい（失敗）
십　　빠이

## 실패
シルペ

実験は失敗した
직 껭 와 십빠이 시 따

실험은 실패했다
シロムン　シルペヘッタ

さ

失敗から教訓を学ぶ
십빠이 까 라교-꿍오 마나부

실패에서 교훈을 배우다
シルペエソ　キョフヌル　ペウダ

失敗は許されない
십빠이와 유루사 레 나 이

실패는 허용되지 않는다
シルペヌン　ホヨンデジ　アンヌンダ

## しつもん（質問）
시 쯔 몽

## 질문
チルムン

質問を受ける
시쯔몽오 우 께루

질문을 받다
チルムヌル　パッタ

先生に質問する
센세-니 시쯔몬 스 루

선생님에게 질문하다
ソンセンニムエケ　チルムンハダ

質問はない
시쯔몽와 나 이

질문은 없다
チルムヌン　オプタ

## しどう（指導）
시 도-

## 지도
チド

水泳の指導をする
스이에-노 시도-오 스 루

수영 지도를 하다
スヨン　チドルル　ハダ

指導的立場にある
시도-떼끼 다찌바니 아 루

지도적 입장에 있다
チドジョク　イプチャンエ　イッタ

## しぬ（死ぬ）
시 누

## 죽다
チュクタ

人が死ぬ
히또가 시 누

사람이 죽다
サラミ　チュクタ

死んではいけない
신　데 와 이 께 나 이

죽으면 안된다
チュグミョン　アンデンダ

死んだら終りだ
신　다 라 오와리 다

죽으면 그만이다
チュグミョン　クマニダ

## しばる（縛る）
시 바 루

## 묶다
ムッタ

柱に縛りつける
하시라니 시바리 쯔 께 루

기둥에 묶다
キトゥンエ　ムッタ

手を縛る
데 오 시바루

손을 묶다
ソヌル　ムッタ

## じぶん（自分）
지 붕

## 자기
チャギ

自分自身
지 분 지 싱

자기 자신
チャギ　ジャシン

自分のことは自分で
지분노고또와지분데

## しほん（資本）
시 흥

자본
チャボン

資本が少ない
시흥가 스꾸나이

자본이 적다
チャボニ　チョクタ

多くの資本を投資する
오ー꾸노 시흥오 도ー시스루

많은 자본을 투자하다
マスン　チャボヌル　トゥジャハダ

資本金1,000萬ウォン
시 흥 낑 셈　 망 원

자본금 1000만 원
チャボングム　イルチョンマ ノン

## しま（島）
시 마

섬
ソム

島国
시마구니

섬 나라
ソム　ナラ

島で生まれた
시마데 우 마 레 따

섬에서 태어났다
ソメソ　　テヨナッタ

島に遊びに行く
시마니 아소비 니 이 꾸

섬에 놀러 가다
ソメ　　ノルロ　カダ

## じむ（事務）
지 무

사무
サム

事務的な処理
지무떼끼나　쇼 리

사무적인 처리
サムジョギン　　チョリ

事務用品を買う
지무요ー 힝 오 가 우

사무용품을 사다
サムヨンプムル　　サダ

事務の仕事
지 무 노 시고또

사무 작업
サム　　チャコッ

## しめす（示す）
시 메 스

가리키다
カリキダ

行く道を示す
이 꾸 미찌오 시메스

가는 길을 가리키다
カヌン　キルル　カリキダ

示された通りに
시메사 레 따 도ー리니

가리킨 대로
カリキン　　デロ

この場所を示す
고 노 바쇼 오 시메스

이 장소를 가리키다
イ　チャンソルル　カリキダ

## しめる（閉める）
시 메 루

닫다
タッタ

戸を閉める
도 오 시 메 루
문을 닫다
ムヌル タッタ

窓を閉めなさい
마도 오 시 메 나 사 이
창문을 닫으시오
チャンムヌル タドゥシオ

店を閉めた
미세 오 시 메 따
가게를 닫았다
カゲルル タダッタ

## しゃかい(社会)
샤 까 이
## 사회
サフェ

社会の構造
샤까이 노 고ー조ー
사회의 구조
サフェエ クジョ

社会の発展がめざましい
샤까이 노 핱뗑 가 메 자 마 시ー
사회의 발전이 눈부시다
サフェエ パルチョニ ヌンブシダ

社会的秩序
샤까이떼끼 쩌쯔죠
사회적 질서
サフェジョク チルソ

## しゃしん(写真)
샤 싱
## 사진
サジン

写真をとる
샤 싱 오 도 루
사진을 찍다
サジヌル チクタ

写真を見る
샤 싱 오 미 루
사진을 보다
サジヌル ボダ

なつかしい写真だなあ
나 쯔 까 시ー  샤신 다 나ー
그리운 사진이로군
クリウン サジニログン

## じゆう(自由)
지 유ー
## 자유
チャユ

自由経済
지유ー 게ー자이
자유 경제
チャユ キョンジェ

自由にやりなさい
지유ー 니 야 리 나 사 이
자유로이(멋대로)
チャユロイ　モッテロ

하세요
ハセヨ

自由と独立
지유ー 또 도꾸리쯔
자유와 독립
チャユワ トンニプ

## しゅうかん(習慣)
슈ー 깡
## 습관
スブクァン

習慣が違う
슈ー깡 가 찌가우
습관이 다르다
スブクァニ タルダ

幼い時から良い習慣を身
오사나이 도끼까라 요이　슈ー깡오

身につけよう
미니 쯔께 요ー

悪い習慣だ
와루이 슈ー깐다

어릴 때부터 좋은 습관을
オリル　テブット　チョウン スプクァヌル

기르자
キルジャ

나쁜 습관이다
ナプン　スプクァニダ

**じゅうだい**(重大)
쥬ー　다 이

重大発表
쥬ー다이합뾰ー

重大事件の発生
쥬ー다이 지껜노 핫세ー

その問題は重大だ
소 노 몬다이와 쥬ー다이다

**중대**
チュンデ

중대 발표
チュンデ パルピョ

중대 사건의 발생
チュンデ サコネ　　パルセン

그 문제는 중대하다
ク　ムンジェヌン チュンデハダ

**しゅうちゅう**(集中)
슈ー　　쮸ー

集中力がある
슈ー쮸ー료ー꾸가 아루

一つに集中する
히또쯔니 슈ー쮸ー스루

勉強に集中する
벵꾜ー니 슈ー쮸ー스 루

**집중**
チッチュン

집중력이 있다
チッチュンニョギ　イッタ

하나에 집중하다
ハナエ　　　チッチュンハダ

공부에 집중하다
コンブエ　チッチュンハダ

**しゅうにゅう**(収入)
슈ー　　뉴ー

安定した収入
안 떼ー시 따 슈ー뉴ー

収入源はどこ
슈ー뉴ー겡와 도 꼬

収入が多い
슈ー뉴ー가 오ー이

**수입**
スイッ

안정된 수입
アンジョンデン スイッ

수입원은 어디 ?
スイッウォヌン　オディ

수입이 많다
スイビ　　　マンタ

**じゅうみん**(住民)
쥬ー　　밍

住民登録をする
쥬ー민 또ー로꾸오 스루

住民の要求
쥬ー민노 요ー꾸ー

**주민**
チュミン

주민 등록을 하다
チュミン トゥンノグル ハダ

주민의 요구
チュミネ　ヨグ

住民の安全を考える
쥬ー민노 안 젱 오 강가에 루

주민의 안전을 생각하다
チュミネ　アンジョヌル　センガクカダ

## じゅうよう（重要）
쥬ー　요ー

## 중요
チュンヨ

最も重要なことは
몯또모 쥬ー요ー나 고 또 와

가장 중요한 것은
カジャン　チュンヨハン　ゴスン

重要事項を伝達する
쥬ー요ー지꼬ー오 덴따쯔스루

중요 사항을 전달하다
チュンヨ　サハンウル　チョンダルハダ

重要な書類
쥬ー요ー나 쇼루이

중요한 서류
チュンヨハン　ソリュ

## しゅじゅつ（手術）
슈 쥬 쯔

## 수술
ススル

手術をする
슈쥬쯔오 스루

수술을 하다
ススルル　ハダ

手術が成功する
슈쥬쯔가 세ー꼬ー스루

수술이 성공하다
ススリ　ソンゴンハダ

簡単な手術
간 딴 나 슈쥬쯔

간단한 수술
カンタナン　ススル

## しゅじん（主人）
슈 징

## 주인
チュイン

家の主人
이에노 슈 징

집주인
チッチュイン

店の主人はいませんか
미세노 슈 징 와 이 마 셍　까

가게 주인은 없어요？
カゲ　チュイヌン　オッソヨ

映画の主人公
에ー가노 슈징꼬ー

영화의 주인공
ヨンファエ　チュインゴン

## しゅっぱつ（出発）
슙　빠쯔

## 출발
チュルバル

これから出発します
고 레 까 라 슙빠쯔시 마 스

이제부터 출발합니다
イジェブト　チュルバルハムニダ

家に向って出発する
이에니 무깐 떼 슙빠쯔스루

집을 향해 출발하다
チブル　ヒャンヘ　チュルバルハダ

人生の出発
진세ー노 슙빠쯔

인생의 출발
インセンエ　チュルバル

## しょうか（消化）
쇼ー　까

## 소화
ソファ

消化不良
쇼ー까 후료ー
소화 불량
ソファ　プルリャン

日程を消化する
닐떼ー오 쇼ー까스루
일정을 소화하다
イルチョンウル　ソファハダ

食べた物を消化する胃
다 베 따 모노오 쇼ー까스루이
먹은 것을 소화하는 위
モグン　ゴスル　ソファハヌン　ウィ

## しょうかい（紹介）
쇼ー　　까이
## 소개
ソゲ

自己紹介する
지 꼬 쇼ー까이스루
자기 소개하다
チャギ　ソゲハダ

彼を紹介しましょう
가레오 쇼ー까이 시 마　쇼ー
그를 소개합시다
クルル　ソゲハプシダ

紹介された○○です
쇼ー까이 사레따 ○○ 데 스
소개 받은 ○○입니다
ソゲ　パドゥン　　イムニダ

## じょうけん（条件）
죠ー　　껭
## 조건
チョコン

条件反射
죠ー껜 한 샤
조건 반사
チョコン　パンサ

無条件で支払いましょう
무 죠ー껜 데 시하라 이 마 쇼ー
무조건으로 지불합시다
ムジョコヌロ　　チブルハプシダ

この話に条件がある
고 노 하나시니 죠ー껭가아 루
이 이야기에 조건이 있다
イ　イヤギエ　　チョコニ　イッタ

## しょうこ（証拠）
쇼ー　　꼬
## 증거
チュンゴ

証拠を見せる
쇼ー꼬오 미 세 루
증거를 보이다
チュンゴルル　ポイダ

証拠物件
쇼ー꼬 북껭
증거 물건
チュンゴ　ムルゴン

この書類が証拠だ
고 노 쇼루이가 쇼ー꼬 다
이 서류가 증거다
イ　ソリュガ　チュンゴダ

## しょうずる（生ずる）
쇼ー　　즈 루
## 생기다
センギダ

問題が生ずる
몬다이가 쇼ー즈 루
문제가 생기다
ムンジェガ　センギダ

衝突が生じたよ
쇼ー또쯔가 쇼ー지 따 요
충돌이 생겼어요
チュンドリ　センギョッソヨ

さ

## じょうたい（状態）
죠ー 따 이

상태
サンテ

### 良い状態を維持する
요 이 죠ー따이오 이 지 스 루

좋은 상태를 유지하다
チョウン サンテルル　　ユジハダ

### 悪い状態が続く
와루이 죠ー따이가 쯔즈꾸

나쁜 상태가 계속되다
ナプン　サンテガ　ケソッテダ

### 今の状態では
이마노 죠ー따이 데 와

지금 상태로는
チグム　サンテロヌン



## しょうひ（消費）
쇼ー 히

소비
ソビ

### 消費者物価
쇼ー히 샤 북 까

소비자 물가
ソビジャ　ムルカ

### 消費量が多い
쇼ー히 료ー가 오ー이

소비량이 많다
ソビリャンイ　　マンタ

### 燃料を消費する
넨 료ー오 쇼ー히 스 루

연료를 소비하다
ヨルリョルル ソビハダ

## じょうぶ（丈夫）
죠ー 부

건강함
コンガンハム

### 丈夫な体
죠ー부 나 가라다

건강한 몸
コンガンハン　モム

### 丈夫なのが一番だ
죠ー부 나 노 가 이찌반다

건강한 것이 제일이다
コンガンハン　ゴシ　　チェイリダ

### 早く丈夫になって下さい
하야꾸 죠ー부 니 낟 떼 구다사이

빨리 건강하게 되어
パルリ　コンガンハゲ　テオ

주세요
ジュセヨ

## じょうほう（情報）
죠ー 호ー

정보
チョンボ

### 情報を交換する
죠ー호ー오 고ー깐 스 루

정보를 교환하다
チョンボルル　キョファナダ

### 提供された情報
데ー꾜ー 사 레 따 죠ー호ー

제공받은 정보
チェゴンバドゥン チョンボ

### 情報の処理
죠ー호노 쇼 리

정보의 처리
チョンボエ　　チョリ

## しょうめい（証明）
쇼ー 메ー

증명
チュンミョン

身分証明書
미분쇼ー메ー쇼

신분 증명서
シンブン　チュンミョンソ

証明書の発行
쇼ー메ー쇼노 학 꼬ー

증명서의 발행
チュンミョンソエ　パレン

事実を証明する
지지쯔오 쇼ー메ー 스루

사실을 증명하다
サシルル　　チュンミョンハダ

しょうらい（将来）
쇼ー　　라 이

장래
チャンネ

将来有望だ
쇼ー라이 유ー보ー다

장래 유망하다
チャンネ　ユマンハダ

将来の展望
쇼ー라이노 뎀 보ー

장래의 전망
チャンネエ　チョンマン

将来の生活設計をする
쇼ー라이노 세ー까쯔섹께ー오 스루

장래의 생활 설계를 하다
チャンネエ　センファル　ソルゲルル　　ハダ

しょくぎょう（職業）
쇼　꾸 교ー

직업
チゴプ

職業安定所
쇼꾸교ー안뗴ー쇼

직업 안정소
チゴプ　アンジョンソ

職業を選択する
쇼꾸교ー오 센따꾸스루

직업을 선택하다
チゴブル　　ソンテクカダ

安定した職業
안뗴ー시 따 쇼꾸교ー

안정된 직업
アンジョンデン チゴプ

しょくじ（食事）
쇼　꾸 지

식사
シクサ

朝の食事をする
아사노 쇼꾸지오 스 루

아침 식사를 하다
アチム　　シクサルル　ハダ

食事の後の散歩
쇼꾸지노 아또노 삼 뽀

식사후의 산보
シクサフエ　　サンポ

ゆっくり食事をした
육　　꾸 리 쇼꾸지오 시 따

천천히 식사를 하였다
チョンチョニ シクサルル　ハヨッタ

しょくりょう（食料）
쇼　꾸 료ー

식료, 먹을 것
シンニョ モグルコッ

食料品工場
쇼꾸료ー힝고ー바

식료품 공장
シンニョプム コンジャン

貯蔵した食料品
쪼조ー시 따 쇼꾸료ー힝

저장한 식료품
チョジャンハン シンニョプム

食料を買いにいく
쇼꾸료ー오 가이니 이 꾸

먹을 것을 사러 가다
モグル　コスル　サロ　カダ

しらべる（調べる）
시 라 베 루

찾다
チャッタ

住所を調べる
쥬ー쇼오 시라베루

주소를 찾다
チュソルル　チャッタ

電話番号を調べて下さい
뎅와방고ー오 시라베 뗴 구다사 이

전화 번호를 찾아 주세요
チョヌァ　ポノルル　チャジャ　ジュセヨ

調べたけれどありません
시라베 따 께 레 도 아 리 마 셍

찾았지만 없습니다
チャジャッチマン　オプスムニダ

しる（知る）
시 루

알다
アルダ

真実を知る
신지쯔오 시 루

진실을 알다
チンシルル　アルダ

そこが知りたい
소 꼬 가 시 리 따 이

그것이 알고 싶다
クゴシ　アルゴ　シプタ

より多くのことを知る
요 리 오ー꾸노고또 오 시 루

보다 많은 것을 알다
ポダ　マヌン　ゴスル　アルダ

しろい（白い）
시 로 이

희다
ヒダ

白い雲
시로이 구모

흰 구름
ヒン　クルム

色が白い
이로가 시로이

색이 희다
セギ　ヒダ

この花は白い
고 노 하나와 시로이

이 꽃은 희다
イ　コッチュン　ヒダ

しんけい（神経）
싱　께ー

신경
シンギョン

神経過敏
싱 께ー가 빙

신경 과민
シンギョン　クァミン

神経質だ
신 께ー시쯔다

신경질이다
シンギョンジリダ

運動神経が発達している
운도ー 싱께ー가 할따쯔 시뼤 이 루

운동 신경이 발달해
ウンドン　シンギョンイ　パルタルヘ

있다
イッタ

じんこう（人口）
징 꼬ー

人口が多い
징꼬ー가 오ー이

人口の少ない村
징꼬ー노 스꾸나 이무라

人口を制限する
징꼬ー오 세ー겐스루

しんぱい（心配）
심 빠이

心配するな
심빠이스 루 나

心配が多い
심빠이 가 오ー이

ほんとうに心配だ
혼 또ー 니 심빠이다

しんぶん（新聞）
심 붕

新聞を配達する
싱 붕 오 하이따쯔스루

新聞記事を読む
심 붕 기 지 오 요무

新聞に広告を出す
심 분 니 고ー꼬꾸오 다 스

しんぽ（進歩）
심 뽀

進歩と調和
심 뽀 또 죠ー와

そうとうな進歩だ
소ー 또ー 나심 뽀 다

進歩的な人
심뽀떼끼나 히또

しんよう（信用）
싱 요ー

信用がある
싱 요ー가 아 루

인구
イング

인구가 많다
イングガ　マンタ

인구가 적은 마을
イングガ　チョグン マウル

인구를 제한하다
イングルル　チェハンハダ

걱정
コクチョン

걱정하지 마세요
コクチョンハジ　マセヨ

걱정이 많다
コクチョンイ　マンタ

정말로 걱정이다
チョンマルロ コクチョンイダ

신문
シンムン

신문을 배달하다
シンムヌル　ペダルハダ

신문 기사를 읽다
シンムン キサルル　　イルタ

신문에 광고를 내다
シンムネ　クァンゴルル ネダ

진보
チンボ

진보와 조화
チンボワ　チョファ

상당한 진보다
サンダンハン チンボダ

진보적인 사람
チンボジョギン　サラム

신용
シニョン

신용이 있다
シニョンイ　イッタ

信用組合と取り引きする
싱요-구미아이또 도 리 히 끼스루

신용 조합과 거래하다
シニョン チョハプクァ コレハダ

信用を失う
싱 요-오 우시나우

신용을 잃다
シニョンウル イルタ

**しんらい**（信頼）
신　라이

**신뢰**
シルロェ

信頼を得る
신라이오 에 루

신뢰를 얻다
シルロェルル オッタ

信頼を回復する
신라이오 가이후꾸스루

신뢰를 회복하다
シルロェルル フェボックカダ

互いに信頼する
다가이니 신라이 스루

서로 신뢰하다
ソロ　　シルロェハダ

さ

## 【す】

**すいじ**（炊事）
스 이 지

**취사**
チュィサ

炊事道具
스이지 도-구

취사 도구
チュィサ トグ

炊事当番
스이지 도-방

취사 당번
チュィサ タンボン

炊事場
스이지죠-

취사장
チュィサジャン

**すいじゅん**（水準）
스 이 즁

**수준**
スジュン

水準が高い
스이즁가 다까이

수준이 높다
スジュニ ノプタ

低い水準にとどまる
히꾸이 스이쥰니 도 도 마 루

낮은 수준에 머물다
ナジュン スジュネ　モムルダ

一程の水準
일떼-노 스이즁

일정한 수준
イルチョンハン スジュン

**すいせん**（推薦）

**추천**
チュチョン

推薦状
스이셍죠ー

추천장
チュチョンジャン

安心して推薦できる
안싱 시떼 스이센 데 끼 루

안심하고 추천할 수 있다
アンシマゴ　チュチョナル スイッタ

君を推薦する
기미오 스이셍 스루

군을 추천하겠다
クヌル　チュチョナゲッタ

すいどう（水道）
스ー이 도ー

수도
スド

水道料金
스이도ー료ー낑

수도 요금
スド　ヨグム

水道を引く
스이도ー오 히 꾸

수도를 끌다
スドルル　クルダ

下水道
게스이도ー

하수도
ハスド

すう（吸う）
스 우

피우다, 마시다
ピウダ　　マシダ

タバコを吸う
다 바 꼬 오 스 우

담배를 피우다
タムベルル　ピウダ

空気を吸う
구ー 끼오 스 우

공기를 마시다
コンギルル　マシダ

煙を吸ってしまった
게무리오슫 몌시맏 따

연기를 마셔 버렸다
ヨンギルル マショ　ボリョッタ

スカート
스 까ー 또

스커트
スコトゥ

スカートをはく
스 까ー 또오하 꾸

스커트를 입다
スコトゥルル　イプタ

作ったスカート
쯔 꾿 따스 까ー 또

만든 스커트
マンドゥン スコトゥ

スカートを買いに行く
스 까ー 또오가 이 니 이 꾸

스커트를 사러 가다
スコトゥルル　サロ　　カダ

すがた（姿）
스 가 따

모습, 모양
モスプ　　モヤン

姿がきれい
스가따가 기 레ー

모습이 곱다
モスビ　　コプタ

どういう姿をしてるの
도ー 유ー 스가따오시 몌 루 노

어떤 모습을 하고 있어요?
オトン モスプル　ハゴ イッソヨ

姿が変わっている
スガッタガ 가왈　떼이루

모양이 변해 있다
モヤンイ　ピョネ イッタ

**すき**（好き）
スッキ

**좋아함**
チョアハム

彼女が好きだ
가노죠가 스끼 다

그녀를 좋아하다
クニョルル　チョアハダ

好きな人はいるの
스끼 나 히또와 이루 노

좋아하는 사람은
チョアハヌン　サラムン

있어요？
イッソヨ

好きな食べ物は？
스끼 나 다베 모노와

좋아하는 음식은？
チョアハヌン　ウムシグン

**すぎる**（過ぎる）
스기 루

**지나다, 넘다**
チナダ　　ノムタ

10年が過ぎる
쥬―넹가 스 기 루

10년이 지나다
シムニョニ チナダ

時間が過ぎた
지깡 가 스기 따

시간이 넘었다
シガニ　　ノモッタ

月日が過ぎていく
쯔끼히가 스 기 떼 이 꾸

세월이 지나가다
セウォリ　チナガダ

**すぐ**（直）
스구

**곧**
コッ

すぐ行きます
스구 이 끼 마스

곧 가겠습니다
コッ カゲッスムニダ

すぐ帰って来ますから
스구 가엔 떼 기 마스 까라

곧 돌아오기 때문에
コッ トラオギ　　テムネ

頼まれたことをすぐやる
다노마 레 따 고또 오 스구 야루

부탁받은 일을 곧 하다
プタクパドゥン イルル　コッ ハダ

**すくう**（救う）
스 꾸 우―

**구하다, 구제하다**
クハダ　　クジェハダ

私を救って下さい
와따시오 스꾿떼 구다사이

저를 구해 주십시오
チョルル クヘ　　チュシプシオ

何回も救われる
낭까이모 스꾸와 레루

몇 번이나 구제받다
ミョッ ポニナ　クジェパッタ

救いに来た
스꾸이니 기 따

구하러 왔다
クハロ　　ワッタ

**すくない**（少ない）
スクナイ

少ないこづかい
スクナイ コヅカイ

間違いが少ない
マチガイガ スクナイ

少なくない損害
スクナク ナ イ ソンガイ

**すこし**（少し）
スコシ

もう少しでできる
モー スコシデ デ キ ル

少し下さい
スコシ クダサイ

少ししかない
スコシ シ カ ナ イ

**すずしい**（涼しい）
スズシー

涼しい場所
スズシーバ ショ

涼しい風
スズシー カゼ

外は涼しい
ソトワ スズシー

**すすむ**（進む）
ススム

前に進む
マエニ ススム

もう少し前に進みなさい
モー スコシ マエニ ススミ ナ サ イ

進めば入口が見える
ススメバ イリグチガ ミ エ ル

**すっかり**
スッ カリ

財産がすっかりなくなった
ザイサンガ スッ カリナクナッ タ

적다
チョクタ

적은 용돈
チョグン ヨントン

틀림이 적다
トゥルリミ　チョクタ

적지 않은 손해
チョクチ アヌン ソネ

조금
チョグム

조금 더 있으면 된다
チョグム ト　イッスミョン テンダ

조금 주세요
チョグム チュセヨ

조금 밖에 없다
チョグム パッケ オプタ

**시원하다, 선선하다**
シウォナダ　　　ソンソナダ

시원한 장소
シウォナン チャンソ

선선한 바람
ソンソナン　パラム

바깥은 선선하다
パカットン ソンソナダ

**나아가다, 나가다**
ナアガダ　　　　ナガダ

앞으로 나아가다
アプロ　　　ナアガダ

좀 더 앞으로 나가세요
チュムトゥ　アプロ　　　ナガセヨ

나아가면 입구가 보인다
ナアガミョン　イプクガ　　ポインダ

**죄다, 다**
チェダ ター

재산이 죄다 없어졌다
チェサニ　チェダ オプソジョッタ

すっかり使ってしまった
슥　까리쯔깐 떼시맏 따

## すてる(捨てる)
스 떼 루

### 捨てるものはない
스 떼 루 모 노 와 나 이

### ごみを捨てる
고 미 오 스 떼 루

### 捨ててはいけない
스 떼 떼 와 이 께 나 이

## スピード
스 삐ー 도

### スピードがある
스 삐ー 도 가 아 루

### あまりスピードを出すな
아 마 리 스 삐ー도오 다 스 나

### スピードの出る車
스 삐ー 도 노 데 루 구루마

## すべて(全て)
스 베 떼

### 全てやりとげた
스베떼 야 리 또 게 따

### お金を全て出す
오 까네오 스베떼 다 스

### 全て正しい
스베떼 다다시ー

## スポーツ
스 뽀ー 쯔

### スポーツを楽しむ
스 뽀ー 쯔 오 다노시무

### スポーツの疲れ
스 뽀ー 쯔 노 쯔까레

### スポーツ神経が発達して
스 뽀ー 쯔 싱께ー가 핟따쯔시떼

### いる
이루

---

다 써 버렸다
ターソ　ポリョッタ

## 버리다
ポリダ

### 버리는 것은 없다
ポリヌン　ゴスン オプタ

### 쓰레기를 버리다
スレギルル　　ポリダ

### 버리면 안된다
ポリミョン アンデンダ

## 스피드
スピドゥ

### 스피드가 있다
スピドゥガ　　イッタ

### 너무 스피드를 내지 마라
ノム　スピドゥルル　ネジ　マラ

### 스피드가 나는 차
スピドゥガ　　ナヌン チャ

## 전부, 다, 모두
チョンブ ター モドゥ

### 전부 해 치웠다
チョンブ　ヘ チウォッタ

### 돈을 전부 (다) 내다
トヌル チョンブ ター　ネダ

### 모두 (다) 옳다
モドゥ　ター オルタ

## 스포츠
スポチュ

### 스포츠를 즐기다
スポチュルル　チュルギダ

### 스포츠의 피로
スポチュエ ピロ

### 스포츠 신경이 발달해
スポチュ　シンギョンイ パルタルヘ

### 있다
イッタ

すむ（住む）
スム

アパートに住む
아 빠ー 또니스무

寄宿舎に住む
기 슈꾸샤니 스 무

一緒に住む
잇쇼니스무

する
스루

勉強する
뼝꾜ー스루

これ以上するな
고 레 이죠ー스루나

仕事をする
시고또오 스루

するどい（鋭い）
스 루도이

鋭い刀
스루도이 가따나

頭が鋭い
아따마가 스루도이

目が鋭い
메 가 스루도이

すわる（座る）
스와루

座って待ってて
스완떼 맏　떼떼

立っていないで座って下
닫　떼이나 이 데 스완떼구、、

さい
사 이

座っていいですか
스완떼 이ー 데스 까

살다, 거처하다
サルダ　コチョハダ

아파트에 살다
アパトゥエ　サルダ

기숙사에 거처하다
キスクサエ　コチョハダ

함께 살다
ハムケ　サルダ

하다
ハダ

공부하다
コンブハダ

이 이상 하지 마라
イ　イサン　ハジ　マラ

일을 하다
イルル　ハダ

날카롭다, 예민하다
ナルカロプタ　イェミナダ

날카로운 칼
ナルカロウン　カル

머리가 예민하다
モリガ　イェミンハダ

눈이 날카롭다
ヌニ　ナルカロプタ

앉다
アンタ

앉아서 기다려
アンジャソ キダリョ

서 있지 말고 앉으세요
ソ　イッチ　マルゴ　アンジュセヨ

앉아도 좋습니까 ?
アンジャド チョッスムニッカ

# 【せ】

せ (背)
세

背が高い
세 가 다까이

키가 크다
キガ　クダ

背中が痛い
세나까가 이따이

등이 아프다
トゥンイ　アブダ

背筋がつめたくなる
세부시가 쯔메따꾸나루

등골이 서늘해지다
トゥンコリ　ソヌレジダ

せい
세ー

努力したせいで合格した
도료꾸시따 세ー 데 고ー까꾸시따

노력한 탓으로 합격했다
ノリョクカン　タスロ　　ハンキョクケッタ

失敗を不運のせいにする
십빠이오 후 운 노 세ー 니 스루

실패를 불운 탓으로 돌리다
シルペルル　プルン　タスロ　トゥリダ

皆私のせいです
미나와따시노 세ー 데 스

모두 제 탓입니다
モドゥ　チェ　タシムニダ

せいかく (性格)
세ー 까꾸

性格がいい
세ー까꾸가 이ー

성격이 좋다
ソンキョギ　チョッタ

悪い性格
와루이 세ー까꾸

나쁜 성격
ナプン　ソンキョク

生まれつきの性格だ
우 마 레 쯔 끼 노 세ー까꾸다

타고 난 성격이다
タゴ　　ナン　ソンキョギダ

せいかつ (生活)
세ー 까쯔

生活設計を持つ
세ー까쯔 섹께ー 오 모 쯔

생활 설계를 가지다
センファル　ソルゲルル　カジダ

貧しい生活
마즈시ー 세ー까쯔

가난한 생활
カナナン　　センファル

まじめな生活者である
마 지 메 나 세ー까쯔샤데 아 루

진지한 생활자이다
チンジハン　センファルチャイダ

**せいきゅう**（請求）
세― 뀨―

請求書
세―뀨―쇼

請求により
세―뀨―니 요 리

本代を請求してきた
혼다이오 세―뀨―시 떼 기따

**ぜいきん**（税金）, **ぜい**（税）
제― 낑

税金がかかる
제―낑 가 가 까 루

税金を納める
제―낑 오 오사메 루

消費税
쇼―히제―

**せいげん**（制限）
세― 겡

無制限だ
무 세―겐 다

人員を制限する
징 잉 오 세―겐 스루

制限時間になる
세―겐지 깐 니 나 루

**せいこう**（成功）
세― 꼬―

ついに成功した
쯔 이 니 세―꼬―시따

大成功で終った
다이세―꼬―데 오왈 따

人生の成功
진세―노 세―꼬―

**せいさん**（生産）
세― 상

大量生産
다이료― 세―상

청구
チョング

청구서
チョングソ

청구에 의하여
チョングエ ウィハヨ

책값을 청구해 왔다
チェクカプスル チョングヘ　ワッタ

세금, 세
セグム　セ

세금이 붙다
セグミ　　　プッタ

세금을 물다
セグムル　ムルダ

소비세
ソビセ

제한
チェハン

무제한이다
ムジェハニダ

인원을 제한하다
イヌォヌル チェハナダ

제한 시간이 되다
チェハン　シガニ テダ

성공
ソンゴン

드디어 성공했다
トゥディオ ソンゴンヘッタ

대성공으로 끝났다
テソンゴンウロ　　クンナッタ

인생의 성공
インセンエ ソンゴン

생산
センサン

대량 생산
テリャン センサン

さ

十万台の生産能力
쥬―만 다이노 세―산노―료꾸

십만대의 생산 능력
シムマンデエ　センサン　ヌンリョク

生産規模を拡大する
세―상 끼보 오 가꾸다이 스 루

생산 규모를 확대하다
センサン　キュモルル　ファクテハダ

## せいじ（政治）
세― 지

## 정치
チョンチ

立派な政治を施す
립빠 나 세―지 오 호도꼬스

훌륭한 정치를 하다
フルリュンハン　チョンチルル　ハダ

政治家の演説
세―지 까 노 엔제쯔

정치가의 연설
チョンチガエ　ヨンソル

民主的な政治
민슈뻬끼나 세―지

민주적인 정치
ミンジュジョギン　チョンチ

## せいしん（精神）
세― 싱

## 정신
チョンシン

精神力
세―신료꾸

정신력
チョンシンリョク

立法の精神
리쯔호―노 세―싱

입법의 정신
イッポベ　　チョンシン

精神を緊張させる
세―싱오 긴쪼―사 세 루

정신을 긴장시키다
チョンシヌル　キンジャンシキダ

## せいせき（成績）
세― 세 끼

## 성적
ソンジョク

成績が優秀だ
세―세끼가 유―슈―다

성적이 우수하다
ソンジョギ　ウスハダ

連戦連勝の成績だ
렌 센 렌 쇼―노 세―세끼다

연전 연승의 성적이다
ヨンジョン　ヨンスンエ　ソンジョギダ

成績の向上
세―세끼노 고―죠―

성적의 향상
ソンジョゲ　ヒャンサン

## せいど（制度）
세― 도

## 제도
チェド

新しい制度
아따라시― 세―도

새로운 제도
セロウン　　チェド

制度の違いがある
세―도노 찌가이 가 아 루

제도의 차이가 있다
チェドエ　チャイガ　イッタ

教育制度が変る
교―이꾸세―도가 가와루

교육 제도가 달라지다
キョユク　チェドガ　　タルラジダ

せいめい（生命）
세- 메-

生命はもっとも貴重だ
세-메-와 몯 또 모 기쬬-다

短かった生命
미지까 깓따세-메-

生命の保障
세-메 노호 쇼-

せいり（整理）
세- 리

論文の整理
롬 분 노 세-리

整理整頓する
세-리 세-똔스 루

整理番号をもらう
세-리 방고- 오 모 라 우

せいりつ（成立）
세- 리 쯔

結婚の成立
곜 끈 노 세-리쯔

問題が成立する
몬다이가 세-리쯔스루

ことの成立に尽力する
고 또 노 세-리쯔니 진료꾸스루

せかい（世界）
세 까 이

世界経済
세까이게-자이

情報の世界
쬬-호-노 세까이

未知の世界を想像する
미 찌 노 세까이오 소-조-스루

せきたん（石炭）
세 끼 땅

石炭を掘る
세끼땅오 호 루

생명
センミョン

생명은 가장 귀중하다
センミョンウン カジャン クィジュンハダ

짧아진 생명
チャルバジン センミョン

생명의 보장
センミョンエ ポジャン

정리
チョンニ

논문의 정리
ノンムネ チョンニ

정리 정돈하다
チョンニ チョンドンハダ

정리 번호를 받다
チョンニ ポノルル パッタ

성립
ソンニプ

결혼의 성립
キョロネ ソンニプ

문제가 성립되다
ムンジェガ ソンニプテダ

일의 성립에 진력하다
イレ ソンニベ チルリョクカダ

세계
セゲ

세계 경제
セゲ キョンジェ

정보의 세계
チョンボエ セゲ

미지의 세계를 상상하다
ミジエ セゲルル サンサンハダ

석탄
ソクタン

석탄을 캐다
ソクタヌル ケダ

さ

運んできた石炭
하 끈 데 기 따 세끼땅
운반해 온 석탄
ウンバネ　オン　ソクタン

## せきにん（責任）
세 끼 닝
## 책임
チェギム

責任問題だ
세끼닝 몬다이다
책임 문제이다
チェギム　ムンジェイダ

重い責任を負う
오모이 세끼닝오 오우
무거운 책임을 지다
ムゴウン　チェギムル　チダ

責任をのがれる
세끼닝오 노 가 레루
책임을 피하다
チェギムル　ピハダ

## せきゆ（石油）
세 끼 유
## 석유
ソギュ

石油の輸入
세끼유노 유 뉴ー
석유의 수입
ソギュエ　スイプ

石油の自給をする
세끼유노 지 뀨ー오스루
석유의 자급을 하다
ソギュエ　チャグブル　ハダ

石油を買って来たよ
세끼유오 깓 떼 기 따요
석유를 사 왔어요
ソギュルル　サ　ワッソヨ

## ぜったい（絶対）
젤 따 이
## 절대
チョルテ

絶対反対
젤따이 한따이
절대 반대
チョルテ　パンデ

絶対に間違っている
젤따이니 마찌간 떼 이 루
절대로 틀리다
チョルテロ　トゥルリダ

絶対にしてはいけない
젤따이니 시 떼 와 이 께 나 이
절대로 하면 안된다
チョルテロ　ハミョン　アンデンダ

## せつび（設備）
세 쯔 비
## 설비
ソルビ

設備投資
세쯔비또ー시
설비 투자
ソルビ　トゥジャ

最新式設備だ
사이신 시끼세쯔비다
최신식 설비다
チェシンシク　ソルビダ

いい設備だね
이ー 세쯔비다 네
좋은 설비이군요
チョウン　ソルビイグニョ

## せつめい（説明）
세 쯔 메ー
## 설명
ソルミョン

具体的な説明
구따이떼끼나 세쯔메ー

구체적인 설명
クチェジョギン ソルミョン

わかりやすく説明する
와 까 리 야 스 꾸 세쯔메ー스 루

알기 쉽게 설명하다
アルギ スィブケ ソルミョンハダ

使用法を説明する
시요ー호ー오 세쯔메ー스 루

사용법을 설명하다
サヨンポブル ソルミョンハダ

## せまい(狭い)
세 마 이

## 좁다
チョプタ

狭い部屋
세마이 헤 야

좁은 방
チョブン パン

道が狭い
미찌가 세마이

길이 좁다
キリ チョプタ

心の狭い人
고꼬로노 세마이 히또

마음이 좁은 사람
マウミ チョブン サラム

## ゼロ
제 로

## 제로, 영
ジェロ ヨン

ゼロからの出発
제 로 까 라 노 슙빠쯔

제로부터의 출발
ジェロブトエ チュルバル

ゼロになってしまった
제 로 니 낱 떼시 맡 따

영이 되어 버렸다
ヨンイ テオ ポリョッタ

ゼロから始まった
제 로 까 라 하지맡 따

영에서 시작되었다
ヨンエソ シジャクテオッタ

## せわ(世話)
세 와

## 신세, 보살핌
シンセ ポサルピム

世話になるよ
세 와 니 나 루 요

신세져요
シンセジョヨ

人をよく世話する
히또오 요꾸세 와 스루

남을 잘 보살피다
ナムル チャル ポサルピダ

弟妹たちを世話する
데ー마이다찌 오 세 와 스 루

동생들을 보살피다
トンセンドゥルル ポサルピダ

## せんしゅ(選手)
센 슈

## 선수
ソンス

陸上選手
리꾸죠ー센 슈

육상 선수
ユッサン ソンス

選手を応援する
센 슈오 오ー엔스루

선수를 응원하다
ソンスルル ウンウォンハダ

優秀な選手だ
유—슈—나센슈다

우수한 선수다
ウスハン　ソンスダ

せんせい（先生）
센　세—

선생님
ソンセンニム

語学教室の先生
고가꾸교—시쯔노 센세—

어학 교실의 선생님
オハク　キョシレ　ソンセンニム

先生の教え
센세—노 오시에

선생님의 가르침
ソンセンニメ　カルチム

学校の先生になる
각꼬—노 센세—니 나루

학교 선생님이 되다
ハクキョ　ソンセンニミ　テダ

せんそう（戦争）
센　소—

전쟁
チョンジェン

戦争に反対する
센소—니 한따이 스루

전쟁을 반대하다
チョンジェンウル　パンデハダ

核戦争の危機
가꾸센소—노 기 끼

핵 전쟁의 위기
ヘク　チョンジェンエ　ウィギ

戦争を根絶しよう
센소—오 곤제쯔 시 요—

전쟁을 근절하자
チョンジェンウル　クンジョルハジャ

せんもん（専門）
셈　몽

전문
チョンムン

専門は何ですか
셈 몽 와 난데스 까

전문은 무엇입니까 ？
チョンムヌン　ムオシムニカ

専門分野を持つ
셈 몽 붕 야 오 모쯔

전문 분야를 가지다
チョンムン　プニャルル　カジダ

文学専門
붕가꾸 셈 몽

문학 전문
ムナク　チョンムン

【そ】

そうご（相互）
소— 고

상호
サンホ

相互理解
소—고리까이

상호 이해
サンホ　イヘ

相互訪問をする
소-고호-몽오 스루

상호 방문을 하다
サンホ パンムヌル ハダ

相互条約を結ぶ
소-고죠-야꾸오 무스부

상호 조약을 맺다
サンホ チョヤグル メッタ

## そうごう（総合）
소- 고-

## 종합
チョンハプ

総合計画
소-고-게-까꾸

종합 계획
チョンハプ ケフェク

総合して考えると
소-고-시떼 강가에루또

종합하여 생각하면
チョンハッパヨ センガックカミョン

総合大学
소-고-다이가꾸

종합 대학
チョンハプ テハク

## そうじ（掃除）
소- 지

## 청소, 소제
チョンソ ソジェ

掃除当番
소-지 도-방

청소 당번
チョンソ タンボン

きれいに掃除する
기 레- 니소지스루

깨끗하게 소제하다
ケックッタゲ ソジェハダ

掃除の道具をしまう
소-지 노 도-구오 시 마 우

청소 도구를 치우다
チョンソ トグルル チウダ

## そうぞう（想像）
소- 조-

## 상상
サンサン

未来を想像する
미라이오 소-조-스루

미래를 상상하다
ミレルル サンサンハダ

想像上の動物だ
소-조-죠-노 도-부쯔다

상상상의 동물이다
サンサンサンエ トンムリダ

想像を超越する
소-조-오 쬬 -에쯔스루

상상을 초월하다
サンサンウル チョウォルハダ

## そしき（組織）
소 시 끼

## 조직
チョジク

組織を強化する
소시끼오 교-까스루

조직을 강화하다
チョジグル カンファハダ

組織の一員
소시끼노 이찌잉

조직의 일원
チョジゲ イルォン

組織を切り回す
소시끼오 기 리 마와스

조직을 좌우하다
チョジグル チャウハダ

そだてる（育てる）
소 다 떼 루

양육하다, 키우다
ヤンユゥカダ　キウダ

人材を育てる
진자이 오 소다떼 루

인재를 양육하다
インジェルル ヤンユゥカダ

大きく育てる
오ー끼꾸 소다떼 루

크게 키우다
クゲ　キウダ

立派に育てた
립빠 니 소다떼 따

훌륭하게 키웠다
フルリュンハゲ キウォッタ

**さ**

そつぎょう（卒業）
소 쯔 교ー

졸업
チョロプ

卒業証書
소쯔교ー쇼ー쇼

졸업 증서
チョロプ チュンソ

卒業式に参加する
소쯔교ー시끼니 상 까 스 루

졸업식에 참가하다
チョロプシゲ　チャムガハダ

大学を卒業する
다이가꾸오 소쯔교ー스루

대학을 졸업하다
テハグル　チョロプパダ

そと（外）
소 또

바깥, 밖, 겉
パカッ　パク　コッ

外は寒い
소또와 사무이

바깥은 춥다
パカットゥン チュプタ

外に出よう
소또니 데 요ー

밖에 나가자
パッケ ナガジャ

外と内
소또또 우찌

겉과 안
コックァ アン

そなえる（備える）
소 나 에 루

준비하다, 갖추다
チュンビハダ　　カッチュダ

充分に備える
쥬ー분니 소나에루

충분히　준비하다
チュンブニ　チュンビハダ

いろいろ備えた
이 로 이 로 소나에 따

여러 가지 갖추었다
ヨロガジ　　カッチュオッタ

そら（空）
소 라

하늘
ハヌル

空は青い
소라와 아오이

하늘은 푸르다
ハヌルン　プルダ

すんだ空
슨 　다 소라

맑은 하늘
マルグン ハヌル

空を飛ぶ
소라오 도 부
하늘을 날다
ハヌルル　ナルダ

そろう（揃う）
소 로 우
모이다, 갖추어지다
モイダ　　カッチュオジダ

人が揃う
히또가 소로우
사람이 모이다
サラミ　　モイダ

準備が揃った
쥼비 가 소롣 따
준비가 갖추어졌다
チュンビガ　カッチュオジョッタ

みんな揃ったところで
민　　나소롣 따도꼬로뗴
모두 모인 데서
モドゥ　モイン　デソ

そんがい（損害）
송　가 이
손해
ソネ

損害をこうむる
송가이오 고ー　무 루
손해를 입다
ソネルル　イプタ

損害賠償
송가이 바이쇼ー
손해 배상
ソネ　　ペサン

大きな損害だ
오ー끼나 송가이다
큰 손해다
クン　ソネダ

そんざい（存在）
손　자 이
존재
チョンジェ

存在価値
손자이 가 찌
존재 가치
チョンジェ カチ

大きな存在だ
오ー끼 나 손자이 다
큰 존재다
クン チョンジェダ

彼の存在は貴重だ
가레노 손자이 와 기쬬ー다
그의 존재는 귀중하다
クエ　チョンジェヌン クィジュンハダ

【た】

た（田）
다
논
ノン

田を耕す
다 오 다가야스
논을 갈다
ノヌルル　カルダ

広い田畑
히로이 다하따

넓은 논밭
ノルプン ノンパッ

だいいち（第一）
다 이 이 찌

첫째, 제일
チョッチェ チェイル

第一の事件
다이이찌노 지 껭

첫째의 사건
チョッチェエ サコン

世界第一の詩人
세까이다이이찌노 시 징

세계 제일의 시인
セゲ　チェイレ　シイン

健康が第一だ
껭 꼬ー가 다이이찌다

건강이 제일이다
コンガンイ チェイリダ

た

たいおう（対応）
다 이 오ー

대응, 대비
テウン　テビ

気力に対応する体力
기료꾸니 다이오ー스루 다이료꾸

기력에 대응하는 체력
キリョゲ　テウンハヌン　チェリョク

交通事情に対応して
고ー쯔ー지죠ー니 다이오ー시 떼

교통 사정에 대비하여
キョトン サジョンエ テビハヨ

たいおん（体温）
다 이 옹

체온
チェオン

体温が低い
다이옹가 히꾸이

체온이 낮다
チェオニ　ナッタ

体温をはかる
다이옹오 하까루

체온을　재다
チェオヌル　チェダ

正常な体温
세ー죠ー나 다이옹

정상적인 체온
チョンサンジョギン　チェオン

だいがく（大学）
다 이 가 꾸

대학
テハク

大学で学ぶ
다이가꾸데 마나부

대학에서 배우다
テハゲソ　　ペウダ

大学に合格した
다이가꾸니 고ー까꾸시따

대학에 합격했다
テハゲ　　ハプキョッケッタ

大学を卒業する
다이가꾸오 소쯔교ー스루

대학을 졸업하다
テハグル　チョロプパダ

たいけい（体系）
다 이 께ー

체계
チェゲ

体系を確立する
다이께ー오 가꾸리쯔스루

체계를 확립하다
チェゲルル　ファンニプパダ

体系図を作る
だいっけーズ オ ッぬ

체계도를 만들다
チェゲドルル　マンドゥルダ

体系化した
だいっけーっか シ ッ

체계화하였다
チェゲファハヨッタ

## たいさく（対策）
だ い さ くっ

**대책**
テチェク

対策本部
だいさくっ ほ ぶ

대책 본부
テチェク　ポンブ

緊急対策を立てる
きんきゅーだいさくっオ　だ め る

긴급 대책을 세우다
キングブ　テチェグル　セウダ

決定的な対策をとる
げんめーっめっきな だいさくっオ ど る

결정적인 대책을 취하다
キョルチョンジョギン テチェグル チュィハダ

## だいじ（大事）
だ い じ

**대사, 소중함**
テサ　　ソジュンハム

大事を成す
だいじオ な す

대사를 이루다
テサルル　イルダ

大事に持っている
だいじに もっ　め い る

소중히 간수하다
ソジュンヒ　カンスハダ

大事に扱う
だいじに あっかう

소중히 다루다
ソジュンヒ タルダ

## たいしゅう（大衆）
だ い しゅー

**대중**
テジュン

大衆運動
だいしゅー うんどー

대중 운동
テジュン ウンドン

大衆性がある
だいしゅーせーが あ る

대중성이 있다
テジュンソンイ　イッタ

大衆を指導する
だいしゅーオ しどー す る

대중을 지도하다
テジュンウル　チドハダ

## たいしょう（対象）
だ い しょー

**대상**
テサン

評価の対象
ひょーっか の だいしょー

평가의 대상
ピョンカエ テサン

対象の把握をする
だいしょーの はあくっオ す る

대상의 파악을 하다
テサンエ　パアグル　ハダ

難しい対象だ
むずかしー だいしょーだ

어려운 대상이다
オリョウン　テサンイダ

た

だいじょうぶ(大丈夫)
다 이 죠ー 부

　もう大丈夫だよ
　모ー 다이죠ー 부다요

　大丈夫だから
　다이죠ー부 다 까 라

　一人で大丈夫かな
　히또리데 다이죠ー부 까 나

たいせつ(大切)
다 이 세 쯔

　大切なもの
　다이세쯔나 모 노

　大切なことはまず
　다이세쯔나 고 또 와 마 즈

　最も大切だ
　몯또모 다이세쯔다

たいてい(大抵)
다 이 떼ー

　大抵あっている
　다이떼ー앋 떼 이 루

　大抵そうだ
　다이떼ー 소ー 다

　大抵の場合は
　다이떼ー노 바ー이와

たいど(態度)
다 이 도

　態度が悪い
　다이도가 와루이

　主人らしい態度
　슈 진 라 시ー 다이도

　態度をあらためる
　다이도오 아 라 따 메 루

だいひょう(代表)
다 이 효ー

　代表取締役
　다이효ー 도라시마라야꾸

괜찮음, 걱정없음
クェンチャヌム　コクチョンオプスム

　이젠 괜찮아요
　イジェン　クェンチャナヨ

　걱정 없으니까
　コクチョン　オプスニッカ

　혼자서 괜찮을까?
　ホンジャソ　クェンチャヌルカ

귀중, 중요
クィジュン　チュンヨ

　귀중한 것
　クィジュンハン　ゴッ

　중요한 것은 우선
　チュンヨハン　ゴスン　ウソン

　가장 귀중하다
　カジャン　クィジュンハダ

대개, 대부분
テゲ　　　テブブン

　대개 맞다
　テゲ　マッタ

　대개 그렇다
　テゲ　クロッタ

　대부분의 경우는
　テブブネ　　キョンウヌン

태도
テド

　태도가 나쁘다
　テドガ　　ナプダ

　주인다운 태도
　チュインダウン　テド

　태도를 고치다
　テドルル　コチダ

대표
テピョ

　대표 취체역
　テピョ チュィチェヨク

(대표 이사)
テピョ イサ

我らの代表だ
와레라노 다이효—다

우리들의 대표다
ウリドゥレ　テピョダ

代表質問をする
다이효—시쯔몽오 스루

대표 질문을 하다
テピョ チルムヌル　ハダ

だいぶ(大分)
다 이 부

상당히, 꽤, 어지간히
サンダンヒ クェ オジガニ

大分うまくなった
다이부우마 꾸낟　따

상당히 좋아졌다
サンダンヒ チョアジョッタ

大分よくなる
다이부 요 꾸 나 루

꽤 좋아지다
クェ チョアジダ

大分できるな
다이부데 끼 루 나

어지간히 할 수 있네
オジガニ　　ハル ス インネ

たいへん(大変)
다 이 헹

큰 일, 매우, 몹시
ク ニル メウ　　モプシ

それは大変だ
소 레 와 다이헨다

그것은 큰 일이다
クゴスン ク ニリダ

大変美しい
다이헹우쯔꾸시—

매우 아름답다
メウ アルムダプタ

大変寒い
다이헹 사무이

몹시 춥다
モプシ チュプタ

たいりく(大陸)
다 이 리 꾸

대륙
テリュク

大陸を越える
다이리꾸오 고 에 루

대륙을 넘다
テリュグル ノムタ

大陸の国
다이리꾸노 구니

대륙의 나라
テリュゲ　ナラ

大陸性気候だ
다이리꾸세—기꼬—다

대륙성 기후다
テリュクソン キフダ

たいりつ(対立)
다 이 리 쯔

대립
テリプ

反対派との対立
한따이하또노 다이리쯔

반대파와의 대립
パンデパワエ　　テリプ

対立する勢力がある
다이리쯔스루 세—료꾸가 아 루

대립하는 세력이 있다
テリプパヌン セリョギ イッタ

たえる(耐える)
다에루

痛みを耐える
이따미오 다에루

耐えられない
다에라레나이

もう少し耐えよう
모— 스꼬시 다에요—

참다
チャムタ

아픔을 참다
アプムル　チャムタ

참을 수 없다
チャムルス　オプタ

좀 더 참자
チョムト　チャムチャ

たかい(高い)
다 까이

高い山
다까이 야마

熱が高い
네쯔가 다까이

背の高い人
세노 다까이 히또

높다, 크다
ノプタ　クダ

높은 산
ノプン　サン

열이 높다
ヨリ　　ノプタ

키 큰 사람
キ　クン サラム

たかめる(高める)
다 까메루

地位を高める
찌이 오 다까메루

密度を高める
미쯔도오 다까메루

温度を高めなくては
온도오 다까메 나꾸메 와

높이다
ノピダ

지위를 높이다
チウィルル ノピダ

밀도를 높이다
ミルトルル ノピダ

온도를 높이지 않으면
オンドルル ノピジ　　アヌミョン

だきょう(妥協)
다 꾜 —

非妥協的だ
히다꾜—메끼 다

適当に妥協する
데끼또—니 다꾜— 스루

妥協案を考える
다꾜—앙오 강가에루

타협
タヒョブ

비타협적이다
ピタヒョブチョギダ

적당히 타협하다
チョクタンヒ タヒョブパダ

타협안을 생각하다
タヒョバヌル　センカクカタ

たくさん(沢山)
다 꾸상

もう沢山です
모— 다꾸산데스

충분함, 많음
チュンブナム マヌム

이젠 충분합니다
イジェン チュンブナムニダ

沢山あるね
다꾸상아루네

많이 있어요
マニ　イッソョ

沢山準備した
다꾸 줌비시 따

충분히 준비했다
チュンブニ　チュンビヘッタ

**たすける**（助ける）
다스깨루

**살리다, 구조하다**
サルリダ　クジョハダ

人を助ける
히또오 다스깨루

사람을 살리다
サラムル　サルリダ

早く助けなくては
하야꾸 다스깨 나 꾸 떼 와

빨리 구조하지 않으면
パルリ　クジョハジ　アヌミョン

助けて下さい
다스깨떼 구다사이

살려 주세요
サルリョ　ジュセヨ

**たずねる**（訪ねる/尋ねる）
다즈네루

**방문하다, 묻다, 찾다**
パンムナダ　ムッタ　チャッタ

家を訪ねる
이에오 다즈네루

집을 방문하다
チブル　パンムナダ

道を尋ねる
미찌오 다즈네루

길을 묻다
キルル　ムッタ

住所を尋ねる
쥬―쇼오 다즈네루

주소를 찾다
チュソルル　チャッタ

**たたかう**（戦う）
다 따 까 우

**싸우다, 다투다**
サウダ　タトゥダ

敵と戦う
데끼또 다따까우

적과 싸우다
チョックァ　サウダ

兄弟同士戦うな
교―다이도―시다따까우나

형제끼리 다투지 마세요
ヒョンジェキリ　タトゥジ　マセヨ

自分と戦う
지분 또 다따까우

자기와 싸우다
チャギワ　サウダ

**ただしい**（正しい）
다다시―

**옳다, 바르다**
オルタ　パルダ

正しいこたえ
다다시― 고 따 에

옳은 대답
オルン　テダブ

正しい姿勢をする
다다시― 시세―오 스루

바른 자세를 하다
パルン　チャセルル　ハダ

彼の意見は正しい
가레노 이 껭 와 다다시―

그의 의견은 옳다
クエ　ウィギョヌン　オルタ

## たちば(立場)
다 찌 바

| 입장 |
| --- |
| イプチャン |

立場が違う
다찌바가 찌가우

입장이 다르다
イプチャンイ　タルダ

悪い立場だ
와루이 다찌바다

나쁜 입장이다
ナプン　イプチャンイダ

立場上の問題ではない
다찌바죠ー노 몬다이데 와　나 이

입장상의 문제가 아니다
イプチャンサンエ　ムンジェガ　アニダ

## たつ(立つ/建つ)
다 쯔

| 서다, 일어서다 |
| --- |
| ソダ　　イロソダ |

ビルが建つ
비 루 가 다 쯔

빌딩이 서다
ビルディンイ ソダ

席から立つ
세끼까라 다 쯔

자리에서 일어서다
チャリエソ　イロソダ

前に立つ
마에니 다 쯔

앞에 서다
アペ　ソダ

## たてる(立てる)
다 떼 루

| 세우다 |
| --- |
| セウダ |

看板を立てる
감 방 오 다 떼 루

간판을 세우다
カンパヌル セウダ

目標を立てる
모꾸효ー오 다 떼 루

목표를 세우다
モクピョルル セウダ

人を立てた
히또오 다 떼 따

사람을 세웠다
サラムル　セウォッタ

## たのしい(楽しい)
다 노 시ー

| 즐겁다 |
| --- |
| チュルゴプタ |

楽しい遠足
다노시ー 엔소꾸

즐거운 소풍
チュルゴウン ソプン

楽しい思い出
다노시ー 오모이데

즐거운 추억
チュルゴウン チュオク

今日は楽しかった
교ー　와 다노시 깓　　따

오늘은 즐거웠다
オヌルン　チュルゴウォッタ

## たのむ(頼む)
다 노 무

| 부탁하다 |
| --- |
| プタッカダ |

仕事を頼む
시고또오 다노무

일을 부탁하다
イルル　プタッカダ

頼むからおしえてくれ
다노무까라 오시에떼구레
부탁이니 가르쳐 줘요
プタギニ　カルチョ　ジュォヨ

頼みをきく
다노미오 기꾸
부탁을 듣다
プタグル　トゥッタ

## タバコ
다바꼬
## 담배
タムベ

タバコ一箱下さい、
다바꼬 히또하꼬 구다사이
담배 한 갑 주세요
タムベ ハン ガプ チュセヨ

タバコを吸おう
다바꼬오스오ー
담배를 피웁시다
タムベルル　ピウプシダ

タバコは体に害である
다바꼬와 가라다니 가이데아루
담배는 몸에 해롭다
タムベヌン モメ　ヘロプタ

## たべる(食べる)
다베루
## 먹다
モクタ

ご飯を食べる
고항오 다베루
밥을 먹다
パブル モクタ

食べたものを消化する
다베따모노오 쇼ー까스루
먹은 것을 소화하다
モグン ゴスル ソファハダ

豪華な料理を食べた
고ー까나 료ー리오　다베따
호화로운 요리를 먹었다
ホファロウン ヨリルル　モゴッタ

## たまご(卵)
다마고
## 알, 달걀
アル タルギャル

卵をうむ
다마고오 우무
알을 낳다
アルル　ナッタ

卵を食べる
다마고오 다베루
달걀을 먹다
タルギャルル モクタ

卵を割る
다마고오 와루
알을 깨다
アルル　ケダ

## たもつ(保つ)
다모쯔
## 유지하다
ユジハダ

水準を保つ
스이즁오 다모쯔
수준을 유지하다
スジュヌル ユジハダ

健康を保つ
겡꼬ー오 다모쯔
건강을 유지하다
コンガンウル ユジハダ

## たよる(頼る)
다요루
## 의지하다
ウィジハダ

彼に頼る
가레니 다요루

그에게 의지하다
クエゲ ウィジハダ

互いに頼る仲だ
다가이니 다요루 나까다

서로 의지하는 사이다
ソロ ウィジハヌン サイダ

私にあんまり頼るな
와따시니 암 마 리 다요루나

나에게 너무 의지하지
ナエゲ ノム ウィジハジ

마라
マラ

**たりる**(足りる)
다 리 루

**족하다**
チョクカダ

まだ足りない
마다 다 리 나 이

아직 족하지 않다
アジク チョクカジ アンタ

充分に足りる
쥬ー분니 다 리 루

충분히 족하다
チュンプニ チョクカダ

**だれ**(誰)
다 레

**누구**
ヌグ

誰だ
다레다

누구냐?
ヌグニャ

誰か来たの
다레까기 따 노

누가 왔니?
ヌガ ワッニ

忘れたのは誰ですか
와스레따 노 와 다레 데스 까

잊은 사람은
イジュン サラムン

누구입니까?
ヌグイムニカ

**たんい**(単位)
당 이

**단위, 학점**
タヌィ ハクチョム

100の単位
햐꾸노 당이

100의 단위
ペゲ タヌィ

単位当たりの計算
당 이 아 따 리 노 게ー상

단위당 계산
タヌィダン ケサン

単位をとる
당 이 오 도 루

학점을 따다
ハクチョムル タダ

**だんかい**(段階)
당 까 이

**단계**
タンゲ

段階を踏む
당까이오 후 무

단계를 밟다
タンゲルル パルタ

第一段階
だいいっち だんがい
제일 단계
チェイル タンゲ

段階があがる
だんがいが あ が る
단계가 오르다
タンゲガ オルダ

たんじゅん（単純）
だん じゅん
단순
タンスン

答えは単純だ
こたえは だん じゅん だ
답은 단순하다
タブン タンスナダ

単純明快だ
だん じゅん めー かいだ
단순 명쾌하다
タンスン ミョンクェハダ

単純な方法
だん じゅん な ほー ほー
단순한 방법
タンスナン パンボプ

たんじょう（誕生）
だん じょー
탄생
タンセン

新たな誕生
あらた な だん じょー
새로운 탄생
セロウン タンセン

誕生日を迎える
だん じょー び お むかえる
탄생일을 맞이하다
タンセンイルル マジハダ

生物の誕生は神秘的である
せーぶつの だん じょーわ しんぴてきで ある
생물의 탄생은 신비하다
センムレ タンセンウン シンビハダ

だんたい（団体）
だん たい
단체
タンチェ

団体役員
だんたい やくいん
단체 임원
タンチェ イムォン

団体に加入する
だんたいに かにゅー する
단체에 가입하다
タンチェエ カイプパダ

団体行動をする
だんたい こーどーお する
단체 행동을 하다
タンチェ ヘンドンウル ハダ

# 【ち】

ち（血）
ち
피
ピ

血の出るような
찌노데루요―나
피가 나올 것 같은
ピガ　ナオル　コッ　カトゥン

血と汗の結晶
찌또 아세노 겟쑈―
피와 땀의 결정
ピワ　タメ　キョルチョン

血が沸く
찌가 와꾸
피가 끓다
ピガ　クルタ

**ち**(地)
찌
**땅**
タン

地に墜ちる
찌니오찌루
땅에 떨어지다
タンエ　トロジダ

足が地に着いていない
아시가 찌니 쯔이떼이나이
발이 땅에 닿지 않다
パリ　タンエ タッチ アンタ

地の果て
찌노하떼
땅의 끝
タンエ クッ

**ちい**(地位)
찌이
**지위**
チウィ

確立した地位
가꾸리쯔시따 찌이
확립된 지위
ファンニプテン チウィ

地位が上がった
찌이가아갇 따
지위가 올랐다
チウィガ　オルラッタ

**ちいさい**(小さい)
찌― 사이
**작다**
チャクタ

小さい手
찌―사이데
작은 손
チャグン ソン

小さい車に乗る
찌―사이 구루마니 노루
작은 차를 타다
チャグン チャルル タダ

**ちかい**(近い)
찌까이
**가깝다**
カカッタ

近い所
찌까이 도꼬로
가까운 데
カカウン　デ

学校は近い
각꼬―와 찌까이
학교는 가깝다
ハクキョヌン カカッタ

近くに住んでいる
찌까꾸니 슨 데이루
가까이 살고 있다
カカイ　サルゴ　イッタ

**ちがう**(違う)
찌가우
**다르다, 틀리다**
タルダ　トゥルリダ

考えが違う
강가에가 찌가우
생각이 다르다
センガギ　タルダ

答えが違うよ
고따에가 찌가우요
답이 틀려요
タビ　トゥルリョヨ

違った見解を持つ
찌간 따 겡까이오 모쯔
다른 견해를 가지다
タルン　キョネルル　カジダ

## ちから（力）
찌 까 라
## 힘
ヒム

力持ち
찌까라모찌
힘 장사
ヒム　ジャンサ

力がない
찌까라가 나 이
힘이 없다
ヒ ミ　オプタ

力強い機械だね
찌까라즈요이 기까이 다 네
힘 센 기계로군
ヒム　セン　キゲログン

## ちしき（知識）
찌 시 끼
## 지식
チシク

百科事典は知識の宝庫だ
학 까 지 몡 와 찌 시 끼노 호ー꼬 다
백과 사전은 지식의
ペクァ　サジョヌン　チシゲ

보고다
ポゴダ

知識を蓄積する
찌시끼오 찌꾸세끼스루
지식을 축적하다
チシグル　チュクチョッカダ

知識が多い
찌시끼 가 오ー이
지식이 많다
チシギ　マンタ

## ちず（地図）
찌 즈
## 지도
チド

地図を書く
찌 즈 오 가 꾸
지도를 그리다
チドルル　クリダ

作った地図を見る
쯔꾿 따 찌즈오 미루
만든 지도를 보다
マンドゥン チドルル　ポダ

世界の地図
세까이노 찌 즈
세계의 지도
セゲエ　チド

## ちち（父）
찌 찌
## 아버지
アボジ

父と一緒に行く
찌 찌 또 잇쑈니 이 꾸
아버지와 같이 가다
アボジワ　カッチ　カダ

父と会う
찌찌또 아 우

아버지와 만나다
アボジワ　　　マンナダ

父を失った
찌찌오 우시날 따

아버지를 잃었다
アボジルル　　イロッタ

**ちつじょ**（秩序）
찌쯔죠

**질서**
チルソ

秩序を保つ
찌쯔죠오 다모쯔

질서를 유지하다
チルソルル　ユジハダ

秩序に従う
찌쯔죠니 시따가우

질서에 따르다
チルソエ　　タルダ

間違った秩序をただす
마 찌 간 따 찌쯔죠오 다 다 스

틀린 질서를 바로잡다
トゥルリン　チルソルル　　パロチャプタ

**ちほう**（地方）
찌 호-

**지방**
チバン

地方自治会
찌호- 지찌까이

지방 자치회
チバン　チャチフェ

南の地方
미나미노찌호-

남쪽 지방
ナムチョク　チバン

地方に住む
찌호-니 스 무

지방에 살다
チバンエ　サルダ

**ちゃわん**（茶碗）
쨔　왕

**찻잔, 공기, 그릇**
チャッチャン　コンギ　クルッ

茶碗一つ下さい
쨔 왕 히또쯔 구다사이

찻잔 하나 주세요
チャッチャン　ハナ　チュセヨ

茶碗に入れなさい
쨔 완니 이레나사이

공기에 담으시오
コンギエ　タムシオ

茶碗を持ち上げるな
쨔 왕오 모찌아게루나

그릇을 들지 마세요
クルスル　トゥルジ　マセヨ

**チャンス**
쨘　스

**찬스, 기회**
チャンス　キフェ

今がチャンスだ
이마가 쨘　스다

지금이 찬스다
チグミ　　チャンスダ

いいチャンスだね
이- 쨘　스다네

좋은 기회이군요
チョウン　キフェイグニョ

チャンスが訪れた
쨘　스가 오또즈레따

기회가 왔다
キフェガ　ワッタ

## ちゅうしん（中心）
쮸ー싱

中心的人物だ
쮸ー신떼끼 짐부쯔다

中心に位置する
쮸ー신니 이찌스루

## ちょうさ（調査）
죠ー사

土地を調査する
도찌오 죠ー사스루

あの人は調査主任だ
아노 히또와 죠ー사 슈닌다

調査を徹底的に行う
죠ー사 오 뗄 떼ー떼끼니오꼬나우

## ちょうし（調子）
죠ー시

調子がいい（体）
죠ー시 가 이ー

音の調子をあわせる
오또노 죠ー시 오 아 와 세 루

踊りの調子が絶妙だ
오도리노 죠ー시 가 제쯔묘ー다

## ちょうど（丁度）
죠ー 도

丁度出かけようとしたと
죠ー도 데 까 께 요ー 또 시 따 도

ころだ
꼬로다

丁度出会った
죠ー도 데 앗 따

丁度今から始まる
죠ー도이마까라 하지마루

## ちょくせつ（直接）
죠 꾸새쯔

直接対話する
죠꾸세쯔 다이와스루

## 중심
チュンシム

중심적 인물이다
チュンシムチョク インムリダ

중심에 위치하다
チュンシメ ウィチハダ

## 조사
チョサ

토지를 조사하다
トジルル　チョサハダ

저 사람은 조사 주임이다
チョ サラムン チョサ チュイミダ

조사를 철저히 하다
チョサルル　チョルチョヒ ハダ

## 상태, 곡조, 가락
サンテ コクチョ　カラク

상태가 좋다（몸）
サンテガ　チョッタ モム

소리의 곡조를 맞추다
ソリエ　　コクチョルル マッチュダ

춤가락이 절묘하다
チュムカラギ　チョルミョハダ

## 마침
マチム

마침 나가려고 하던
マチム　ナガリョゴ　ハドン

참이다
チャミダ

마침 잘 만났다
マチム チャル マンナッタ

마침 지금부터 시작된다
マチム チグムブット シジャッテンダ

## 직접
チクチョプ

직접 대화하다
チクチョプ テファハダ

た

| 直接対決だ<br>죠꾸세쯔 다이께쯔다 | 직접 대결이다<br>チッチョブ テギョリダ |
| 直接交渉をする<br>죠꾸세쯔 고ー쇼ー오스루 | 직접 교섭하다<br>チッチョブ キョソブハタ |

## 【ㅊ】

<table>
<tr><td>た</td><td colspan="2"></td></tr>
</table>

| ついきゅう (追及)<br>쯔이뀨ー | 추궁<br>チュグン |
| 問題を追及する<br>몬다이오 쯔이뀨ー스루 | 문제를 추궁하다<br>ムンジェルル チュグンハダ |
| 責任を追及した<br>세끼닝오 쯔이뀨ー시 따 | 책임을 추궁하였다<br>チェギムル チュグンハヨッタ |
| ついに (遂に)<br>쯔이니 | 드디어, 끝끝내<br>トゥディョ クックンネ |
| 遂に完成を見た<br>쯔이니 간세ー오 미 따 | 드디어 완성을 봤다<br>トゥディョ ワンソンウル パッタ |
| 遂に現われなかった<br>쯔이니 아라와레나 깐 따 | 끝끝내 나타나지 않았다<br>クックンネ ナタナジ アナッタ |
| 遂に口をきかなかった<br>쯔이니 구찌오 기 까나 깐 따 | 끝끝내 말을 하지 않았다<br>クックンネ マルル ハジ アナッタ |
| つうじる (通じる)<br>쯔ー 지루 | 통하다<br>トンハダ |
| 心が通じる<br>고꼬로가 쯔ー지루 | 마음이 통하다<br>マウミ トンハダ |
| 道が通じる<br>미찌가 쯔ー지 루 | 길이 통하다<br>キリ トンハダ |
| 話が通じない<br>하나시가 쯔ー지나 이 | 말이 통하지 않는다<br>マリ トンハジ アンヌンダ |
| つうしん (通信)<br>쯔ー 싱 | 통신<br>トンシン |
| 通信を送る<br>쯔ー싱오 오꾸루 | 통신을 보내다<br>トンシヌル ポネダ |

通信社の記者です
쯔-신샤노 기 샤 데 스

통신사의 기자입니다
トンシンサエ　キジャイムニダ

通信記事
쯔-싱 기 지

통신 기사
トンシン　キサ

## つうち（通知）
쯔- 찌

## 통지
トンジ

通知預金
쯔-찌요 낑

통지 예금
トンジ　イェグム

通知のあり次第
쯔-찌노 아 리 시다이

통지가 있는 대로
トンジガ　インヌン　デロ

うれしい通知
우 레 시-　쯔-찌

기쁜 통지
キプン　トンジ

## つかう（使う）
쯔 까 우

## 쓰다
スダ

お金を使う
오 까 네 오 쯔까우

돈을 쓰다
トヌル　スダ

使ってしまった
쯔깐 뗴 시 맏　따

써 버렸다
ソ　ポリョッタ

かってに使わないで
간　뗴 니 쯔까와나 이 데

멋대로 쓰지 마세요
モッテロ　スジ　マセヨ

## つかまえる（捕まえる）
쯔 까 마 에 루

## 꽉 쥐다, 붙잡다
クァク チュィダ　プッチャプタ

首を捕まえる
구비오 쯔까마 에 루

쥐를 꽉 쥐다
チュィルル クァク チュィダ

ねずみを捕まえる
네 즈 미 오 쯔까마 에 루

목을 붙잡다
モグル　プッチャプタ

## つかむ
쯔 까 무

## 쥐다, 붙잡다
チュィダ プッチャプタ

お金をつかむ
오까네오 쯔 까 무

돈을 쥐다
トヌル　チュィダ

そでをつかんだ
소 데 오 쯔깐　다

소매를 붙잡았다
ソメルル　プッチャパッタ

## つかれ（疲れ）
쯔 까 레

## 피로, 지침
ピロ　　チチム

疲れをしらない
쯔까레오 시 라 나 이

피로를 모르다
ピロルル　　モルダ

た

体が疲れる
가라다가 쯔까레루

몸이 지치다
モミ　チチダ

とても疲れた
도 떼 모 쯔까레따

몹시 피로했다
モッシ　ピロヘッタ

## つき（月）
쯔끼

## 달, 월
タル　ウォル

月をながめる
쯔끼오 나 가 메 루

달을 바라보다
タルル　パラボダ

ひと月がたつ
히 또 쯔끼가다 쯔

한달이 지나다
ハンダリ　チナダ

1月から2月になった
이찌가쯔까라 니가쯔니 낟　　따

정월에서 이월이 되었다
チョンウォレソ　イウォリ　テオッタ

## つく（着く）
쯔 꾸

## 닿다, 도착하다
タッタ　トチャッカダ

目的地に着く
목떼끼찌니 쯔 꾸

목적지에 닿다
モクチョクチエ　タッタ

駅に着いた
에끼니 쯔 이 따

역에 도착하였다
ヨゲ　トチャッカヨッタ

## つくる（作る）
쯔 꾸 루

## 만들다
マンドゥルダ

模型を作る
모께ー오 쯔꾸루

모형을 만들다
モヒョンウル マンドゥルダ

料理を作った
료ー리오 쯔꾿 따

요리를 만들었다
ヨリルル　マンドゥロッタ

## つける（付ける）
쯔 께 루

## 붙이다
プッチダ

紙に付ける
가미니 쯔 께 루

종이에 붙이다
チョンイエ プッチダ

服に付けた
후꾸니 쯔 께 따

옷에 붙였다
オセ　プッチョッタ

## つごう（都合）
쯔 고ー

## 형편, 사정
ヒョンピョンサジョン

都合はどうですか
쯔고ー와 도ー 데 스 까

형편은 어떻습니까 ?
ヒョンピョヌン オットッスムニカ

都合がよくない
쯔 고ー가 요 꾸 나 이

사정이 좋지 않다
サジョンイ　チョッチ　アンタ

つたえる（伝える）
쯔 따 에 루

話を伝える
하나시오 쯔따에루

よく伝えて下さい
요 꾸 쯔따에떼 구다사이

消息を伝えた
쇼―소꾸오 쯔따 에 따

つち（土）
쯔 찌

土を踏む
쯔찌오 후 무

土をつかむ
쯔찌오 쯔 까 무

土をたがやした
쯔찌오 다 가 야 시 따

つづく（続く）
쯔 즈 꾸

かんばつが続く
감　바 쯔 가 쯔즈꾸

連日続ける
렌지쯔 쯔즈께루

悲劇が続いた
히게끼가 쯔즈이따

つとめる（勤める／努める）
쯔 또 메 루

会社に勤める
가이샤 니 쯔또메루

詩作に努める
시사꾸니 쯔또메루

以前勤めた新聞社だ
이젠쯔또메따　심 분 샤 다

つま（妻）
쯔 마

妻を愛する
쯔마오 아이스루

전하다
チョナダ

이야기를 전하다
イヤギルル　　チョナダ

잘 전해 주세요
チャル チョネ ジュセヨ

소식을 전했다
ソシグル　　チョネッタ

땅, 흙
タン フク

땅을 밟다
タンウル バルタ

흙을 쥐다
フクグル　チュィダ

땅을 일구었다
タンウル イルグオッタ

계속되다
ケソクテダ

가뭄이 계속되다
カムミ　　ケソクテダ

연일 계속하다
ヨニル ケソッカダ

비극이 계속되었다
ピグギ　　ケソクテオッタ

근무하다, 열심히 하다
クンムハダ　　ヨルシミ　ハダ

회사에 근무하다
フェサエ　クンムハダ

시창작을 열심히 하다
シチャンジャグル ヨルシミ　ハダ

이전에 근무한 신문사다
イジョネ クンムハン シンムンサダ

처, 아내
チョ アネ

처를 사랑하다
チョルル サランハダ

私の妻
와따시노 쯔마

나의 처
ナエ　チョ

妻と相談してから
쯔마또 소ー단시 메 까 라

아내와 상의해서
アネワ　　サンウィヘソ

## つまらない
쯔 마 라 나 이

## 하찮다, 재미없다
ハチャンタ　チェミオプタ

つまらない事だ
쯔 마 라 나 이 고또다

하찮은 일이다
ハチャヌン イリダ

つまらない話
쯔 마 라 나 이 하나시

재미없는 이야기
チェミオムヌン イヤギ

この映画はつまらない
고 노 에ー가와 쯔 마 라 나 이

이 영화는 재미없다
イ ヨンファヌン　チェミオプタ

## つみ(罪)
쯔 미

## 죄
チェ

罪の意識がない
쯔미노 이시끼 가 나 이

죄의식이 없다
チェウィシギ　　オプタ

重い罪だ
오모이 쯔미다

무거운 죄다
ムゴウン　チェダ

罪を負った
쯔미오 옫　　따

죄를 졌다
チェルル チョッタ

## つめたい(冷たい)
쯔 메 따 이

## 차다
チャダ

空気が冷たい
구ー끼 가 쯔메따이

공기가 차다
コンギガ　　チャダ

冷たい風が吹く
쯔메 따 이 가제가 후 꾸

찬 바람이 불다
チャンパラミ　　ブルダ

冷たい水を飲んだ
쯔메따이 미즈오 논　　　다

찬 물을 마셨다
チャン・ムルル マショッタ

## つもる(積る)
쯔 모 루

## 쌓이다
サイダ

雪が積る
유끼가 쯔모루

눈이 쌓이다
ヌニ　サイダ

積ったうっぷん
쯔몯 따움　　뿡

쌓인 울분
サイン ウルブン

## つよい(強い)
쯔 요 이

## 세다, 강하다
セダ　　カンハダ

力が強い
찌까라가 쯔요이

힘이 세다
ヒミ　セダ

強い心を持つ
쯔요이 고꼬로오 모 쯔

강한 마음을 가지다
カンハン マウムル　カジダ

強い人だった
쯔요이 히또 닫 따

강한 사람이었다
カンハン サラミオッタ

**つよめる（強める）**
쯔요메루

**강하게 하다, 세게 하다**
カンハゲ　ハダ　セゲ　ハダ

力を強める
찌까라오 쯔요메루

힘을 강하게 하다
ヒムル　カンハゲ　ハダ

衝撃を強めた
쇼ー게끼오 쯔요메따

충격을 강하게 했다
チュンギョグル カンハゲ　ヘッタ

圧力をより強める
아쯔료꾸오 요 리 쯔요메루

압력을 보다 세게하다
アムニョグル ポダ　セゲハダ

た

# 【て】

**て（手）**
데

**손**
ソン

手を洗う
데 오 아라우

손을 씻다
ソヌル　シッタ

手をあげる
데 오 아게 루

손을 들다
ソヌル　トゥルダ

汚ない手だ
기따나이 떼 다

더러운 손이다
トロウン　ソニダ

**ていこう（抵抗）**
데ー 꼬ー

**저항**
チョハン

圧政に抵抗する
앗세ー니 데ー꼬ー스루

압정에 저항하다
アプチョンエ チョハンハダ

市民の抵抗
시 민 노 데ー꼬ー

시민의 저항
シミネ　チョハン

**ていど（程度）**
데ー 도

**정도**
チョンド

程度問題である
데―도 몬다이데 아 루

정도 문제이다
チョンド ムンジェイダ

ある程度妥協も必要だ
아 루 떼―도다꾜―모 히쯔요―다

어느 정도 타협도
オヌ　チョンド タヒョプト

필요하다
ピリョハダ

程度が低い
데―도가 히꾸이

정도가 낮다
チョンドガ ナッタ

**ていねい**(丁寧)
데― 네―

**친절함, 정중함**
チンジョラム チョンジュンハム

丁寧に教える
데―네―니 오시에루

친절히 가르치다
チンジョリ カルチダ

丁寧に対する
데―네―니 다이스루

정중히 대하다
チョンジュヒ テハダ

彼は丁寧にしゃべった
가레와 데―네―니 샤 벳 따

그는 정중히 말했다
クヌン チョジュンヒ マレッタ

**でかける**(出掛ける)
데 까께루

**외출하다, 나가다**
ウェチュラダ ナガダ

今日は出掛ける
교― 와데 까께루

오늘은 외출한다
オヌルン　ウェチュランダ

散歩に出掛ける
삼 뽀니데 까께루

산책하러 나가다
サンチェッカロ　ナガダ

出掛けるところに客が
데 까께루 도 꼬 로니 갸꾸가

나가려고 하는 데 손님이
ナガリョゴ　ハヌン デ ソンニミ

来た
기 따

왔다
ワッタ

**てがみ**(手紙)
데 가 미

**편지, 서한**
ピョンジ ソハン

手紙の返事
데가미노 헨 지

편지의 답장
ピョンジエ タプチャン

手紙を書く
데가미오 가 꾸

편지를 쓰다
ピョンジルル スダ

手紙が来た
데가미가 기 따

서한이 왔다
ソハニ　　ワッタ

**てき**(敵)

**적**
チョク

敵意
데끼이

적의
チョギ

敵軍
데끼궁

적군
チョックン

敵にまわす
데끼니 마 와 스

적에 넘기다
チョゲ ノムギダ

**テキスト**
데 끼 스 또

**교재, 텍스트**
キョジェ　テクストゥ

テキストで勉強する
데 끼 스 또 데 벵꾜ー스 루

교재로 공부하다
キョジェロ　コンブハダ

テキストを販売する
데 끼 스 또 오 함바이 스 루

텍스트를 판매하다
テクストゥルル　パンメハダ

このテキストはわかりや
고노 데끼스 또와 와까리 야

すい
스이

이 텍스트는 알기 쉽다
イ　テクストゥヌン　アルギ　スィブタ

**てきとう**(適当)
데 끼 또ー

**적당**
チョクタン

適当に買おう
데끼또ー니 가 오ー

적당히 사자
チョクタンヒ サジャ

適当に言う
데끼또ー니 유ー

적당히 말하다
チョクタンヒ　マラダ

適当な量だ
데끼또ー나 료ー다

적당한 양이다
チョクタンハン ヤンイダ

**できる**(出来る)
데 끼 루

**생기다, 되다, 할 수 있다**
センギダ　テダ　ハルス イッタ

お金が出来る
오까네가 데 끼 루

돈이 생기다
トニ　センギダ

うまく出来る
우 마 꾸 데 끼 루

잘 되다
チャル テダ

仕事が出来る
시고또가 데 끼 루

일을 할 수 있다
イルル　ハルス イッタ

**テスト**
테 스 또

**테스트**
テストゥ

テストの点数
테 스 또 노 뗀 스ー

테스트 점수
テストゥ　チョムス

テストの要領
테 스 또 노 요-료-

테스트의 요령
テストゥエ ヨリョン

テストに合格した
테 스 또 니 고-까꾸시따

테스트에 합격했다
テストゥエ ハプキョクケッタ

**デパート**
데 빠- 또

**백화점**
ペクァジョム

近くにデパートがある
찌까꾸니 데 빠- 또 가 아루

근처에 백화점이 있다
クンチョエ ペクァジョミ イッタ

デパートで服を買う
데 빠- 또데 후꾸오 가우

백화점에서 옷을 사다
ペクァジョメソ オスル サダ

デパートが開店した
데 빠- 또 가 가이뗀시 따

백화점이 개점하였다
ペクァジョミ ケジョマヨッタ

**でる(出る)**
데 루

**나가다, 나오다**
ナガダ ナオダ

外に出る
소또니 데 루

밖에 나가다
パッケ ナガダ

学校を出る
각꼬-오 데 루

학교에서 나오다
ハッキョエソ ナオダ

家を出た
이에오 데 따

집을 나갔다
チブル ナガッタ

**テレビ**
테 레 비

**텔레비전, 티비(TV)**
テルレビジョン ティビ

テレビを見る
테 레 비 오 미 루

텔레비전을 보다
テルレビジョヌル ポダ

テレビ番組
테 레 비 방구미

티비(TV)프로
ティビ プロ

テレビはたくさん普及
테 레 비 와 다꾸상 후뀨-

텔레비전은 많이
テルレビジョヌン マニ

した
시 따

보급되었다
ポグプテオッタ

**でんき(電気)**
뎅 끼

**전기**
チョンギ

電気器具
뎅 끼 기 구

전기 기구
チョンギ キグ

電気を使う
뎅 끼 오 쓰까우

전기를 쓰다
チョンギルル スダ

た

電気を節約する
뎅 끼 오 세쯔야꾸스루

전기를 절약하다
チョンギルル　チョリャッカダ

## でんし（電子）
덴　시

## 전자
チョンジャ

電子計算機
덴 시 게ー산 끼

전자 계산기
チョンジャ ケサンギ

電子の構造を研究する
덴 시 노 고ー조ー오 겡뀨ー 스루

전자의 구조를 연구하다
チョンジャエ クジョルル　ヨングハダ

電子顕微鏡で見る
덴 시 겜 비꾜ー데 미 루

전자 현미경으로 보다
チョンジャ ヒョンミギョンウロ　ポダ

## でんとう（伝統）
덴　또ー

## 전통
チョントン

伝統的に強い
덴또ー떼끼니 쯔요이

전통적으로 강하다
チョントンジョグロ　カンハダ

伝統工芸
덴또ー꼬ー게ー

전통 공예
チョントン コンイェ

いい伝統を持っている
이ー 덴또ー오 몯　몌이 루

좋은 전통을 가지고 있다
チョウン チョントンウル カジゴ イッタ

## でんぽう（電報）
뎀　뽀ー

## 전보
チョンボ

電話電報を打つ
뎅 와 뎀 뽀ー오 우 쯔

전화 전보를 치다
チョヌァ チョンボルル チダ

電報を配達する
뎀 뽀ー오 하이따쯔스루

전보를 배달하다
チョンボルル ペダルハダ

お祝い電報をもらう
오이와이 뎀 뽀ー오 모 라 우

축하 전보를 받다
チュッカ チョンボルル パッタ

## でんわ（電話）
뎅　와

## 전화
チョヌァ

電話をかける
뎅 와 오 가 께 루

전화를 걸다
チョヌァルル コルダ

電話交換手
뎅 와 고ー깐 슈

전화 교환수
チョヌァ キョファンス

電話番号を教える
뎅 와 방 고ー오 오시에루

전화 번호를 가르쳐
チョヌァ ポノルル　カルチョ

　주다
ジュダ

た

# 【と】

と（戸）
도

　雨戸
　아마도

　ガラス戸
　가라스도

　戸を締める
　도오시메루

ドア
도아

　ドアを開ける
　도아오아께루

　ドアを閉める
　도아오시메루

　ドアをノックする
　도아오녹 꾸스루

どう
도—

　どう作ればいいの
　도— 쯔꾸레 바이— 노

　どうころんでも損はし
　도— 꼬론 데모송와시

　　ないよ
　　나이요

　どうやってもうまくい
　도— 얄 떼모우마꾸이

　　かない
　　까나이

とういつ（統一）
도— 이쯔

　民族の統一
　민 조꾸노 도—이쯔

문
ムン

　덧문
　トンムン

　유리문
　ユリムン

　문을 닫다
　ムヌルタッタ

도어, 문
ドオ　ムン

　도어를 열다
　ドオルル　ヨルダ

　문을 닫다
　ムヌル　タッタ

　문을 두드리다
　ムヌル　トゥドゥリダ

어떻게, 아무리
オットッケ　アムリ

　어떻게 만들면 좋으니？
　オットッケ　マンドゥルミョン　チョウニ

　어떻게 돼도 손해는
　オットッケ　テド　ソネヌン

　　없어요
　　オプソョ

　아무리 해도 잘
　アムリ　ヘド　チャル

　　안된다
　　アンデンダ

통일
トンイル

　민족의 통일
　ミンジョゲ　トンイル

統一的な見解を持つ
도―이쯔떼끼나 겡까이오 모 쯔

통일적인 견해를 가지다
トンイルジョギン キョネルル カジダ

南と北が統一する
미나미또기따가 도―이쯔스루

남과 북이 통일하다
ナムグァ プギ　トンイルハダ

## どうさ（動作）
도― 사

동작
トンジャク

動作が遅い
도―사 가 오소이

동작이 늦다
トンジャギ ヌッタ

基本動作
기 혼 도―사

기본 동작
キボン　トンジャク

動作がちがう
도―사 가 찌 가 우

동작이 다르다
トンジャギ　タルダ

## とうせい（統制）
도― 세―

통제
トンジェ

統制を強化する
도―세―오 교―까스 루

통제를 강화하다
トンジェルル カンファハダ

交通統制区域
고―쯔―도―세 구이끼

교통 통제 구역
キョトン　トンジェ　クヨク

集団の統制
슈―단노 도―세―

집단의 통제
チッタネ　トンジェ

## とうぜん（当然）
도― 젱

당연
タンヨン

当然のことだ
도―젠노 고 또 다

당연한 일이다
タンヨナン イリダ

当然そうなると思う
도―젠 소― 나 루 또 오모우

당연히 그리 된다고
タンヨニ クリ テンダゴ

생각한다
センガックカンダ

その結果は当然でしょ
소 노 겍 까 와 도―젠데 쇼

그 결과는 당연하지요
ク キョルグァヌン タンヨナジョ

## どうとく（道徳）
도― 또 꾸

도덕
トドク

道徳教育
도―또꾸꾜―이꾸

도덕 교육
トドク キョユク

交通道徳
고―쯔―도―또꾸

교통 도덕
キョトン トドク

道徳が乱れている
도ー또꾸가 미다레 떼 이 루

도덕이 문란해져 있다
トドギ　ムルランヘジョ　イッタ

**どうぶつ**(動物)
도ー 부 쯔

**동물**
トンムル

動物をかわいがる
도ー부쯔오 가 와 이 가 루

동물을 사랑하다
トンムルル サランハダ

動物園に行く
도ー부쯔엔니 이 꾸

동물원에 가다
トンムロォネ カダ

おもしろい動物がいる
오 모 시 로 이 도ー부쯔가 이 루

재미있는 동물이 있다
チェミインヌン　トンムリ　イッタ

**どうろ**(道路)
도ー 로

**도로**
トロ

道路工事
도ー로꼬ー지

도로 공사
トロ　コンサ

道路を走る
도ー로오 하시루

도로를 달리다
トロルル　タルリダ

いい道路を作る
이ー 도ー 로오 쯔꾸루

좋은 도로를 만들다
チョウン トロルル　マンドゥルダ

**とおい**(遠い)
도ー 이

**멀다**
モルダ

遠い国
도ー이구니

먼 나라
モン ナラ

遠くに行く
도ー꾸 니 이 꾸

멀리 가다
モルリ　カダ

距離が遠い
교 리 가 도ー이

거리가 멀다
コリガ　モルダ

**とおす**(通す)
도ー ㅅ

**통하게 하다**
トンハゲ　ハダ

道を通す
미찌오 도ーㅅ

길을 통하게 하다
キルル トンハゲ　ハダ

車を通す
구루마오 도ーㅅ

차를 통하게 하다
チャルル トンハゲ ハダ

人を通す
히또오 도ーㅅ

사람을 통하게 하다
サラムル　トンハゲ　ハダ

**とおる**(通る)
도ー 루

**통하다, 뚫리다**
トンハダ　トゥルリダ

話が通る
하나시가 도-루

말이 통하다
マリ　トンハダ

道が通った
미찌가 도 옫 따

길이 뚫렸다
キリ　トゥルリョッタ

**とき**(時)
도 끼

**때**
テ

遊びたい時だ
아소비 따 이 도끼다

놀고 싶은 때다
ノルゴ シップン テダ

幼い時
오사나이 도끼

어릴 때
オリル テ

時がきたら
도끼가 기 따 라

때가 오면
テガ　オミョン

**とくしゅ**(特殊)
도 꾸 슈

**특수**
トゥクス

特殊部隊にいた
도꾸슈부따이니 이 따

특수 부대에 있었다
トゥクス プデエ　　イッソッタ

特殊な例だ
도꾸슈나 레-다

특수한 예다
トゥクスハン イェダ

**どくりつ**(独立)
도 꾸 리 쯔

**독립**
トンニプ

独立国家
도꾸리쯔 곡 까

독립 국가
トンニプ クッカ

彼は独立した
가레와 도꾸리쯔시 따

그는 독립했다
クヌン トンニプペッタ

独立精神が旺盛だ
도꾸리쯔 세싱가 오-세-다

독립 정신이 왕성하다
トンニプ チョンシニ ワンソンハダ

**とけい**(時計)
도 께-

**시계**
シゲ

外国製時計
가이꼬꾸세-도께-

외국제 시계
ウェグクチェ シゲ

時計を修理する
도께- 오 슈-리스루

시계를 수리하다
シゲルル スリハダ

時計をもらう
도께-오 모 라 우

시계를 얻다
シゲルル　オッタ

**とける**(溶ける/解ける)
도 께 루

**녹다**
ノクタ

雪が溶ける
유끼가도 께 루
눈이 녹다
ヌニ ノクタ

溶けた氷
도 께 따 고ー리
녹은 얼음
ノグン オルム

心がうち解ける
고꼬로가우찌 도 께 루
마음이 녹다
マウミ ノクタ

**ところ**(所)
도 꼬 로
**곳**
コッ

学校のある所
각꼬ー 노 아루도꼬로
학교가 있는 곳
ハクキョガ インヌン ゴッ

人と会う所
히또또 아 우 도꼬로
사람과 만나는 곳
サラムグァ マンナヌン ゴッ

いい所だなあ
이ー 도꼬로다나ー
좋은 곳이로군
チョウン ゴシログン

**とし**(年)
도 시
**나이, 해**
ナイ ヘ

年はいくつですか
도시와 이 꾸쯔 데 스 까
나이는 몇입니까?
ナイヌン ミョッチムニッカ

年を越す
도시오 고 스
해를 넘기다
ヘルル ノムギダ

年をとる
도시오 도 루
나이를 먹다
ナイルル モクタ

**とし**(都市)
도 시
**도시**
トシ

都市計画
도 시 게ー까꾸
도시 계획
トシ ケフェク

都市に住む
도 시 니 스 무
도시에 살다
トシエ サルダ

衛星都市を建設する
에ー세ー 도시오 겐세쯔 스 루
위성 도시를 건설하다
ウィション トシルル コンソルハダ

**とじる**(閉じる)
도 지 루
**닫히다, 다물다, 닫다**
タッチダ タムルダ タッタ

戸が閉じる
도 가 도 지 루
문이 닫히다
ムニ タッチダ

口を閉じる
구찌오 도 지 루
입을 다물다
イブル タムルダ

窓を閉じる
마도오 도 지 루

창문을 닫다
チャンムヌル タッタ

とどける（届ける）
도 도 께 루

보내다, 신고하다
ポネダ　　　シンゴハダ

家に届ける
이에니 도도께루

집으로 보내다
チブロ　　　ポネダ

税務所に届ける
제-무 쇼 니 도도께루

세무소에 신고하다
セムソエ　　　シンゴハダ

荷物を届ける
니모쯔오 도도께루

짐을 보내다
チムル ポネダ

ととのえる（整える）
도 또 노 에 루

단정히 하다, 정돈하다
タンジョンヒ ハダ　　　チョンドンハダ

服装を整える
후꾸소-오 도또노에루

복장을 단정히 하다
ポクチャンウル タンジョンヒ ハダ

部屋の中を整える
헤 야 노 나까오 도또노에루

방안을 정돈하다
パンアヌル　　チョンドンハダ

荷物を整える
니모쯔오 도또노에루

짐을 정돈하다
チムル チョンドンハダ

となり（隣）
도 나 리

이웃집, 이웃
イウッチブ イウッ

隣に遊びに行く
도나리니 아소비니 이 꾸

이웃집에 놀러가다
イウッチベ　　　ノルロガダ

隣同士仲がいい
도나리도-시나까가이-

이웃끼리 사이가 좋다
イウッキリ　　サイガ　　チョッタ

隣の国（隣国）
도나리노 구니（링고꾸）

이웃 나라
イウン　ナラ

とぶ（飛ぶ）
도 부

날다
ナルダ

鳥が飛ぶ
도리가 도 부

새가 날다
セガ　　ナルダ

飛行機が飛んだ
히 꼬-끼가 돈　　다

비행기가 날았다
ピヘンギガ　　ナラッタ

空を飛んでいく
소라오 돈　　데이 꾸

하늘을 날아가다
ハヌルル　ナラガダ

とぼしい（乏しい）
도 보 시-

부족하다, 모자라다
プジョクカダ　モジャラダ

乏しい資料
도보시ー 시료ー

부족한 자료
プジョクカン チャリョ

食糧が乏しい
쇼꾸 료ーが 도보시ー

식량이 모자라다
シンニャンイ モジャラダ

昔は乏しかった
무까시와 도보시깐 따

옛날은 가난했다
イェンナルン カナネッタ

**とまる**(止る)
도 마 루

**멈추다, 멎다**
モムチュダ モッタ

た

車が止る
구루마가 도마루

차가 멈추다
チャガ モムチュダ

息が止る
이끼가 도마루

숨이 멎다
スミ モッタ

止らないで行きなさい
도마라나 이 데 이 끼 나 사 이

멈추지 말고 가시오
モムチュジ マルゴ カシオ

**とめる**(止める)
도 메 루

**세우다, 멈추게 하다**
セウダ モムチュゲ ハダ

駐車場にとめる
쥬ー샤 죠ーニ 도 메 루

주차장에 세우다
チュチャジャンエ セウダ

タクシーをとめる
다꾸시ー 오 도 메 루

택시를 멈추게 하다
テクシルル モムチュゲ ハダ

とめてはいけない
도 메 떼 와 이 께 나 이

멈추게 하면 안된다
モムチュゲ ハミョン アンデンダ

**ともだち**(友達)
도 모 다 찌

**친구, 동무**
チング トンム

いい友達だ
이ー 도모다찌다

좋은 친구다
チョウン チングダ

友達になる
도모다찌니 나 루

친구가 되다
チングガ テダ

友達同士で行く
도모다찌도ー시 데 이 꾸

동무끼리 간다
トンムキリ カンダ

**とらえる**(捕える)
도 라 에 루

**잡다**
チャプタ

けものを捕える
게 모 노 오 도라에루

짐승을 잡다
チムスンウル チャプタ

魚を捕える
사까나오 도라에루

고기를 잡다
コギルル　チャプタ

犯人を捕える
한 닝 오 도라에루

범인을 잡다
ポミヌル　チャプタ

## とり（鳥）
도 리

## 새
セ

鳥が飛ぶ
도리가 도 부

새가 날다
セガ　ナルダ

鳥が卵を生む
도리가 다마고오 우 무

새가 알을 낳다
セガ　アルル　ナッタ

鳥を飼う
도리오 가 우

새를 기르다
セルル　キルダ

## どりょく（努力）
도 료　꾸

## 노력
ノリョク

努力家だ
도료꾸 까 다

노력가이다
ノリョクカイダ

努力の結果
도료꾸노 겍 까

노력의 결과
ノリョゲ　キョルグァ

血のにじむ努力だ
찌 노 니 지 무 도료꾸다

피나는 노력이다
ピナヌン　ノリョギダ

## とる（取る）
도 루

## 잡다
チャプタ

政権を取る
세ー껭오 도루

정권을 잡다
チョンクォヌル チャプタ

席を取る
세끼오 도 루

자리를 잡다
チャリルル　チャプタ

手を取った
데 오 돋 따

손을 잡았다
ソヌル　チャバッタ

## トンネル
톤　네루

## 터널
トノル

トンネルを掘る
톤　네루오호루

터널을 뚫다
トノルル　トゥルタ

トンネルをぬけた
톤　네루오누께 따

터널을 지났다
トノルル　チナッタ

長いトンネルだなあ
나가이톤　네 루 다나ー

긴 터널이군
キン トノリグン

## 【な】

**ない**(無い)
나 이

  ここには無い
  고 꼬 니 와 나 이

  お金が無い
  오까네가 나 이

  物が無くなった
  모노가나 꾸 낟 따

**ないよう**(内容)
나 이 요—

  内容のある話
  나이요—노아루 하나시

  おもしろい内容だ
  오 모 시 로 이 나이요—다

  内容が充実している
  나이요—가 쥬—지쯔시 떼 이 루

**なおす**(直す/治す)
나 오 스

  間違いを直す
  마찌가이 오 나오스

  機械を直す
  기까이오 나오스

  病気を治した
  뵤—끼오 나오시따

**なか**(中)
나 까

  まん中に座る
  만　나까니 스와루

  その中でもめだつ
  소 노 나까데 모 메 다 쯔

  箱の中にある
  하꼬노 나까니 아 루

**없다**
オプタ

  여기에는 없다
  ヨギエヌン　　オプタ

  돈이 없다
  トニ　　オプタ

  물건이 없어졌다
  ムルゴニ　　オプソジョッタ

**내용**
ネヨン

  내용이 있는 이야기
  ネヨンイ　インヌン イヤギ

  재미있는 내용이다
  チェミインヌン　ネヨンイダ

  내용이 충실하다
  ネヨンイ　チュンシラダ

**고치다**
コチダ

  잘못을 고치다
  チャルモスル コチダ

  기계를 고치다
  キゲルル　　コチダ

  병을 고쳤다
  ピョンウル コチョッタ

**가운데, 중, 안, 속**
カウンデ　チュン アン ソク

  한 가운데 앉다
  ハン カウンデ　アンタ

  그 중에서도 눈에 띄다
  ク チュンエソド ヌネ　ティダ

  상자 안에 (속에) 있다
  サンジャ アネ　ソゲ　イッタ

な

## ながい(長い)
나 가 이

### 長い橋
나가이 하시

### 髪の長い人
가미노 나가이 히또

### 夜が長いねえ
요루가 나가이네ー

## なかなか(中中)
나 까 나 까

### なかなか面白い
나 까 나 까 오모시로이

### なかなか遠い
나 까 나 까 도ー이

### なかなかきれいだ
나 까 나 까 기 레ー다

## ながれる(流れる)
나 가 레 루

### 川が流れる
가와가 나가레루

### 流れ落ちる
나가레 오 찌루

## なく(泣く)
나 꾸

### 赤ちゃんが泣く
아까쌍   가 나 꾸

### 悲しくて泣く
가나시 꾸 떼 나 꾸

## なげる(投げる)
나 게 루

### ボールを投げる
보ー 루 오 나 게 루

### 投げ捨てておいた物
나게 스 떼 떼 오 이 따 모노

## なつ(夏)
나 쯔

---

## 길다
キㇽ ダ

### 긴 다리
キン タリ

### 머리가 긴 사람
モリガ　　キン サラㇺ

### 밤이 길구나
パ ミ　　キㇽグナ

## 상당히, 꽤
サンダンヒ クェ

### 상당히 재미있다
サンダンヒ チェ ミ イッタ

### 상당히 멀다
サンダンヒ モㇽダ

### 꽤 예쁘다
クェ イェプダ

## 흐르다
フㇽダ

### 강물이 흐르다
カンムリ　フㇽダ

### 흘러 내리다
フㇽロ ネリダ

## 울다
ウㇽダ

### 아기가 울다
ア ギ ガ　　ウㇽダ

### 슬퍼서 울다
スㇽポソ　ウㇽダ

## 던지다, 버리다
トンジダ　ポリダ

### 공을 던지다
コンウㇽ トンジダ

### 버려졌던 물건
ポリョジョットン ムㇽゴン

## 여름
ヨルㇺ

夏は暑い
나쯔와 아쯔이
여름은 덥다
ヨルムン　トプタ

夏には海に行く
나쯔니와 우미니 이 꾸
여름에는 바다에 간다
ヨルメヌン　パダエ　カンダ

夏が好きだ
나쯔가 스 끼 다
여름이 좋다
ヨルミ　チョッタ

**なま**(生)
나 마
**생, 날것, 날**
セン　ナルコッ　ナル

生卵
나마 다마고
생 달걀
セン　タルギャル

生のまま食べた
나마노 마 마 다 베 따
날것째로 먹었다
ナルコッチェロ　モゴッタ

生の肉
나마노 니꾸
날고기
ナルゴギ

**なまえ**(名前)
나 마 에
**이름**
イルム

名前をつける
나마에오 쯔 께 루
이름을 붙이다
イルムル　プチダ

名前を呼ばれた
나마에오 요 바 레 따
이름이 불렸다
イルミ　プルリョッタ

いい名前だ
이ー 나마에다
좋은 이름이다
チョウン　イルミダ

**なやむ**(悩む)
나 야 무
**괴로와하다, 고민하다**
ケェロワハダ　コミナダ

非常に悩む
히쬬ー니 나야무
몹시 괴로와하다
モッシ　クェロワハダ

悩みが多い
나야미가 오ー이
고민이 많다
コミニ　マンタ

**ならぶ**(並ぶ)
나 라 부
**한줄로 서다, 늘어서다**
ハンジュルロ　ソダ　ヌロソダ

並んで待つ
나 란 데 마 쯔
한줄로 서서 기다리다
ハンジュルロ　ソソ　キダリダ

木が並んでいる
기 가 나 란 데 이 루
나무가 줄줄이 늘어서다
ナムガ　チュルジュリ　ヌロソダ

早く並んで下さい
하야꾸 나 란 데 구다사이
빨리 한줄로 서 주시오
パルリ　ハンジュルロ　ソ ジュシオ

# 【に】

## に（二）
니

二人
니 닝

둘, 이
トゥル イ

二毛作
니모ー사꾸

二回
니까이

두 사람
トゥ サラム

이모작
イ モ ジャク

두 번(이 회)
トゥ ボン イ フェ

## におい（匂い）
니 오 이

花の匂い
하나노 니오이

匂いがいい
니오이 가 이ー

향내, 냄새
ヒャンネ ネムセ

꽃 향내
コッ ヒャンネ

냄새가 좋다
ネムセガ　チョッタ

## にぎやか（賑やか）
니 기 야 까

賑やかな町
니기야 까 나 마찌

外が賑やかだ
소또가 니기야까 다

彼がいると実に賑やかだ
가레가 이 루 또 지즈니 니기야 까 다

번화함, 떠들썩함
ポヌァハム　トドゥルソッカム

번화한 거리
ポヌァハン コリ

밖이 떠들썩하다
パッキ　トドゥルソッカダ

그가 있으면 정말
クガ　イスッション チョンマル

떠들썩하다
トドゥルソッカダ

## にぎる（握る）
니 기 루

情報を握る
죠ー호ー오 니기루

権力を握った
겐료꾸오 니 긴 따

手を握る
데 오 니기루

쥐다, 잡다
チュィダ チャッタ

정보를 쥐다
チョンボルル　チュィダ

권력을 잡았다
クォルリョグル　チャバッタ

손을 잡다
ソヌル　チャッタ

にく（肉）
니꾸

　肉を食べる
　니꾸오 다 베 루

　肉食動物
　니꾸쇼꾸 도ー부쪼

　肉を買った
　니꾸오 갇　　따

にげる（逃げる）
니 게 루

　すばやく逃げる
　스 바 야 꾸 니 게 루

　犯人は逃げた
　한 닝 와 니 게 따

　とうとう逃げた
　도ー　또ー　니 게 따

にし（西）
니 시

　太陽が西にかたむく
　다이요ー가 니시니가따 무꾸


　西に行く
　니시니 이 꾸

　西から来た人
　니시까라 기따히또

にぶい（鈍い）
니 부 이

　頭が鈍い
　아따마가 니부이

　鈍い神経
　니부이 싱께ー

　動作が鈍いねえ
　도ー사 가 니부이네ー

にもつ（荷物）
니 모 쯔

고기, 육
코기　유꾸

　고기를 먹다
　코기루　모꾸타

　육식 동물
　유꾸식꾸 톤무루

　고기를 샀다
　코기루　삳타

도망치다, 달아나다
토만치다　타라나다

　재빨리 도망치다
　체파루리 토만치다

　범인은 달아났다
　포미눈　타라낟타

　드디어 도망쳤다
　투디오 토만쵸타

서쪽
소쵸꾸

　해가 서쪽으로
　헤가　소쵸구로

　기울어지다
　키우로지다

　서쪽으로 가다
　소쵸구로　카다

　서쪽에서 온 사람
　소쵸게소　온 사라무

둔하다
투나다

　머리가 둔하다
．모리가　　투나다

　둔한 신경
　투난 싱교ㅇ

　동작이 둔하군
　톤쟈기　투나군

짐, 화물
치무 파무루

荷物を預ける
니모쯔오 아즈께루

짐을 맡기다
チムル マッキダ

荷物を運ぶ
니모쯔오 하꼬부

화물을 운반하다
ファムルル ウンバナダ

## ニュース
뉴— 스

## 뉴스
ニュス

世界のニュースが報道さ
세까이노 뉴— 스 가 호—도—사

세계의 뉴스가
セゲエ ニュスガ

れる
레 루

보도되다
ポドデダ

ニュースを見る
뉴— 스 오 미 루

뉴스를 보다
ニュスルル ポダ

ニュースを聞く
뉴— 스 오 기 꾸

뉴스를 듣다
ニュスルル トゥッタ

## にんげん(人間)
닝 껭

## 인간
インガン

人間社会
닝 겐 샤까이

인간 사회
インガン サフェ

人間の尊厳を守る
닝 겐 노 송 겡 오 마모루

인간의 존엄을 지키다
インガネ チョノムル チキダ

人間の力は無限だ
닝 겐 노 찌까라와 무 겐 다

인간의 힘은 무한하다
インガネ ヒムン ムハナダ

## 【ぬ】

## ぬう(縫う)
누 우

## 만들다, 누비다
マンドゥルダ ヌビダ

洋服を縫う
요—후꾸오 누 우

양복을 만들다
ヤンボグル マンドゥルダ

人波を縫って行く
히또나미오눈 떼 이 꾸

인파를 누비고 가다
インパルル ヌビゴ カダ

## ぬく(抜く)
누 꾸

## 뽑다
ポッタ

釘を抜く
구기오 누 꾸

못을 뽑다
モスル　ポッタ

草をひき抜く
구사오 히 끼 누 꾸

풀을 뽑다
プルル　ポッタ

## ぬける（抜ける）
누 께 루

## 빠지다
パジダ

力が抜ける
찌까라가 누께루

힘이 빠지다
ヒミ　パジダ

気が抜ける
기 가 누께루

맥이 빠지다
メギ　パジダ

## ぬる（塗る）
누 루

## 칠하다, 바르다
チラダ　　パルダ

壁を塗る
가베오 누 루

벽을 칠하다
ピョグル　チラダ

顔に塗る
가오니 누 루

얼굴에 바르다
オルグレ　バルダ

ペイントを塗る
페인 또 오 누 루

페인트를 칠하다
ペイントゥルル　チラダ

**な**

# 【ね】

## ね（根）
네

## 뿌리
プリ

根も葉もない
네 모 하 모 나 이

뿌리도 잎도 없다
プリド　イット　オッタ

根を切る
네 오 기 루

뿌리를 자르다
プリルル　チャルダ

悪の根を絶つ
아꾸노 네 오 다 쯔

악의 뿌리를 뽑다
アゲ　プリルル　ポッタ

## ねがう（願う）
네 가 우

## 바라다, 원하다
パラダ　　ウォナダ

うまくいくことを願う
우 마 꾸 이 꾸 고 또 오 네가우

잘 되기를 바라다
チャル テギルル パラダ

健康を願う
겡꼬ー오 네가우
건강을 원하다
コンガンウル ウォナダ

成功を願う
세ー꼬ー오 네가우
성공을 바라다
ソンゴンウル パラダ

## ねこ(猫)
네 꼬
## 고양이
コヤンイ

猫を飼う
네꼬오 가 우
고양이를 기르다
コヤンイルル キルダ

猫がねずみをとる
네꼬가 네 즈 미 오 도 루
고양이가 쥐를 잡다
コヤンイガ チュィルル チャッタ

猫が子を生む
네꼬가 꼬 오 우 무
고양이가 새끼를 치다
コヤンイガ セキルル チダ

## ねじる(捩る)
네 지 루
## 비비꼬다, 비틀다,
ピビコダ ピトゥルダ

## 쥐어짜다
チュィオチャダ

からだをねじる
가 라 다 오 네 지 루
몸을 비비꼬다
モムル ピビコダ

手首をねじる
데꾸비오 네 지 루
손목을 비틀다
ソンモグル ピトゥルダ

手ぬぐいをねじる
데 누 구 이 오 네 지 루
수건을 쥐어짜다
スゴヌル チュィオチャダ

## ねずみ(鼠)
네 즈 미
## 쥐
チュィ

ねずみをとる
네 즈 미 오 도 루
쥐를 잡다
チュィルル チャッタ

ねずみを追いだす
네 즈 미 오 오 이 다 스
쥐를 내쫓다
チュィルル ネチョッタ

ねずみが逃げる
네 즈 미 가 니 게 루
쥐가 도망치다
チュィガ トマンチダ

## ねつ(熱)
네 쯔
## 열
ヨル

熱が出る
네쯔가 데 루
열이 나다
ヨリ ナダ

熱が下がる
네쯔가 사 가 루
열이 내리다
ヨリ ネリダ

熱がひどいね
네쯔가 히 도 이 네

열이 심하군
ヨリ　シマグン

**ねらう**(狙う)
네 라 우

**겨누다, 노리다**
キョヌダ　ノリダ

銃でねらう
쥬ー데 네 라 우

총으로 겨누다
チョンウロ　キョヌダ

機会をねらう
기까이오 네 라 우

기회를 노리다
キフェルル　ノリダ

**ねる**(寝る)
네 루

**자다, 눕다**
チャダ　ヌッタ

一人で寝る
히또리데 네 루

혼자서 자다
ホンジャソ　チャダ

病気で寝る
뵤ー끼데 네 루

병으로 눕다
ピョンウロ　ヌッタ

寝込む
네 꼬 무

들어 눕다
トゥロ　ヌッタ

な

## 【の】

**のうりつ**(能率)
노ー 리 쯔

**능률**
ヌンニュル

能率的だ
노ー리쯔떼끼다

능률적이다
ヌンニュルチョギダ

能率がわるい
노ー리쯔가 와 루 이

능률이 나쁘다
ヌンニュリ　ナプダ

能率が落ちた
노ー리쯔가 오 찌 따

능률이 떨어졌다
ヌンニュリ　トロジョッタ

**のうりょく**(能力)
노ー 료 꾸

**능력**
ヌンニョク

能力がある・
노ー료꾸가아 루

능력이 있다
ヌンニョギ　イッタ

すぐれた能力
스 구 레 따 노ー료꾸

뛰어난 능력
トゥィオナン　ヌンニョク

能力を発揮する
노ー료꾸오 학 끼 스 루

능력을 발휘하다
ヌンニョグル パルィハダ

ノート
노ー 또

노트
ノットゥ

ノートする
노ー 또 스 루

노트하다
ノットゥハダ

ノートを買う
노ー 또 오 가 우

노트를 사다
ノットゥルル サダ

ノートを忘れた
노ー 또 오 와스레따

노트를 잊었다
ノットゥルル イジョッタ

のこす (残す)
노 꼬 스

남기다, 남겨 두다
ナムギダ　ナムギョ ドゥダ

少し残す
스꼬시 노꼬스

조금 남기다
チョグム ナムギダ

だいじに残す
다 이 지 니 노꼬스

소중히 남겨 두다
ソジュンヒ ナムギョ ドゥダ

残してはいけない
노꼬시 떼 와 이 께 나 이

남기면 안된다
ナムギミョン アンデンダ

のこる (残る)
노 꼬 루

남다
ナムタ

お金が残る
오까네가 노꼬루

돈이 남다
トニ　ナムタ

残って勉強する
노 꼳 떼 벵꼬ー 스 루

남아서 공부하다
ナマソ　　コンブハダ

残った仕事をやりとげる
노 꼳 따 시고또오 야 리 또 게 루

남은 일을 해치우다
ナムン イルル　ヘチウダ

のびる (伸びる/延びる)
노 비 루

펴지다, 자라다, 늘어나다
ピョジダ　チャラダ　ヌロナダ

腰が伸びる
고시가 노 비 루

허리가 펴지다
ホリガ　　ピョジダ

背が伸びた
세 가 노 비 따

키가 자랐다
キガ　チャラッタ

ゴムが延びる
고 무 가 노 비 루

고무가 늘어나다
コムガ　　ヌロナダ

のぼる (登る)
노 보 루

오르다
オルダ

山に登った
야마니 노볼 따

산에 올랐다
サネ　オルラッタ

登った所で
노볼 따 도꼬로데

오른 데서
オルン デソ

**のむ**（飲む）
노무

**마시다**
マシダ

酒を飲む
사께오 노무

술을 마시다
スルル　マシダ

たくさん飲んだ
다꾸상　논 다

많이 마셨다
マニ　マショッタ

飲んだら車を運転　るな
논 다 라 구루마오 운 뗀

마시면 차를 운전하지
マンミョン　チャルル　ウンジョナジ

するな
스 루 나

마라
マラ

**の　る**（乗る）
노 루

**타다, 실리다**
タダ　　シルリダ

汽車に乗る
기 샤 니 노루

기차를 타다
キチャルル　タダ

自動車に乗った
지 도ー샤 니 놀　 따

자동차를 탔다
チャドンチャルル　タッタ

気分が乗る
기 붕 가 노루

기분이 내키다
キ ブ ニ ネ キ ダ

**な**

# 【は】

**はいる**（入る）
하 이 루

**들다**
トゥルダ

部屋に入る
헤 야 니 하이루

방에 들어가다
パンエ　トゥロガダ

大学に入った
다이가꾸니 하 일 따

대학에 들어갔다
テハゲ　　トゥロガッタ

**はかる**
하 까 루

**달다, 재다**
タルダ　チェダ

重さをはかる
오모사 오 하 까 루

무게를 달다
ムゲルル　タルダ

幅をはかった
하바오 하 깐 따

너비를 쟀다
ノビルル　チェッタ

**はげしい**(激しい)
하 게 시ー

**세차다, 격심하다**
セチャダ　キョクシマダ

激しい風
하게시ー 가제

세찬 바람
セチャン パラム

地震が激しい
지 싱 가 하게시ー

지진이 격심하다
チジニ　キョクシマダ

**はこぶ**(運ぶ)
하 꼬 부

**운반하다, 옮기다**
ウンバナダ　オムギダ

荷物を運ぶ
니모쯔오 하꼬부

짐을 운반하다
チムル　ウンバナダ

机を運ぶ
쯔꾸에오 하꼬부

책상을 옮기다
チェクサンウル オムギダ

これも運んで下さい
고 레 모 하 꼰 데 구다사이

이것도 운반해 주세요
イゴット　ウンバネ　ジュセヨ

**はさむ**(挟む)
하 사 무

**집다, 끼다**
チッタ　キダ

ピンセットで狭む
삔 셑 또데 하사무

집게로 집다
チッケロ　チッタ

腕に狭む
우데니 하사무

팔에 끼다
パレ　キダ

**はし**(橋)
하 시

**다리**
タリ

橋を渡る
하시오 와따루

다리를 건너다
タリルル　コンノダ

橋をかけた
하시오 가 께 따

다리를 놓았다
タリルル　ノアッタ

橋を修理する
하시오 슈ー리 스 루

다리를 수리하다
タリルル　スリハダ

**はじまる**(始まる)
하 지 마 루

**시작되다**
シジャクテダ

新学期が始まった
싱 각 끼 가 하지맏　따

신학기가 시작되었다
シナックキガ　シジャクテオッタ

会議が始まる
가이기가 하지마루

회의가 시작되다
フェウィガ シジャクテダ

**はじめる**(始める)
하지메루

**시작하다**
シジャッカダ

集会を始める
슈-까이오 하지메루

집회를 시작하다
チプヘルル シジャッカダ

始めた事をやりとげる
하지메따 고또오 야리 또게루

시작한 일을 해 치우다
シジャッカン イルル ヘ チウダ

工事を始めよう
고-지오 하지메요-

공사를 시작하자
コンサルル シジャッカジャ

**ばしょ**(場所)
바쇼

**장소**
チャンソ

場所を定める
바쇼 오 사다메루

장소를 정하다
チャンソルル チョンハダ

場所を変える
바쇼 오 가에루

장소를 바꾸다
チャンソルル パクダ

違う場所だ
찌가우 바쇼 다

다른 장소다
タルン チャンソダ

**はしる**(走る)
하시루

**달리다**
タルリダ

一緒に走る
잇 쇼 니 하시루

함께 달리다
ハムケ タルリダ

彼は走って行った
가레와 하실 떼 일 따

그는 달려 갔다
クヌン タルリョ カッタ

よく走る馬だ
요 꾸 하시루 우마다

잘 달리는 말이다
チャル タルリヌン マリダ

**バス**
바스

**버스**
ポス

バスを待つ
바스 오 마쯔

버스를 기다리다
ポスルル キダリダ

バス停留場
바스데-류-죠-

버스 정거장
ポス チョンゴジャン

バスに乗った
바스니 놑 따

버스를 탔다
ポスルル タッタ

**はずす**(外す)
하즈스

**떼다, 빼다**
テダ ペダ

看板を外す
감방 오 하즈스

간판을 떼다
カンパヌル テダ

栓を外す
셍 오 하즈스

마개를 빼다
マゲルル ペダ

## はたらく（働く）
하 따라 꾸

## 일을 하다, 활동하다
イルル ハダ ファルトンハダ

いっしょうけんめい働く
잇 쇼ー 껨 메ー하따라꾸

열심히 일을 하다
ヨルシミ イルル ハダ

働く女性
하따라꾸 죠세ー

일 하는 여성
イル ハヌン ヨソン

彼の働きは立派だ
가레노 하따라끼와 립 빠 다

그의 활동은 훌륭하다
クエ ファルトンウン フルリュンハダ

## はっけん（発見）
학 껭

## 발견
パルギョン

新しい発見
아따라시ー 학 껭

새로운 발견
セロウン パルギョン

発見が遅れる
학 껭 가 오꾸레루

발견이 늦어지다
パルギョニ ヌジョジダ

問題点を発見した
몬다이 멩 오 학 껭 시 따

문제점을 발견했다
ムンジェチョムル パルギョネッタ

## はったつ（発達）
한 따쯔

## 발달
パルタル

身体の発達
신 따이노 한따쯔

신체의 발달
シンチェエ パルタル

発達した筋肉
한따쯔시따 긴니꾸

발달된 근육
パルタルデン クニュク

文明が発達している
붐메ー가 한따쯔시 떼 이 루

문명이 발달하고 있다
ムンミョンイ パルタルハゴ イッタ

## はってん（発展）
한 멩

## 발전
パルチョン

発展的に解消する
한멘떼끼니 가이쇼ー스루

발전적으로 없애다
パルチョンジョグロ オプセダ

めざましい発展
메자 마 시ー 한 멩

눈부신 발전
ヌンブシン パルチョン

事業の発展をねがう
지교ー노 한 멩 오 네 가 우

사업의 발전을 원하다
サオベ パルチョヌル ウォナダ

## はっぴょう（発表）
합뾰—

### 発表を待つ
합뾰—오 마 쯔

### 合格発表があった
고—까꾸 합뾰—가 알 따

### 研究発表をする
겡뀨— 합뾰—오 스 루

## はな（花）
하 나

### 花が咲く
하나가 사 꾸

### 花を送る
하나오 오꾸루

### 花見をする
하나미오 스 루

## はなし（話）
하 나 시

### 話がうまい
하나시가우 마 이

### 昔話
무까시 바나시

### 話の内容がおもしろい
하나시노 나이요—가 오모 시로이

## はなす（放す）
하 나 스

### 手から放す
데 까 라 하나스

### ハンドルを放す
한 　 도루오 하나스

## はなす（話す）
하 나 스

### 事情を話す
지죠—오 하나스

---

## 발표
パルピョ

### 발표를 기다리다
パルピョルル キダリダ

### 합격 발표가 있었다
ハンキョク パルピョガ イソッタ

### 연구 발표를 하다
ヨング パルピョルル ハダ

## 꽃
コッ

### 꽃이 피다
コッチ ピダ

### 꽃을 보내다
コッチュル ポネダ

### 꽃 구경을 하다
コッ クギョンウル ハダ

## 이야기
イヤギ

### 이야기를 잘 하다
イヤギルル チャル ハダ

### 옛날 이야기
イェンナル イヤギ

### 이야기의 내용이
イヤギエ ネヨンイ

### 재미있다
チェミイッタ

## 놓다
ノッタ

### 손에서 놓다
ソネソ ノッタ

### 핸들을 놓다
ヘンドルル ノッタ

## 말하다, 이야기하다
マラダ イヤギハダ

### 사정을 말하다
サジョンウル マラダ

あんまり一人で話すな
암 마 리 히또리데 하나스나

너무 혼자서 말하지 마라
ノム ホンジャソ マラジ マラ

今話したように
이마하나시따 요ー니

지금 이야기한 것처럼
チグム イヤギハン ゴッチョロム

## はなれる（離れる）
하 나 레 루

## 떨어지다
トロジダ

その場所から離れる
소 노 바 쇼 까 라 하나레루

그 곳에서 떨어지다
ク コセソ トロジダ

離ればなれ
하나레바 나 레

따로따로 떨어짐
タロタロ トロジム

## はは（母）
하 하

## 모친, 어머니
モチン オモニ

母につたえる
하하니 쯔 따 에 루

모친에게 전하다
モチンエゲ チョナダ

母の愛
하하노 아이

어머니의 사랑
オモニエ サラン

母はなくなりました
하하와 나 꾸 나 리 마 시 따

어머니는 돌아
オモニヌン トラ

가셨습니다
カショッスムニダ

## ばめん（場面）
바 멩

## 장면
チャンミョン

良い場面を見る
요 이 바 멩 오 미 루

좋은 장면을 보다
チョウン チャンミョスル ボダ

場面を作る
바 멩 오 쯔꾸루

장면을 만들다
チャンミョスル マンドゥルダ

劇的な場面
게끼떼끼나 바 멩

극적인 장면
クゥチョギン チャンミョン

## はやい（早い）
하 야 이

## 빠르다, 이르다
パルダ イルダ

行くのはまだ早い
이 꾸 노 와 마 다 하야이

가는 것은 아직 빠르다
カヌン ゴスン アジゥ パルダ

早い朝
하야이 아사

이른 아침
イルン アチム

早く着いた
하야꾸 쯔 이 따

빨리 도착했다
パルリ トチャッケッタ

**はらう(払う)**
하 라 우

**지불하다, 치르다**
チブラダ　　チルダ

お金を払う
오까네오 하라우

돈을 지불하다
トヌル　チブラダ

品物代を払う
시나모노다이오 하라우

물건 값을 치르다
ムルゴン カプスル チルダ

**はる(張る)**
하 루

**붙이다, 뻗다**
プチダ　　ポッタ

壁に張った
가베니 할　　따

벽에 붙였다
ピョゲ　プチョッタ

根が張る
네 가 하 루

뿌리가 뻗다
プリガ　　ポッタ

**はる(春)**
하 루

**봄**
ポム

春が来た
하루가 기 따

봄이 왔다
ポ ミ　　ワッタ

春の歌
하루노 우따

봄 노래
ポム ノレ

暖かい春
아따따까이 하루

따뜻한 봄
タトゥッタン ポム

**はんい(範囲)**
항　　이

**범위**
ポムィ

範囲が広い
항 이 가 히로이

범위가 넓다
ポムィガ　ノルタ

守備範囲
슈 비 항 이

수비 범위
スビ　　ポムィ

せまい範囲だった
세 마 이 항 이 달　　따

좁은 범위였다
チョブン ポムィヨッタ

**はんたい(反対)**
한　　따 이

**반대**
パンデ

反対運動を展開する
한따이 운도ー오 뎅까이스 루

반대 운동을 전개하다
パンデ　ウンドンウル　チョンゲハダ

反対派の意見
한따이하노 이 꼉

반대파의 의견
パンデパエ　　ウィギョン

反対方向に行く
한따이호ー꼬ー니 이 꾸

반대 방향으로 가다
パンデ　パンヒャンウロ カダ

はんだん（判断）
한 당

独自の判断
도꾸지노 한 당

判断を誤まる
한 당 오 아야마루

いい判断だった
이― 한 단 닫 따

はんのう（反応）
한 노―

反応が出た
한노―가 데 따

反応がある
한노―가 아 루

反応作用が早い
한노―사요―가 하야이

판단
パンダン

독자적인 판단
トクチャジョギン パンダン

판단이 틀리다
パンダニ トゥルリダ

좋은 판단이었다
チョウン パンダニオッタ

반응
パヌン

반응이 나왔다
パヌンイ ナワッタ

반응이 있다
パヌンイ イッタ

반응 작용이 빠르다
パヌン チャギョンイ パルダ

は

## 【ひ】

ひ（日）
히

日がたつ
히 가 다 쯔

日が暮れる
히 가 구 레 루

いい日だ
이― 히 다

ひ（火）
히

火遊び
히아소비

火をつける
히 오 쯔 께 루

날, 해
ナル ヘ

날이 지나다
ナリ チナダ

해가 저물다
ヘガ チョムルダ

좋은 날이다
チョウン ナリダ

불
プル

불 장난
プル チャンナン

불을 지피다(붙이다)
プルル チピダ （プチダ）

火を消す
히 오 게 스

불을 끄다
プルル　クダ

ビール
비ー루

맥주
メクチュ

ビールを注文する
비ー 루오쮸ー몬스루

맥주를 주문하다
メクチュルル　チュムナダ

ビールを飲む
비ー 루오노무

맥주를 마시다
メクチュルル　マシダ

ビールをつぐ
비ー 루오쯔구

맥주를 따르다(붓다)
メクチュルル　タルダ　　（プッタ）

ひがし(東)
히 가 시

동쪽
トンチョク

東に行く
히가시니 이 꾸

동쪽으로 가다
トンチョグロ　カダ

太陽は東から昇る
다이요ー와히가시까라 노보루

해는 동쪽에서 떠오르다
ヘヌン　トンチョゲソ　　トオルダ

東の地方
히가시노 찌호ー

동쪽 지방
トンチョク チバン

ひかる(光る)
히 까 루

빛나다
ピンナダ

星が光る
호시가 히까루

별이 빛나다
ピョリ　　ピンナダ

名前が光る
나마에가 히까루

이름이 빛나다
イルミ　　ピンナダ

ひきうける(引受ける)
히 끼 우 께 루

인수하다, 맡다,
インスハダ　　　マッタ

맞아 들이다
マジャ トゥリダ

仕事を引受ける
시고또오 히끼우께루

일을 인수하다
イルル インスハダ

頼みを引受けた
다노미오 히끼우께따

부탁을 맡았다
プタグル　マタッタ

子供を引受けよう
고도모오 히끼우께요ー

아이를 맞아 들이자
アイルル　マジャ トゥリジャ

ひく(引く)

끌다
クルダ

乳母車を引く
우바구루마오 히 꾸

유모차를 끌다
ユモチャルル　クルダ

牛を引く
우시오 히 꾸

소를 끌다
ソルル　クルダ

**ひくい**(低い)
히 꾸 이

**낮다**
ナッタ

低い山がある
히꾸이 야마가 아 루

낮은 산이 있다
ナジュンサニ　イッタ

水準が低い
스이쥰가 히꾸이

수준이 낮다
スジュ二　ナッタ

低い机
히꾸이 쯔꾸에

낮은 책상
ナジュン チェクサン

**ひさしぶり**(久し振り)
히 사 시 부 리

**오래간만**
オレガンマン

久し振りだなあ
히사시 부 리 다 나-

오래간만이네
オレガンマニネ

久し振りにあった
히사시 부 리 니 앗　 따

오래간만에 만났다
オレガンマネ　　マンナッタ

久し振りに飲んだ
히사시 부 리 니 논　 다

오래간만에 마셨다
オレガンマネ　　マショッタ

**びじゅつ**(美術)
비 쥬 　 쯔

**미술**
ミスル

美術館に行く
비쮸쯔깐니 이 꾸

미술관에 가다
ミスルグァネ　カダ

美術工芸品
비쥬쯔꼬-게-힝

미술 공예품
ミスル　コンイェプム

美術史に輝く作品
비쥬쯔시니 가가야꾸 사꾸힝

미술사에 빛나는
ミスルサエ　　ピンナヌン

작품
チャクプム

**ひじょう**(非常)
히 죠-

**비상, 대단함**
ピサン　テダナム

非常事態になる
히죠- 지따이니 나 루

비상 사태가 되다
ピサン　　サテガ　テダ

非常によく出来ている
히죠-니 요 꾸 데 끼 떼 이 루

대단히 잘 되어 있다
テダ二 チャル テオ イッタ

は

| 非常に難しい | 대단히 어렵다 |
| --- | --- |
| 히죠—니 무즈까시— | テダニ　オリョプタ |

**ひだり（左）**
히다리

| 左に曲がる | 왼편, 왼쪽 |
| --- | --- |

ウェンピョン ウェンチョク

| 左に曲がる | 왼편으로 돌다 |
| --- | --- |
| 히다리니 마가루 | ウェンピョヌロ　トルダ |

| 左の方向 | 왼쪽 방향 |
| --- | --- |
| 히다리노 호—꼬— | ウェンチョク パンヒャン |

| 左に置く | 왼편에 놓다 |
| --- | --- |
| 히다리니 오꾸 | ウェンピョネ　ノッタ |

**びっくりする**
빅 꾸리스루

**깜짝 놀라다**
カムチャク ノルラダ

| おまえのためにびっくり | 너 때문에 깜짝 |
| --- | --- |
| 오마에노다메니빅　꾸리 | ノ　テムネ　　カムチャク |
| した | 놀랐다 |
| 시 따 | ノルラッタ |

| びっくりしたろう | 깜짝 놀랐지 |
| --- | --- |
| 빅　꾸리시 따로— | カムチャク ノルラッチ |

| びっくりしたね | 깜짝 놀랐겠지 |
| --- | --- |
| 빅　꾸리시 따네 | カムチャク ノルラッケッチ |

**ひつよう（必要）**
히쯔요—

**필요**
ピリョ

| 必要条件 | 필요 조건 |
| --- | --- |
| 히쯔요—죠—껭 | ピリョ　チョコン |

| あなたが必要だ | 당신이 필요하다 |
| --- | --- |
| 아 나 따 가 히쯔요—다 | タンシニ　　ピリョハダ |

| それは必要ないです | 그것은 필요없어요 |
| --- | --- |
| 소 레 와 히쯔요—나 이 데 스 | クゴスン　　ピリョオプソヨ |

**ひと（人）**
히또

**사람, 남**
サラム　ナム

| 人と会う | 남과 만나다 |
| --- | --- |
| 히또또 아 우 | ナムグァ マンナダ |

| やさしい人 | 다정한 사람 |
| --- | --- |
| 야 사 시— 히또 | タジョンハン サラム |

| 人と話す | 사람과 이야기하다 |
| --- | --- |
| 히또또 하나스 | サラムグァ イヤギハダ |

ひとしい（等しい）
히 또 시ー

　ゼロに等しい
　제 로 니 히또시ー

　長さが等しい
　나가사가 히또시ー

ひなん（非難）
　히 낭

　非難の声
　히 난 노 고에

　非難される
　히 난 사 레 루

　相手を非難する
　아이떼오 히 난 스 루

ひはん（批判）
　히 항

　自己批判
　지 꼬 히 항

　批判を強化する
　히 항 오 교ー까스 루

　批判をやめる
　히 항 오 야 메 루

ひま（暇）
　히 마

　暇がある
　히마가 아 루

　暇がない
　히마가 나 이

　暇な時間
　히마나 지 깡

ひみつ（秘密）
　히 미 쯔

　秘密がある
　히미쯔가 아 루

　秘密を守る
　히미쯔오 마모루

같다
カッタ

　영과 같다
　ヨングァ　カッタ

　길이가 같다
　キリガ　　カッタ

비난
ピナン

　비난의 소리
　ピナネ　　ソリ

　비난받다
　ピナンパッタ

　상대편을 비난하다
　サンデピョヌル　ピナナダ

비판
ピパン

　자기 비판
　チャギ　ピパン

　비판을 강화하다
　ピパヌル　　カンファハダ

　비판을 그치다
　ピパヌル　　クチダ

틈, 짬, 한가
トゥム　チャム　ハンガ

　틈이 있다
　トゥミ　イッタ

　짬이 없다
　チャミ　オプタ

　한가한 시간
　ハンガハン　シガン

비밀
ピミル

　비밀이 있다
　ピミリ　　イッタ

　비밀을 지키다
　ピミルル　チキダ

は

秘密の時間
히미쯔노 지 깡
비밀의 시간
ピミレ　シガン

## ひよう（費用）
히 요—
**비용**
ピョン

費用がかかる
히요—가 가 까 루
비용이 들다
ピョンイ　トゥルダ

費用を請求する
히요—오 세—뀨—스 루
비용을 청구하다
ピョンウル チョングハダ

費用をもらう
히요—오 모 라 우
비용을 받다
ピョンウル パッタ

## びょういん（病院）
뵤— 잉
**병원**
ピョンウォン

病院に通う
뵤—인니 가요우
병원에 다니다
ピョンウォネ タニダ

救急病院
뀨—뀨—뵤—잉
구급 병원
クグプ　ピョンウォン

病院に入院する
뵤—인니 뉴—인스루
병원에 입원하다
ピョンウォネ イブォンハダ

## びょうき（病気）
뵤— 끼
**병**
ピョン

病気にかかる
뵤—끼니 가 까 루
병이 들다
ピョンイ ドゥルダ

病気をなおす
뵤—끼오 나 오 스
병을 고치다
ピョンウル コチダ

重い病気
오모이 뵤—끼
무거운 병
ムゴウン　ピョン

## ひょうげん（表現）
효— 겡
**표현**
ピョヒョン

表現の自由
효—젠노 지유—
표현의 자유
ピョヒョネ　チャユ

表現方法が新しい
효—겡호—호—가 아따라시—
표현 방법이 새롭다
ピョヒョン パンボビ セロプタ

豊かな表現
유따까나 효—겡
풍부한 표현
プンブハン ピョヒョン

## ひょうじょう（表情）
효— 죠—
**표정**
ピョジョン

は

表情が明るい
효—죠—가 아까루이

표정이 밝다
ピョジョンイ パルタ

豊かな表情
유따가나 효—죠—

풍부한 표정
プンブハン ピョジョン

顔の表情がいい
가오노 효—죠—가이—

얼굴 표정이·좋다
オルグル ピョジョンイ チョッタ

## ひょうばん（評判）
효—　방

## 평판
ピョンパン

評判が悪い
효—방가 와루이

평판이 나쁘다
ピョンパニ ナプダ

あの人は評判がいい
아 노 히또와 효—방가 이—

저 사람은 평판이
チョ サラムン ピョンパニ

좋다
チョッタ

## ひらく（開く）
히라꾸

## 열다, 피다
ヨルダ ピダ

戸を開く
도 오 히라꾸

문을 열다
ムヌル ヨルダ

花が開く
하나가 히라꾸

꽃이 피다
コッチ ピダ

心を開く
고꼬로오 히라꾸

마음을 열다
マウムル ヨルダ

## ひる（昼）
히 루

## 낮
ナッ

昼寝
히루네

낮잠
ナッチャム

昼の食事
히루노 쇼꾸지

점심 식사
チョムシム シクサ

昼に公園を散歩する
히루니 고—엥오 삼뽀스루

낮에 공원을 산보하다
ナジェ コンウォヌル サンポハダ

## ひろい（広い）
히 로 이

## 넓다
ノルタ

広い部屋
히로이 헤 야

넓은 방
ノルブン パン

海は広い
우미와 히로이

바다는 넓다
パダヌン ノルタ

広い庭のある家
히로이 니와노 아루이에

넓은 뜰이 있는 집
ノルブン トゥリ インヌン チブ

**ひろう**（拾う）
히 로 우

**줍다**
チュプタ

栗を拾う
구리오 히로우

밤을 줍다
パムル　チュプタ

拾った物を届ける
히롣 따 모노오 도도께루

주운 물건을 신고하다
チュウン ムルゴヌル　シンゴハダ

お金を拾った
오까네오 히롣 따

돈을 주웠다
トヌル　チュウォッタ

**ひろがる**（広がる）
히 로 가 루

**넓어지다, 퍼지다**
ノルボジダ　　ポジダ

道が広がる
미찌가 히로가루

길이 넓어지다
キリ　　ノルボジダ

波紋が広がった
하몽 가 히로갇 따

파문이 퍼졌다
パムニ　　ポジョッタ

噂が広がる
우와사가 히로가루

소문이 퍼지다
ソムニ　　ポジダ

**びんかん**（敏感）
빙　깡

**민감**
ミンガム

流行に敏感だ
류—꼬—니 빙 깐 다

유행에 민감하다
ユヘンエ ミンガマダ

敏感に反応する
빙 깐 니 한 노—스 루

민감하게 반응하다
ミンガマゲ　　パヌンハダ

新しい物に敏感な青年達
아따라시—모노니 빙깐나　세—넨다찌

새것에 민감한 청년들
セゴセ　ミンガマン チョンニョンドル

**びんぼう**（貧乏）
빔　보—

**가난함**
カナナム

昔は貧乏だった
무까시와 빔보— 닫 따

옛날은 가난했다
イェンナルン カナネッタ

彼は貧乏な家に生れた
가레와 빔보—나 이에니 우마레따

그는 가난한 집에 태어
クヌン カナナン チベ　テオ

났다
ナッタ

貧乏人
빔보—징

가난한 사람
カナナン　サラム

# 【ふ】

ふあん (不安)
후 앙

不安を持った
후 앙 오 몯 따

社会不安
샤까이 후 앙

不安をのぞく
후 앙 오 노 조 꾸

ふうけい (風景)
후ー 께ー

風景画を描く
후ー께ー가오 에까꾸

風景を見る
후ー께ー오 미 루

美しい風景
우쯔꾸시ー 후ー께ー

ふうとう (封筒)
후ー 또ー

封筒に入れる
후ー또ー니 이 레 루

封筒を買う
후ー또ー오 가 우

封筒をもらった
후ー또ー오 모 랃 따

ふうふ (夫婦)
후ー 후

夫婦げんか
후ー후 겡 까

仲のいい夫婦
나까노 이ー 후ー후

夫婦になる
후ー후니 나 루

불안
プラン

불안을 가졌다
プラヌル　カジョッタ

사회 불안
サフェ　プラン

불안을 없애다
プラヌル　オプセダ

풍경
プンギョン

풍경화를 그리다
プンギョンファルル クリダ

풍경을 보다
プンギョンウル ポダ

아름다운 풍경
アルムダウン　プンギョン

봉투
ポントゥ

봉투에 넣다
ポントゥエ　ノッタ

봉투를 사다
ポントゥルル サダ

봉투를 얻었다
ポントゥルル オドッタ

부부
ププ

부부 싸움
ププ　サウム

사이 좋은 부부
サイ　チョウン ププ

부부가 되다
ププガ　テダ

は

プール
뿌ー루

　プールで泳ぐ
　뿌ー 루 데 오요구

　プールに行く
　뿌ー 루 니 이 꾸

　プールで会おう
　뿌ー 루 데 아 오ー

ふえる（増える）
후 에 루

　貯金が増える
　쪼 낑 가 후 에 루

　人口が増えた
　징꼬ー가 후 에 따

　施設が増える
　시 세 쯔가 후 에 루

ふかい（深い）
후 까 이

　深い海
　후까이 우미

　考えが深い
　캉가에가 후까이

ふきゅう（普及）
후 뀨ー

　雑誌を普及する
　잣 시 오 후뀨ー 스 루

　普及版をつくる
　후뀨ー방오 쯔 꾸 루

　たくさん普及された
　다 꾸 상　후뀨ー 사 레 따

ふきん（付近）
후 낑

　家の付近
　이에노 후 낑

　付近に学校がある
　후 낑 니 각꼬ー가 아 루

풀, 수영장
プル　スヨンジャン

　풀에서 헤엄치다
　プレソ　　　ヘオムチダ

　수영장에 가다
　スヨンジャンエ　カダ

　수영장에서 만나자
　スヨンジャンエソ　マンナジャ

늘다, 증가하다
ヌルダ　チュンガハダ

　저금이 늘다
　チョグミ　ヌルダ

　인구가 증가했다
　イングガ　　チュンガヘッタ

　시설이 증가하다
　シソリ　　チュンガハダ

깊다
キプタ

　깊은 바다
　キップン パダ

　생각이 깊다
　センガギ　キプタ

보급
ポグプ

　잡지를 보급하다
　チャプチルル ポグプハダ

　보급판을 만들다
　ポグプパヌル　マンドゥルダ

　많이 보급되었다
　マニ　　ポグプテオッタ

근처, 부근
クンチョ　ブグン

　집 근처
　チプ クンチョ

　부근에 학교가 있다
　プグネ　　ハッキョガ イッタ

付近の病院に行く
후 낀 노 뵤ー인니 이 꾸

근처의 병원에 가다
クンチョエ ピョンウォネ カダ

ふく（吹く）
후 꾸

불다
プルダ

風が吹く
가제가 후 꾸

바람이 불다
パラミ　　プルダ

楽器を吹く
각 끼 오 후 꾸

악기를 불다
アッキルル　プルダ

口笛を吹く
구찌부에오 후 꾸

휘파람을 불다
フィパラムル　プルダ

ふくざつ（複雑）
후 꾸 자 쯔

복잡
ポクチャプ

複雑な心情
후꾸자쯔나 신죠ー

복잡한 심정
ポクチャパン　シムジョン

問題が複雑だ
몬다이가 후꾸자쯔다

문제가 복잡하다
ムンジェガ ポクチャパダ

現代は複雑な社会だ
겐다이와 후꾸자쯔나 샤까이다

현대는 복잡한 사회다
ヒョンデヌン ポクチャパン サフェダ

ふくむ（含む）
후 꾸 무

포함하다
ポハマダ

いろいろな問題を含む
이 로 이 로 나 몬다이오 후꾸무

여러 가지 문제를
ヨロ　　ガジ　　ムンジェルル
포함하다
ポハマダ

成分を含む
세ー붕오 후꾸무

성분을 포함하다
ソンブヌル ポハマダ

ふくろ（袋）
후 꾸 로

봉지, 주머니
ポンジ チュモニ

袋に入れる
후꾸로니 이 레 루

봉지에 넣다
ポンジエ　ノッタ

袋から出す
후꾸로까라 다 스

주머니에서 내다
チュモニエソ　　ネダ

袋をつくる
후꾸로오 쯔 꾸 루

주머니를 만들다
チュモニルル　　マンドゥルダ

ふけいき（不景気）
후 께ー 끼

불경기
プルギョンギ

は

不景気になる
후 께-끼니 나 루

불경기가 되다
プルギョンギガ テダ

周期的な不景気
슈-끼몌끼나 후 께-끼

주기적인 불경기
チュギジョギン　プルギョンギ

不景気だなあ
후 께-끼다 나-

불경기구나
プルギョンギグナ

### ふこう（不幸）
후 꼬-

### 불행
プレン

不幸な人
후꼬-나 히또

불행한 사람
プレンハン　サラム

不幸になる
후꼬-니 나 루

불행하게 되다
プレンハゲ　デダ

不幸なことだ
후꼬-나 고 또 다

불행한 일이다
プレンハン イリダ

### ふせぐ（防ぐ）
후 세 구

### 막다
マクタ

道を防ぐ
미찌오 후세구

길을 막다
キルル　マクタ

雨を防ぐ
아메오 후세구

비를 막다
ピルル　マクタ

### ふつう（普通）
후 쯔-

### 보통
ポトン

普通の人
후쯔-노 히또

보통 사람
ポトン サラム

ごく普通だ
고꾸 후쯔-다

극히 보통이다
クゥキ ポトンイダ

普通じゃない
후쯔-쟈　나 이

보통이 아니다
ポトンイ アニダ

### ぶっか（物価）
북　까

### 물가
ムルカ

物価があがる
북 까가아 가 루

물가가 오르다
ムルカガ　オルダ

物価指数
북 까시 스-

물가 지수
ムルカ チス

物価が下がった
북 까가사 갇　따

물가가 내렸다
ムルカガ ネリョッタ

ふとい（太い）
후 또 이

　線が太い
　셍 가 후또이

　太い木
　후또이 홍

　太い声
　후또이 고에

ふね（船、舟）
후 네

　船に乗る
　후네니 노 루

　船が沈む
　후네가 시즈무

　舟歌をうたう
　후나우따오 우 따 우

ふべん（不便）
후 벵

　不便なところ
　후 벤 나 도 꼬 로

　不便すぎる
　후 벤 스 기 루

　交通の不便な山あい
　고ー쯔ー노 후 벤 나 야마아이

ふまん（不満）
후 망

　不満を持つ
　후 망 오 모 쯔

　不満をなくす
　후 망 오 나 꾸 스

　不満の声があがる
　후 만 노 고에가아 가 루

ふむ（踏む）
후 무

　土を踏む
　쯔찌오 후 무

굵다
ク ル タ

　선이 굵다
　ソ ニ　ク ル タ

　굵은 나무
　ク ル グン ナ ム

　굵은 목소리
　ク ル グン モ ク ソ リ

배
ペ

　배를 타다
　ペ ル ル　タ ダ

　배가 가라앉다
　ペ ガ　　カ ラ アン タ

　뱃노래를 부르다
　ペン ノ レ ル ル　プ ル ダ

불편
プ ル ピョン

　불편한 곳
　プ ル ピョ ナン　ゴ ッ

　너무 불편하다
　ノ ム　　プ ル ピョ ナ ダ

　교통이 불편한 산골
　キョ トン イ　プ ル ピョ ナン サン コ ル

불만
プ ル マン

　불만을 가지다
　プ ル マ ヌ ル　カ ジ ダ

　불만을 없애다
　プ ル マ ヌ ル　オ プ セ ダ

　불만의 소리가 높아지다
　プ ル マ ネ　ソ リ ガ　　　ノ パ ジ ダ

밟다
パ ル タ

　땅을 밟다
　タン ウ ル　パ ル タ

は

踏んだところ
훈 다 도 꼬로

밟은 장소
パルブン チャンソ

足で踏みつける
아시데 후미 쯔께루

발로 꼭 밟다
パルロ コク パルタ

**ふゆ**(冬)
후유

**겨울**
キョウル

冬は寒い
후유와 사무이

겨울은 춥다
キョウルン チュプタ

冬の風景
후유노 후―께―

겨울 풍경
キョウル プンギョン

冬じたく
후유지 따 꾸

겨울 준비
キョウル チュンビ

**ふる**(降る)
후루

**내리다, 오다**
ネリダ オダ

雪が降る
유끼가 후 루

눈이 내리다
ヌニ ネリダ

雨が降ってきた
아메가 훋 떼 기 따

비가 오고 있다
ピガ オゴ イッタ

霜が降った
시모가 훋 따

서리가 내렸다
ソリガ ネリョッタ

**ふるい**(古い)
후루이

**오래 되다, 헐다, 낡다**
オレ デダ ホルダ ナルタ

この会社では古い
고 노 가이샤데와 후루이

이 회사에서는 오래되다
イ フェサエソヌン オレデダ

古い家
후루이 이에

헌 집
ホン チプ

古い考えだねえ
후루이 강가에 다 네―

낡은 생각이네
ナルグン センガギネ

**ふるえる**(震える)
후루에루

**떨리다, 흔들리다**
トルリダ フンドゥルリダ

身体が震える
신따이가 후루에루

몸이 떨리다
モミ トルリダ

心が震える
고꼬로가 후루에루

마음이 흔들리다
マウミ フンドゥルリダ

**ふれる**(触れる)
후 레 루

**닿다**
タッタ

人に触れる
히또니 후 레 루

手に触れる
데 니 후 레 루

ふろ(風呂)
후 로

風呂に入る
후 로 니 하이루

風呂を洗う
후 로 오 아라우

風呂に行く
후 로 니 이 꾸

ぶんか(文化)
붕 까

文化遺産
붕 까 이 상

文化を築く
붕 까 오 기즈꾸

同じ文化圏に属する
오나지 붕 까 껜 니 조꾸스루

ぶんがく(文学)
붕 가 꾸

文学研究家
붕가꾸 겡뀨ー까

文学を講義する
붕가꾸오 고ー기스루

文学作品を創作する
붕가꾸사꾸힝오 소ー사꾸스루

ぶんめい(文明)
붐 메ー

文明社会
붐메ー 샤까이

文明を開拓する
붐메ー오 가이따꾸스루

文明が崩壊する
붐메ー가 호ー까이스루

사람에 닿다
サラメ　　タッタ

손에 닿다
ソネ　　タッタ

**목욕, 목욕탕**
モギョク モギョクタン

목욕을 하다
モギョグル　ハダ

목욕탕을 씻다
モギョクタンウル　シッタ

목욕탕에 가다
モギョクタンエ　カダ

**문화**
ムヌァ

문화 유산
ムヌァ　ユサン

문화를 이룩하다
ムヌァルル　イルクカダ

같은 문화권에 속하다
カットゥン ムヌァクォネ　ソクカダ

**문학**
ムナク

문학 연구가
ムナク　ヨングガ

문학을 강의하다
ムナグル　　カンウィハダ

문학 작품을 창작하다
ムナク　チャクプムル　チャンジャクカダ

**문명**
ムンミョン

문명 사회
ムンミョン サフェ

문명을 개척하다
ムンミョンウル ケチョクカダ

문명이 붕괴되다
ムンミョンイ　プングェデダ

は

## 【ヘ】

へいきん（平均）
혜―낑

平均年齢
혜―낑 넨레―

平均的だ
혜―낑 떼끼다

へいわ（平和）
혜― 와

平和の使節
혜―와노 시세쯔

平和な国だ
혜―와나 구니다

平和共存をする
혜―와 교―송오 스 루

へた（下手）
혜 따

下手な言葉
혜 따 나 고또바

交渉が下手だ
고―쇼―가 혜 따 다

演技が下手だ
엥기 가 혜 따 다

へや（部屋）
혜 야

部屋が広い
혜 야 가 히로이

部屋のかざり
혜 야 노 가 자 리

部屋を掃除する
혜 야 오 소―지스루

へる（減る）
혜 루

평균
ピョンギュン

평균 연령
ピョンギュン ヨンリョン

평균적이다
ピョンギュンジョギダ

평화
ピョンファ

평화의 사절
ピョンファエ サジョル

평화로운 나라다
ピョンファロウン ナラダ

평화 공존을 하다
ピョンファ コンジョヌル ハダ

서투름
ソトゥルム

서투른 말
ソトゥルン ル

교섭이 서투르다
キョソビ ソトゥルダ

연기가 서투르다
ヨンギガ ソトゥルダ

방
パン

방이 넓다
パンイ ノルタ

방의 장식
パンエ チャンシク

방을 청소하다
パンウル チョンソハダ

줄다, 적어지다
チュルダ チョゴジダ

人が減る
히또가 헤루

사람이 줄다
サラミ　チュルダ

量が減った
료-가 헹　따

양이 줄었다
ヤンイ　チュロッタ

資金が減る
시낑가 헤루

자금이 적어지다
チャグミ　チョゴジダ

## へん（変）
헹

## 이상함
イサンハム

変だなあ
헹 다 나-

이상하구나
イサンハグナ

変な人
헹 나 히또

이상한 사람
イサンハン　サラム

変な事だ
헹 나 고또다

이상한 일이다
イサンハン　イリダ

## へんか（変化）
헹　까

## 변화
ピョヌァ

よく変化する
요꾸헹까스루

잘 변화하다
チャル ピョンナハダ

変化に敏感だ
헹 까 니 빙깐 다

변화에 민감하다
ピョヌァエ ミンガマダ

変化が少ない
헹 까 가 스꾸나이

변화가 적다
ピョヌァガ　チョクタ

## へんじ（返事）
헹　지

## 대답
テダプ

返事する
헹 지 스루

대답하다
テダプパダ

返事を待つ
헹 지 오 마 쯔

대답을 기다리다
テダブル　キダリダ

誤まった返事
아야 맏 따 헹 지

틀린 대답
トゥルリン テダプ

## べんり（便利）
벤　리

## 편리
ピョルリ

便利な物だ
벤 리 나 모노다

편리한 물건이다
ピョルリハン　ムルゴニダ

便利な機械
벤 리 나 기까이

편리한 기계
ピョルリハン　キゲ

は

| あまり便利でない | 그리 편리하지 않다 |
| --- | --- |
| 아마리벤리데나이 | クリ ピョルリハジ アンタ |

## 【ほ】

**ぼうえき（貿易）**
보ー에끼

**무역**
ムヨク

貿易摩擦
보ー에끼마사쯔

무역 마찰
ムヨク マチャル

貿易を拡大する
보ー에끼오 가꾸다이스루

무역을 확대하다
ムヨグル ファクテハダ

貿易赤字が出た
보ー에끼 아까지가 데 따

무역 적자가 났다
ムヨク チョクチャガ ナッタ

**ほうこう（方向）**
호ー 꼬ー

**방향**
パンヒャン

方向を定める
호ー꼬ー오 사다메루

방향을 정하다
パンヒャンウル チョンハダ

方向を誤まる
호ー꼬ー오 아야마루

방향이 틀리다
パンヒャンイ トゥルリダ

西の方向に行く
니시노 호ー꼬ー니 이 꾸

서쪽 방향으로 가다
ソッチョク パンヒャンウロ カダ

**ほうこく（報告）**
호ー 꼬꾸

**보고**
ポゴ

事業報告書
지교ー호ー꼬꾸쇼

사업 보고서
サオプ ポゴソ

上司に報告する
죠ー시니 호ー꼬꾸스루

상사에 보고하다
サンサエ ポゴハダ

間違った報告をする
마 찌깓 따 호ー꼬꾸오 스 루

틀린 보고를 하다
トゥルリン ポゴルル ハダ

**ぼうし（帽子）**
보ー 시

**모자**
モジャ

帽子をかぶる
보ー시오 가 부 루

모자를 쓰다
モジャルル スダ

は

帽子を買う
보ー시오 가 우

모자를 사다
モジャルル サダ

帽子をかける
보ー시오 가 께 루

모자를 걸다
モジャルル コルダ

## ほうしん（方針）
호ー　　싱

## 방침
パンチム

方針を立てる
호ー싱오 다 떼 루

방침을 세우다
パンチムル セウダ

基本方針
기 홍 호ー싱

기본 방침
キボン　パンチム

方針を実行する
호ー싱오 직꼬ー스루

방침을 실행하다
パンチムル シレンハダ

## ほうそう（放送）
호ー　소ー

## 방송
パンソン

放送網
호ー소ー모ー

방송망
パンソンマン

ラジオ放送を聞く
라 지 오 호ー소ー오 기 꾸

라디오 방송을 듣다
ラディオ　パンソンウル トゥッタ

テレビの放送を見た
테 레 비 노 호ー소ー오 미 따

티비(TV)방송을 보았다
ティビ　　　　パンソンウル ポアッタ

## ほうどう（報道）
호ー　도ー

## 보도
ポド

報道機関
호ー도ー기깡

보도 기관
ポド　　キグァン

報道の客観性
호ー도ー노 각깐세ー

보도의 객관성
ポドエ　　ケックァンソン

報道の自由を保障する
호ー도ー노 지유ー오 호쇼ー스루

보도의 자유를 보장하다
ポドエ　　チャユルル ポジャンハダ

## ほうほう（方法）
호ー　호ー

## 방법
パンボブ

いろんな方法がある
이 론　나 호ー호ー가아 루

여러 가지 방법이 있다
ヨロガジ　　パンボビ イッタ

方法論の研究
호ー호ー론노 겡뀨ー

방법론의 연구
パンボムノネ ヨング

その方法でいいよ
소 노 호ー호ー데 이ー　요

그 방법으로 좋아요
ク　パンボブロ　チョアヨ

## ほうりつ(法律)
호—리쯔

法律を守る
호—리쯔오 마모루

法律家
호—리쯔까

法律を犯す
호—리쯔오 오까스

## ほけん(保険)
호껭

保険を使う
호 껭 오 쯔까우

保険料を支払う
호껜료—오 시하라우

保険証を提出する
호껜쇼—오 데—슈쯔스루

## ほご(保護)
호고

鳥の保護区
도리노 호 고 꾸

動物を保護する
도—부쯔오 호 고 스루

生命を保護する
세—메—오 호 고 스 루

## ほし(星)
호시

星が光る
호시가 히까루

星が流れる
호시가 나가레루

星を見る
호시오 미 루

## ほしい(欲しい)
호 시—

何が欲しいですか
나니가호 시— 데 스 까

## 법률
ポムニュル

법률을 지키다
ポムニュルル チキダ

법률가
ポムニュルガ

법률을 어기다
ポムニュルル オギダ

## 보험
ポホム

보험을 사용하다
ポホムル サヨンハダ

보험료를 지불하다
ポホムニョルル チブルハダ

보험증을 제출하다
ポホムチュンウル チェチュルハダ

## 보호
ポホ

새의 보호구
セエ ポホグ

동물을 보호하다
トンムルル ポホハダ

생명을 보호하다
センミョンウル ポホハダ

## 별
ピョル

별이 반짝이다
ピョリ パンチャギダ

별이 흐른다
ピョリ フルンダ

별을 보다
ピョルル ポダ

## 갖고 싶다
カッコ シプタ

무엇을 갖고 싶습니까?
ムオスル カッコ シプスムニカ

は

宝石が欲しい
호ー세끼가 호 시ー

보석을 갖고 싶어요
ポソグル　カッコ　シッポョ

ほしょう（保証）
호 쇼ー

보증
ポジュン

保証人が必要だ
호쇼ー닝가 히쯔요ー다

보증인이 필요하다
ポジュンイニ　ピリョハダ

身元を保証する
미모또오 호쇼ー스루

신원을 보증하다
シヌォヌル ポジュンハダ

保証書を提出する
호쇼ー쇼오 데ー슈쯔스루

보증서를 제출하다
ポジュンソルル　チェチュルハダ

ほそい（細い）
호 소 이

가늘다
カヌルダ

線が細い
셍 가 호소이

선이 가늘다
ソニ　　カヌルダ

細い糸
호소이 이또

가는 줄
カヌヌ　チュル

声が細い
고에가 호소이

목소리가 가늘다
モクソリガ　　カヌルダ

ほとんど（殆ど）
호 똔　도

거의
コウィ

ほとんど全部の人が
호 똔　도젬부노 히또가

거의 모든 사람이
コウィ　モドゥン サラミ

ほとんどあっている
호 똔도　알　떼이루

거의 만나고 있다
コウィ　マンナゴ イッタ

ほね（骨）
호 네

뼈, 힘듬
ピョ　ヒムドゥム

犬の骨
이누노 호네

개의 뼈
ケエ　ピョ

骨がおれる
호네가오 레루

몹시 힘들다
モプシ　ヒムドゥルダ

ほる（掘る）
호 루

파다
パダ

穴を掘る
아나오 호 루

구멍을 파다
クモンウル　　パダ

水路（溝）を掘る
스이로(미조)오 호 루

물도랑을 파다
ムルトランウル　　パダ

は

井戸を掘る
이 도 오 호 루

우물을 파다
ウムルル　パダ

**ほんとう(本当)**
혼　또ー

**정말**
チョンマル

本当にそうですか
혼또ー니 소ー 데스까

정말 그렇습니까?
チョンマル クロッスムニッカ

本当に逢ってるの
혼또ー니 앝　떼루노

정말 만나고 있어요?
チョンマル マンナゴ　イッソヨ

本当かい
혼또ー까이

정말이지
チョンマリジ

# 【ま】

は

マイナス
마 이 나 스

마이너스
マイノス

マイナス10度
마 이 나 스 쥬ー도

마이너스 10도
マイノス　シァト

マイナスだねこれは
마 이 나 스 다 네 고 레 와

마이너스네요, 이것은
マイノスネヨ　　イゴスン

評価はマイナスよ
효ー까와 마 이 나 스 요

평가는 마이너스야
ピョンカヌン マイノスヤ

**まえ(前)**
마 에

**(이)전, 앞**
イ ジョン アブ

前に会ったことがある
마에니앝　따 고또가아루

(이)전에 만난 일이 있다
イ ジョネ マンナン イリ イッタ

家の前に学校がある
이에노 마에니 각꼬ー가 아 루

집 앞에 학교가 있다
チ バッペ ハクキョガ イッタ

前から好きだった
마에까라 스 끼 닽　따

(이)전부터 좋아했다
イジョンブト　　チョアヘッタ

**まかせる(任せる)**
마 까 세 루

**맡기다**
マッキダ

仕事を任せる
시고또오 마까세루

일을 맡기다
イルル マッキダ

店を任せる
미세오 마까세루
가게를 맡기다
カゲル マッキダ

**まがる**（曲る）
마 가 루
**구부러지다, 돌다**
クブロジダ　　トルダ

道が曲る
미찌가 마가루
길이 구부러지다
キリ　クブロジダ

右に曲る
미기니 마가루
오른쪽으로 돌다
オルンチョグロ　トルダ

左に曲った
히다리니 마간 따
왼쪽으로 돌았다
ウェンチョグロ　トラッタ

**まく**（巻く）
마 꾸
**말다, 감다**
マルダ　カムタ

紙を巻く
가미오 마 꾸
종이를 말다
チョンイル　マルダ

糸を巻く
이또오 마 꾸
실을 감다
シル　カムタ

**まける**（負ける）
마 께루
**지다**
チダ

試合に負ける
시아이니 마 께루
시합에 지다
シハベ　チダ

けんかに負ける
겡　까니마께루
싸움에 지다
サウメ　チダ

勝負に負けたね
쇼ー부니 마 께 따네
승부에 졌군요
スンブエ　チョックニョ

**まご**（孫）
마 고
**손자**
ソンジャ

孫を見る
마고오 미 루
손자를 보다
ソンジャル　ポダ

孫に会う
마고니 아 우
손자를 만나다
ソンジャル　マンナダ

孫をかわいがる
마고오가 와 이 가루
손자를 귀여워하다
ソンジャル　クィヨウォハダ

**まさつ**（摩擦）
마 사 쯔
**마찰**
マチャル

摩擦をおこす
마사쯔오 오 꼬 스
마찰을 일으키다
マチャル　イルキダ

ま

摩擦を解消する
마사쯔오 가이쇼-스루

마찰을 해소하다
マチャルル ヘソハダ

**まじめ**(真面目)
마지메

**진지함, 착실함**
チンジハム チャクシラム

彼は真面目だ
가레와 마지메 다

그는 진지하다
クヌン チンジハダ

彼女は真面目な人だ
가노죠와 마지메 나 히또다

그녀는 착실한 사람이다
クニョヌン チャクシラン サラミダ

真面目に努力する
마지메 니 도료꾸스루

착실하게 노력하다
チャクシラゲ ノリョクカダ

**まずい**
마즈이

**서투르다, 맛이 없다,**
ソトゥルダ マシ オプタ

**재미없다**
チェミオプタ

それはまずい
소레와마즈이

그것은 서투르다
クゴスン ソトゥルダ

料理がまずい
료-리가 마즈이

요리가 맛이 없다
ヨリガ マシ オプタ

まずい話だ
마즈이 하나시다

재미없는 이야기다
チェミオムヌン イヤギダ

**まずしい**(貧しい)
마즈시-

**가난하다, 빈약하다**
カナナダ ピニャクカダ

貧しい家に生れる
마즈시- 이에니 우마레루

가난한 집에 태어나다
カナナン チベ テオナダ

貧しい発想
마즈시- 핫소-

빈약한 발상
ピニャクカン パルサン

貧しい暮し
마즈시- 구라시

가난한 살림살이
カナナン サルリムサリ

**まだ**
마다

**아직도, 여태까지**
アジクト ヨテカジ

まだ来ない
마다꼬나이

아직도 오지 않는다
アジクト オジ アンヌンダ

まだ出来ていない
마다데끼데이나이

여태까지 안되고 있다
ヨテカジ アンデゴ イッタ

まだまだだ
마다마다다

아직도 멀었다
アジクト モロッタ

**まち**(町/街)
마 찌

町に買物に行く
마찌니 가이모노니 이꾸

新しい町が出来る
아따라시— 마찌가 데 끼 루

街に出る
마찌니 데 루

**まちがう**(間違う)
마 찌 가 우

答えを間違える
고따에오 마찌가에루

選択を間違った
센따꾸오 마 찌간 따

進路を間違えた
신 로 오 마찌가에따

**まつ**(待つ)
마 쯔

時期を待つ
지 끼 오 마 쯔

機会を待つ
기까이오 마 쯔

人を待つ
히또오 마 쯔

**まったく**(全く)
말　　따 꾸

全く嘘だ
말따꾸 우소다

全く間違えた
말따꾸 마찌가에따

全く違う
말따꾸 찌가우

**まど**(窓)
마 도

窓をあける
마도오 아 께 루

시내, 시가지
シネ　　シガジ

시내에 쇼핑하러 가다
シネエ　　ショピンハロ カダ

새로운 시가지가 생기다
セロウン　シガジガ　　センギダ

시내에 나가다
シネエ　　ナガダ

**틀리다, 잘못되다**
トゥルリダ　チャルモッテダ

답이 틀리다
タビ　トゥルリダ

선택이 잘못되었다
ソンテギ　チャルモッテオッタ

진로가 틀렸다
チルロガ　トゥルリョッタ

**기다리다**
キダリダ

시기를 기다리다
シギルル　キダリダ

기회를 기다리다
キフェルル キダリダ

사람을 기다리다
サラムル　キダリダ

**완전히, 전혀**
ワンジョニ　チョニョ

완전히 거짓말이다
ワンジョニ　コジンマリダ

완전히 틀렸다
ワンジョニ　トゥルリョッタ

전혀 다르다
チョニョ タルダ

**창, 창문**
チャン チャンムン

창을 열다
チャンウル ヨルダ

窓をしめる
마도오 시 메 루

창문을 닫다
チャンムヌル タッタ

窓から見おろす
마도까라 미 오 로 스

창문에서 내다보다
チャンムネソ ネダボダ

## まなぶ(学ぶ)
마 나 부

## 배우다
ペウダ

ハングルを学ぶ
항 구 루 오 마나부

한글을 배우다
ハングルル ペウダ

学んだ知識
마 난 다 찌시끼

배운 지식
ペウン チシク

学問を学ぶ
가꾸몽오 마나부

학문을 배우다
ハンムヌル ペウダ

## まにあう(間に合う)
마 니 아 우

## (시간에)대다, 맞게 가다
シガネ テダ マッケ ガダ

約束(した時間)にまにあう
약소꾸 (시따지깐) 니 마 니 아 우

약속한 시간에 대다
ヤクソックカン シガネ テダ

会議に間に合う
가이기니 마 니 아 우

회의에 맞게 가다
フェウィエ マッケ ガダ

手続きに間に合う
데쯔즈끼니 마 니 아 우

수속 시간에 대다
スソク シガネ テダ

## まね
마 네

## 흉내
ヒュンネ

まねをする
마 네 오 스 루

흉내를 내다
ヒュンネルル ネダ

動物のまね
도ー부쯔노 마네

동물의 흉내
トンムレ ヒュンネ

声のまねをする
고에노 마 네 오 스 루

목소리의 흉내를 내다
モクソリエ ヒュンネルル ネダ

## まねく(招く)
마 네 꾸

## 초대하다, 초래하다
チョデハダ チョレハダ

人を招く
히또오 마네꾸

사람을 초대하다
サラムル チョデハダ

代表団を招く
다이효ー당오 마네꾸

대표단을 초대하다
テピョダヌル チョデハダ

災害を招く
사이가이오 마네꾸

재해를 초래하다
チェヘルル チョレハダ

**まもる**(守る)
마 모 루

  道徳を守る
  도—또꾸오 마모루

  人権を守る
  징 껭 오 마모루

  規律を守った
  기리쯔오 마몯 따

**まよう**(迷う)
마 요 우

  道に迷う
  미찌니 마요우

  選択に迷う
  센따꾸니 마요우

**まるい**(円い/丸い)
마 루 이

  まるいかご
  마 루 이 가 고

  月がまるい
  쯔끼가 마 루 이

  まるい顔をしている
  마 루 이 가오오 시 떼 이 루

**まわる**(回る)
마 와 루

  目が回る
  메 가 마와루

  回る機械
  마와루 기까이

**まんぞく**(満足)
만 　 조 꾸

  成功に満足した
  세—꼬—니 만조꾸시따

  満足な結果だ
  만조꾸나 겍 까 다

  満足な答え
  만조꾸나 고따에

**지키다, 보호하다**
チキダ　　　ポホハダ

  도덕을 지키다
  トドグル　チキダ

  인권을 보호하다
  インクォヌル ポホハダ

  규율을 지켰다
  キュユルル チキョッタ

**헤매다**
ヘメダ

  길을 헤매다
  キルル　ヘメダ

  선택을 망설이다
  ソンテグル マンソリダ

**둥글다**
トゥングルダ

  둥근 바구니
  トゥングン パグニ

  달이 둥글다
  タリ　　トゥングルダ

  둥근 얼굴을 하고 있다
  トゥングン オルグルル ハゴ　イッタ

**돌다**
トルダ

  눈이 돌다
  ヌニ　　トルダ

  도는 기계
  トヌン キゲ

**만족**
マンジョク

  성공에 만족했다
  ソンゴンエ マンジョッケッタ

  만족스러운 결과다
  マンジョクスロウン キョルグァダ

  만족스러운 대답
  マンジョクスロウン テダプ

# 【み】

**みえる**（見える）
미에루

보이다
ポイダ

山が見える
야마가 미 에 루

산이 보이다
サニ　ポイダ

海が見えた
우미가 미 에 따

바다가 보였다
パダガ　ポヨッタ

目が見えない
메가 미 에 나 이

눈이 안 보인다
ヌニ　アン ポインダ

**みがく**（磨く）
미 가 꾸

닦다, 연마하다
タクタ　ヨンマハダ

技術を磨く
기쥬쯔오 미가꾸

기술을 닦다
キスルル　タクタ

基礎を磨いた
기 소 오 미가이따

기초를 닦았다
キチョルル　タクカッタ

腕を磨く
우데오 미가꾸

솜씨를 연마하다
ソムシルル　ヨンマハダ

**みぎ**（右）
미 기

오른쪽, 우측
オルンチョク　ウチュク

右に曲る
미기니 마가루

오른쪽으로 돌다
オルンチョグロ　トルダ

右を見る
미기오 미루

우측을 보다
ウチュグル　ポダ

右側を歩く
미기가와오 아루꾸

오른쪽을 걷다
オルンチョグル　コッタ

**みごと**（見事）
미 고 또

멋짐, 훌륭함
モッチム　フルリュンハム

見事な演技だ
미고또나 엥 기 다

멋진 연기다
モッチン ヨンギダ

見事な作品だ
미고또나 사꾸힌다

훌륭한 작품이다
フルリュンハン チャクプミダ

見事な色彩だ
미고또나 시끼사이다

멋진 색채다
モッチン セクチェダ

# みじかい(短い)
미 지 까 이

### 短い鉛筆
미지까이 엠삐쯔

### 短い休みが終る
미지까이 야스미가 오와루

### 日が短い
히 가 미지까이

# みず(水)
미 즈

### 水を飲む
미즈오 노 무

### 水をそそぐ
미즈오 소 소 구

### 水を流す
미즈오 나가스

# みずうみ(湖)
미 즈 우 미

### 凍った湖
고온 따 미즈우미

### 湖で泳ぐ
미즈우미데 오요구

### 湖をながめる
미즈우미오 나가메루

# みせ(店)
미 세

### 店をひらく
미세오 히 라 꾸

### 店で物を買う
미세데 모노오 가 우

# みせる(見せる)
미 세 루

### 情報を見せる
죠-호-오 미 세 루

### 絵を見せた
에 오 미 세 따

# 짧다
チャルタ

### 짧은 연필
チャルブン ヨンピル

### 짧은 휴일이 끝나다
チャルブン ヒュイリ クンナダ

### 해가 짧다
ヘガ チャルタ

# 물
ムル

### 물을 마시다
ムルル マシダ

### 물을 붓다
ムルル プッタ

### 물을 흘리다
ムルル フルリダ

# 호수
ホス

### 얼어붙은 호수
オロプットゥン ホス

### 호수에서 헤엄치다
ホスエソ ヘオムチダ

### 호수를 바라보다
ホスルル パラボダ

# 가게, 상점
カゲ サンジョム

### 가게를 열다
カゲルル ヨルダ

### 상점에서 물건을 사다
サンジョメソ ムルゴヌル サダ

# 보이다
ポイダ

### 정보를 보이다
チョンボルル ポイダ

### 그림을 보였다
クリムル ポヨッタ

手紙を見せて下さい
데가미오 미 세 떼 구다사이

편지를 보여 주세요
ピョンジルル ポヨ ジュセヨ

みち（道）
미 찌

길
キル

道を誤まる
미찌오 아야마루

길이 틀리다
キリ トゥルリダ

道に迷う
미찌니 마요우

길을 헤매다
キルル ヘメダ

道を歩く
미찌오 아루꾸

길을 걷다
キルル コッタ

みちびく（導く）
미 찌 비 꾸

이끌다, 인도(지도)하다
イクルダ インド チド ハダ

勝利に導く
쇼-리니 미찌비꾸

승리로 이끌다
スンニロ イクルダ

正しい道に導く
다다시- 미찌니 미찌비꾸

올바른 길로 인도하다
オルバルン キルロ インドハダ

生徒を導く
세-또오 미지비꾸

생도를 지도하다
センドルル チドハダ

みつど（密度）
미 쯔 도

밀도
ミルト

密度のある日程
미쯔도노 아 루 닐떼-

밀도 있는 일정
ミルト インヌン イルチョン

練習の密度が高い
렌슈-노 미쯔도가 다까이

연습의 밀도가 높다
ヨンスベ ミルトガ ノプタ

密度の無い内容だ
미쯔도노 나 이 나이요-다

밀도 없는 내용이다
ミルト オムヌン ネヨンイダ

みとめる（認める）
미 또 메 루

인정하다
インジョンハダ

その作品を認める
소 노 사꾸힝오 미또메루

그 작품을 인정하다
ク チャクプムル インジョンハダ

認められた実力
미또메라 라 레 따 지쯔료꾸

인정된 실력
インジョンデン シルリョク

失敗を認める
십빠이오 미또메루

실패를 인정하다
シルペルル インジョンハダ

みどり（緑）
미 도 리

초록(빛), 녹색
チョロク ピッ ノクセク

公園は緑だ
コンウォヌン チョロクピッチダ
공원은 초록빛이다
고ー엥와 미도리다

緑の山
ノクセゲ サン
녹색의 산
미도리노 야마

緑色をぬる
ノクセグル チラダ
녹색을 칠하다
미도리이로오 누 루

## みなみ(南)
ナムチョク
남쪽
미 나 미

故郷は南にある
コヒャンウン ナムチョゲ イッタ
고향은 남쪽에 있다
고꾜ー와 미나미니 아루

南に旅行する
ナムチョグロ ヨヘンガダ
남쪽으로 여행가다
미나미니 료꼬ー스루

南は暖かい
ナムチョグン タトゥッタダ
남쪽은 따뜻하다
미나미와 아따따가이

## みぶん(身分)
シンブン チウィ
신분, 지위
미 붕

身分が違う
シンブニ タルダ
신분이 다르다
미 붕 가 찌가우

身分証明書
シンブン チュンミョンソ
신분 증명서
미 분 쇼ー메ー쇼

身分のある人
チウィガ インヌン サラム
지위가 있는 사람
미 분 노 아 루 히또

## みみ(耳)
クィ
귀
미 미

耳が遠い
クィガ モルダ
귀가 멀다
미미가 도ー이

耳が痛い
クィガ アプダ
귀가 아프다
미미가 이따이

耳飾り
クィゴリ
귀걸이
미미가자리

## みやげ(土産)
ソンムル
선물
미 야 게

土産を買う
ソンムルル サダ
선물을 사다
미야게오 가 우

土産をもらう
ソンムルル パッタ
선물을 받다
미야게오 모 라 우

土産を送る
미야게오 오꾸루

선물을 보내다
ソンムルル ポネダ

みる（見る）
미루

보다
ポダ

空を見る
소라오 미루

하늘을 보다
ハヌルル　ポダ

外を見る
소또오 미루

밖을 보다
パクル　ポダ

ちょっと見てよ
쫀　또미떼요

조금 봐 주세요
チョグム ポァ ジュセヨ

## 【む】

むかう（向う）
무까우

향하다
ヒャンハダ

目的地に向う
목떼끼찌니 무까우

목적지로 향하다
モクチョクチロ　ヒャンハダ

家に向う
이에니 무까우

집으로 향하다
チブロ　ヒャンハダ

南に向う
미나미니 무까우

남쪽으로 향하다
ナムチョクロ　ヒャンハダ

むかえる（迎える）
무까에루

맞이하다
マジハダ

お客を迎える
오갸꾸오 무까에루

손님을 맞이하다
ソンニムル マジハダ

記念日を迎える
기넴비오 무까에루

기념일을 맞이하다
キニョミルル　マジハダ

代表を迎えた
다이효ー오 무까에따

대표를 맞이했다
テピョルル マジヘッタ

むかし（昔）
무까시

옛날, 옛
イェンナル イェッ

昔の事だ
무까시노 고또다

옛날 일이다
イェンナル イリダ

昔の人だ
무까시노 히또다

옛날 사람이다
イェンナル サラミダ

昔の面影
무까시노 오모까게

옛 모습
イェン モスプ

## むく（向く）
무 꾸

## 향하다, 체하다
ヒャンハダ チェハダ

前を向く
마에오 무 꾸

앞을 향하다
アプル ヒャンハダ

上を向く
우에오 무 꾸

위를 향하다
ウィルル ヒャンハダ

そっぽを向く
솝 뽀오무꾸

모르는 체하다
モルヌン チェハダ

## むし（虫）
무 시

## 벌레
ポルレ

虫をつかむ
무시오 쯔 까 무

벌레를 잡다
ポルレルル チャプタ

虫が飛んで来る
무시가 돈　데구루

벌레가 날아 오다
ポルレガ ナラ オダ

鳥が虫を食べている
도리가 무시오 다 베 떼 이 루

새가 벌레를 먹고 있다
セガ ポルレルル モッコ イッタ

## むずかしい（難しい）
무 즈 까 시 ―

## 어렵다, 곤란하다
オリョプタ コルラナダ

難しい問題だ
무즈까시― 몬다이다

어려운 문제다
オリョウン ムンジェダ

そうなると難しい
소― 나루 또 무즈까시―

그리 되면 곤란하다
クリ テミョン コルラナダ

する事は難しい
스 루 고또와 무즈까시―

하는 것은 어렵다
ハヌン コスン オリョプタ

## むすぶ（結ぶ）
무 스 부

## 매다, 맺다
メダ　　メッタ

ネクタイを結ぶ
네 꾸따 이 오 무스부

넥타이를 매다
ネクタイルル メダ

実を結ぶ
미 오 무스부

열매를 맺다
ヨルメルル メッタ

連係を結ぶ
렝께―오 무스부

연계를 맺다
ヨンゲルル メッタ

むちゅう（夢中）
무 쮸—

今夢中だ
이마무쮸—다

勉強に夢中だ
뼁꾜—니 무쮸—다

夢中で遊んでいる
무쮸—데 아 손 데 이 루

むね（胸）
무 네

胸が痛む
무네가 이따무

胸をはる
무네오 하루

胸を借りる
무네오 가 리 루

むら（村）
무 라

村に行く
무라니 이 꾸

村に住む
무라니 스 루

村に帰って来た
무라니 가엔 떼 기 따

むり（無理）
무 리

無理な事だ
무 리 나 고또다

とても無理だ
도 떼 모 무 리 다

あまり無理をしてはいけない
아 마 리 무 리 오 시 떼 와 이 께 나 이

열중함, 몰두함
ヨルチュンハム モルトゥハム

정신없음
チョンシンオプスム

지금(모든 걸 잊고)
チグム モドゥンゴル イッコ

열중하고 있다
ヨルチュンハゴ イッタ

공부에 몰두하다
コンブエ モルトゥハダ

정신없이 놀고 있다
チョンシンオプシ ノルゴ イッタ

가슴, 마음
カスム マウム

가슴이 아프다
カスミ アプダ

가슴을 펴다
カスムル ピョダ

마음의 도움을 받다
マウメ トウムル パッタ

마을, 시골
マウル シゴル

마을에 가다
マウレ カダ

시골에 살다
シゴレ サルダ

마을에 돌아 왔다
マウレ トラ ワッタ

무리
ムリ

무리한 일이다
ムリハン イリダ

도저히 무리다
トジョヒ ムリダ

너무 무리하면 안된다
ノム ムリハミョン アンデンダ

# 【め】

め（目）
메

目が悪い
메 가 와루이

눈이 나쁘다
ヌニ　ナプダ

目医者に行く
메 이 샤 니 이 꾸

안과 의사에게 가다
アンクァ ウィサエゲ　　カダ

目で見る
메 데 미 루

눈으로 보다
ヌヌロ　　ポダ

めいよ（名誉）
메― 요

名誉ある賞
메―요아 루 쇼―

명예
ミョンイェ

명예있는 상
ミョンイェインヌン サン

名誉な事だ
메―요나 고또다

명예스러운 일이다
ミョンイェスロウン イリダ

あなたの名誉を守る
아 나 따 노 메―요오 마모루

당신의 명예를 지키다
タンシネ ミョンイェルル チキダ

めいれい（命令）
메― 레―

命令がくだる
메―레―가 구 다 루

명령
ミョンリョン

명령이 내려지다
ミョンリョンイ ネリョジダ

命令に従う
메―레―니 시따가우

명령에 따르다
ミョンリョンエ タルダ

命令を撤回する
메―레―오 덱까이스 루

명령을 철회하다
ミョンリョンウル チョロェハダ

めいわく（迷惑）
메― 와 꾸

迷惑をかけました
메―와꾸오 가 께 마 시 따

폐
ペ

폐를 끼쳤습니다
ペルル キチョッスムニダ

迷惑な話
메―와꾸나 하나시

폐가 되는 말
ペガ　テヌン マル

迷惑をかけたよ
메―와꾸오 가 께 따 요

폐를 끼쳤어요
ペルル キチョッソヨ

눈, 안
ヌン アン

명예
ミョンイェ

ま

## めぐまれる（恵れる）
메구마레루

あなたは恵まれている
아나따 와 메구마레 떼이루

당신은 혜택받고 있다
タンシヌン ヘテクパッコ イッタ

恵まれている家庭
메구마레 떼이루 가떼ー

혜택받고 있는 가정
ヘテクパッコ インヌン カジョン

あまり恵まれていない
아마리 메구마레 떼이나이

그다지 혜택받지 않고
クダジ ヘテクパッチ アンコ

있다
イッタ

## めずらしい（珍しい）
메즈라시ー

희귀하다, 드물다
フィグィハダ トゥムルダ

珍しい植物だ
메즈라시ー 쇼꾸부쯔다

희귀한 식물이다
フィグィハン シンムリダ

これは珍しい
고 레 와 메즈라시ー

이것은 드물다
イゴスン トゥムルダ

珍しい鳥が飛んでいる
메즈라시ー 도리가 돈 데이루

희귀한 새가 날고 있다
フィグィハン セガ ナルゴ イッタ

## めだつ（目立つ）
메다쯔

눈에 띄다
ヌネ トゥィダ

彼は目立つ存在だ
가레와 메 다 쯔 손자이다

그는 눈에 띄는
クヌン ヌネ トゥィヌン

존재다
チョンジェダ

彼女は目立たない
가노죠와 메 다 따 나 이

그녀는 눈에 띄지
クニョヌン ヌネ トゥィジ

않는다
アンヌンダ

目立ってうまくなった
메달 떼우마꾸날 따

눈에 띄게 좋아졌다
ヌネ トゥィゲ チョアジョッタ

## めんかい（面会）
멩 까이

면회
ミョネ

面会謝絶
멩까이 샤제쯔

면회 사절
ミョネ サジョル

患者に面会する
간 쟈 니 멩까이스루

환자를 면회하다
ファンジャルル ミョネハダ

面会をもとめる
멩까이오모또메루

면회를 요구하다
ミョネルル ヨグハダ

## メンバー
멤 바ー

## 멤버
メムボ

ゴルフのメンバー
고루후노 멤 바ー

골프의 멤버
コルプエ　メムボ

サークルのメンバーになる
사ー 꾸루노멤바ー 니나루

써클의 멤버가 되다
ソクレ　　メムボガ　テダ

グループのメンバーに
구 루ー 뿌노 멤 바ー 니

그룹의 멤버로 가입하다
グルペ　　メムボロ　カイプパダ

加入する
가 뉴ー스루

# 【も】

## もう
모ー

## 이미, 벌써
イミ　　ポルソ

もう遅い
모ー 오소이

이미 늦다
イミ　　ヌッタ

もう終った
모ー 오왈 따

벌써 끝났다
ポルソ　クンナッタ

もう40才になった
모ー 욘짓사이니 낟　따

벌써 40세가 되었다
ポルソ　サシプセガ　テオッタ

## もうける(設ける)
모ー 께루

## 마련하다, 설치하다
マリョナダ　　ソルチハダ

機会を設ける
기까이오 모ー께루

기회를 마련하다
キフェルル マリョナダ

施設を設ける
시세쯔오 모ー께루

시설을 설치하다
シソルル　　ソルチハダ

## もえる(燃える)
모 에루

## 타다, 정열이 솟아 오르다
タダ　　チョンヨリ ソサ　オルダ

火が燃える
히 가 모 에루

불이 타다
プリ　　タダ

ハートが燃える
하ー 또 가 모 에 루

심장이 타다
シムジャンイ タダ

彼は今、燃えている
가레와 이마 모 에 떼 이 루

그는 지금 정열이 솟아
クヌン チグム チョンヨリ ソサ

오르고 있다
オルゴ イッタ

**もくてき**(目的)
목 떼끼

**목적**
モクチョク

目的を持つ
목떼끼오 모쯔

목적을 갖다
モクチョグル カッタ

目的を失う
목떼끼오 우시나우

목적을 잃다
モクチョグル イルタ

確固たる目的
각 꼬 따 루 목떼끼

확고한 목적
ファクコハン モクチョク

**もくひょう**(目標)
모 꾸 효ー

**목표**
モクピョ

大きな目標
오ー끼나 모꾸효ー

큰 목표
クン モクピョ

目標に向う
모꾸효ー니 무까우

목표를 향하다
モクピョルル ヒャンハダ

目標を達成する
모꾸효ー오 닫세ー스 루

목표를 달성하다
モクピョルル タルソンハダ

**もつ**(持つ)
모 쯔

**쥐다, 들다**
チュィダ トゥルダ

手に持つ
데 니 모 쯔

손에 쥐다
ソネ チュィダ

カバンを持つ
가 방 오 모 쯔

가방을 들다
カバンウル トゥルダ

荷物を持った
니모쯔오 몯 따

짐을 들었다
チムル トゥロッタ

**もっと**
몯 또

**더, 더욱**
ト トウク

もっと下さい
몯 또 구다사이

더 주세요
ト チュセヨ

もっと努力しなさい
몯 또 도료꾸시 나 사 이

더욱 노력하시오
トウク ノリョッカシオ

もっと速度を出してくれ
몯　또 소꾸도오 다시 떼 구레

더 속도를 내주세요
ト　ソクトルル　ネジュセヨ

**もてなす**
모떼나스

**대접하다**
テジョブパダ

お客をもてなす
오갸꾸오 모떼 나스

손님을 대접하다
ソンニムル テジョブパダ

よくもてなして下さい
요꾸모떼나시떼 구다사이

잘 대접해 주세요
チャル テジョブペ ジュセヨ

もてなしていただき
모떼나시떼이 따다 끼

대접해 주서서
テジョブペ ジュショソ

ありがとう
아리가또ー

감사합니다
カムサハムニダ

**モデル**
모데루

**모델, 견본**
モデル　キョンボン

いいモデルになった
이ー 모데루니낟　따

좋은 모델이 되었다
チョウン モデリ　テオッタ

これをモデルにして
고레오모데루니시떼

이것을 모델로 해서
イゴスル　モデルロ　ヘソ

作った
쯔꾿 따

만들었다
マンドゥロッタ

この建物にはモデルが
고노 다떼모노니와 모데루가

이 건물에는 견본이
イ　コンムレヌン キョンボニ

ありますか
아리마스까

있습니까?
イッスムニッカ

**もとづく(基づく)**
모또즈꾸

**기초를 두다**
キチョルル　トゥダ

理論に基づく
리론니 모또즈이꾸

이론에 기초를 두다
イロネ　キチョルル　トゥダ

実験に基づいた
직껜니 모또즈이따

실험에 기초를 두었다
シロメ　キチョルル　トゥオッタ

資料に基づいた発言
시료ー니 모또즈이 따 하쯔껭

자료에 기초를 둔 발언
チャリョエ キチョルル　トゥン バロン

**もとめる(求める)**

**구하다**
クハダ

資料を求める
시료ーオ 모또메루

자료를 구하다
チャリョルル クハダ

ま

情報を求めた
죠ー호ー오 모또메따

정보를 구했다
チョンボルル クヘッタ

**もどる**（戻る）
모 도 루

**되돌아가(오)다**
テドラガ　オ　ダ

もとに戻る
모 또 니 모도루

본래로 되돌아가다
ポルレロ　テドラガダ

家に戻った
이에니 모 돌 따

집으로 되돌아왔다
チブロ　テドラワッタ

大学に戻る
다이가꾸니 모도루

대학으로 되돌아가다
テハグロ　テドラガダ

**もの**（物/者）
모 노

**것, 자**
コッ　チャ

おもしろい物を見た
오 모 시 로 이 모노오 미 따

재미있는 것을 보았다
チェミインヌン コスル　ポアッタ

ひきょう者だ
히 꾜ー 모노다

비겁한 자다
ピゴプハン チャダ

おかしな物がある
오 까 시 나 모노가 아 루

이상한 것이 있다
イサンハン コシ　イッタ

**もむ**（揉む）
모 무

**주무르다, 비비다**
チュムロゥダ ピビダ

肩をもむ
가따오 모 무

어깨를 주무르다
オケルル　チュムロゥダ

力を入れてもむ
찌까라오 이레 떼 모무

힘을 넣어 비비다
ヒムル ノオ　ピビダ

**もらう**（貰う）
모 라 우

**받다, 얻다**
パッタ オッタ

お金をもらう
오까네오 모 라 우

돈을 받다
トヌル　パッタ

みやげをもらう
미 야 게 오 모 라 우

선물을 받다
ソンムルル パッタ

資格をもらう
시까꾸오 모 라 우

자격을 얻다
チャギョグル オッタ

**もれる**（漏れる）
모 레 루

**새다**
セダ

水が漏れる
미즈가 모 레 루

물이 새다
ムリ　セダ

雨が漏れる
아메가 모 레 루

비가 새다
ピガ　セダ

秘密が漏れた
히미쯔가 모 레 따

비밀이 새었다
ピミリ　　セオッタ

## もんだい（問題）
몬　　다 이

## 문제
ムンジェ

問題点を指摘する
몬다이뗑오 시뗴끼스루

문제점을 지적하다
ムンジェチョムル　チジョクカダ

問題を出す
몬다이오 다 스

문제를 내다
ムンジェルル　ネダ

それは問題だ
소 레 와 몬다이다

그것은 문제다
クゴスン　ムンジェダ

## 【や】

## やく（焼く）
야 꾸

## 굽다
クプタ

魚を焼く
사까나오 야 꾸

생선을 굽다
センソヌル クプタ

いもを焼いた
이 모 오 야 이 따

고구마를 구웠다
コグマルル　　クウォッタ

## やく（約）
야 꾸

## 약
ヤク

約10人になる
야꾸쥬ー닌니 나 루

약 10명이 되다
ヤク ヨルミョンイ テダ

約30分かかる
야꾸산집뿡가 까 루

약 30분 걸리다
ヤク サムシブプン コルリダ

約100メートルだ
야꾸햐꾸 메ー또루다

약 100미터다
ヤク ペンミトダ

## やくそく（約束）
약　　소 꾸

## 약속
ヤクソク

約束を守る
약소꾸오 마모루

약속을 지키다
ヤクソグル チキダ

約束を破る
약소꾸오 야부루
약속을 어기다
ヤクソグル オギダ

約束の時間になる
약소꾸노 지깐 니 나루
약속 시간이 되다
ヤクソク シガニ テダ

## やくわり (役割)
야 꾸 와 리
## 역할
ヨッカル

役割を強化する
야꾸와리오 교ー까스루
역할을 강화하다
ヨッカルル カンファハダ

役割がない
야꾸와리가 나 이
역할이 없다
ヨッカリ オプタ

役割を果たす
야꾸와리오 하따스
역할을 다하다
ヨッカルル タハダ

## やさい (野菜)
야 사 이
## 야채
ヤチェ

野菜を食べる
야사이오 다베루
야채를 먹다
ヤチェルル モクタ

野菜を作る
야사이오 쯔꾸루
야채를 만들다
ヤチェルル マンドゥルダ

この野菜はうまい
고노 야사이와 우마 이
이 야채는 맛있다
イ ヤチェヌン マシッタ

## やさしい (優しい)
야 사 시ー
## 다정하다, 온순하다
タジョンハダ オンスナダ

優しい人だ
야사시ー히또다
다정한 사람이다
タジョンハン サラミダ

優しい性格だ
야사시ー세ー까꾸다
온순한 성격이다
オンスナン ソンキョギダ

いつも優しくしてくれる
이쯔모 야사시꾸시떼 구레루
언제나 다정하게 해 준다
オンジェナ タジョンハゲ ヘ ジュンダ

## やさしい (易しい)
야 사 시ー
## 쉽다
スィプタ

易しい問題だ
야사시ー몬다이다
쉬운 문제다
スィウン ムンジェダ

行くのは易しい
이꾸노와 야사시ー
가는 것은 쉽다
カヌン コスン スィプタ

言うのは易しい
이우노와 야사시ー
말하기는 쉽다
マラギヌン スィプタ

## やしなう（養う）
야시나우

### 子供を養う
고도모오 야시나우

### 母を養う
하하오 야시나우

## 養育하다, 부양하다
ヤンユッカダ　プヤンハダ

### 어린애를 양육하다
オリネルル　ヤンユッカダ

### 어머니를 부양하다
オモニルル　プヤンハダ

---

## やすい（安い）
야스이

### 安い商品
야스이쇼ー힝

### 物価が安い
북까가 야스이

### 安い食べ物がたくさんある
야스이 다베모노가 다꾸상 아루

## （값이）싸다
カプシ　サダ

### （값이）싼 상품
カプシ　サン サンプム

### 물가가 싸다
ムルカガ　サダ

### 싼 음식이 많이 있어요
サン ウムシギ　マニ　イッソヨ

---

## やすむ（休む）
야스무

### 学校を休む
각꼬ー오 야스무

### 仕事を休む
시고또오 야스무

### 会社を休むな
가이샤오 야스무나

## 쉬다
スィダ

### 학교를 쉬다
ハクキョルル スィダ

### 일을 쉬다
イルル　スィダ

### 회사를 쉬지 마라
フェサルル スィジ マラ

---

## やぶる（破る）
야부루

### 約束を破る
약소꾸오 야부루

### 紙を破った
가미오 야분따

## 어기다, 찢다
オギダ　チッタ

### 약속을 어기다
ヤクソグル オギダ

### 종이를 찢었다
チョンイルル チジョッタ

---

## やま（山）
야마

### 山に登る
야마니 노보루

### 山を越える
야마오 고에루

### 山を降りた
야마오 오리따

## 산
サン

### 산에 오르다
サネ　オルダ

### 산을 넘다
サヌル　ノムタ

### 산에서 내려왔다
サネソ　ネリョワッタ

や

やむ（止む）
야무

泣きやむ
나 끼 야무

울음을 그치다
ウルムㇽ　クチダ

雨がやむ
아메가 야무

비가 그치다
ピガ　クチダ

やめる（止める）
야메루

そっちだ
クチダ

울음을 그치다
ウルムㇽ　クチダ

그치다
クチダ

けんかをやめる
겡 까오야메루

싸움을 그만두다
サウムㇽ　クマンドゥダ

交渉をやめる
고ー쇼ー오 야메루

교섭을 그만두다
キョソブㇽ クマンドゥダ

話をやめる
하나시오 야메루

이야기를 그만두다
イヤギルㇽ　クマンドゥダ

やわらかい（柔らかい）
야 와 라 까 이

부드럽다
プドゥロプタ

柔らかいはだ
야와라 까 이 하 다

부드러운 살결
プドゥロウン サㇽキョㇽ

柔らかいふとんだ
야와라 까 이 후 똔　다

부드러운 이불이다
プドゥロウン イブリダ

日差しが柔らかい
히 사 시 가 야와라까이

햇살이 부드럽다
ヘッサリ　プドゥロプタ

や

【ゆ】

ゆうき（勇気）
유ー 끼

용기
ヨンギ

勇気百倍
유ー끼 햐꾸바이

용기 백배
ヨンギ　ペㇰペ

勇気のある人だ
유ー끼노 아 루 히또다

용기 있는 사람이다
ヨンギ インヌン サラミダ

勇気がない
유ー끼가 나 이

용기가 없다
ヨンギガ　オッタ

## ゆうしゅう（優秀）
유- 슈-

優秀な選手
유-슈-나 센슈

非常に優秀だ
히죠-니 유-슈-다

優秀な成績で卒業する
유-슈-나 세-세끼데 소쯔교-스루

## ゆうびん（郵便）
유- 빙

郵便物が来る
유-빔부쯔가 구 루

郵便で送る
유-빈데 오꾸루

郵便局
유-빙꾜꾸

郵便番号
유-빙 방고-

## ゆうめい（有名）
유- 메-

有名な人だ
유-메-나 히또다

有名な詩
유-메-나 시

ここは有名なお寺だ
고꼬와 유-메-나 오떼라다

## ゆかい（愉快）
유 까 이

とても愉快だ
도 떼 모 유까이다

愉快な遊びだ
유까이나 아소비다

これは愉快だ
고 레 와 유까이다

## 우수
ウス

우수한 선수
ウスハン　ソンス

매우 우수하다
メウ　　ウスハダ

우수한 성적으로
ウスハン　ソンジョグロ

졸업하다
チョロッパダ

## 우편
ウピョン

우편물이 오다
ウピョンムリ　オダ

우편으로 보내다
ウピョヌロ　　ポネダ

우체국
ウチェクッ

우편 번호
ウピョン ポノ

## 유명
ユミョン

유명한 사람이다
ユミョンハン サラミダ

유명한 시
ユミョンハンシ

여기는 유명한 절이다
ヨギヌン　ユミョンハン チョリダ

## 유쾌
ユクェ

매우 유쾌하다
メウ　　ユクェハダ

유쾌한 놀이다
ユクェハン ノリダ

이것은 유쾌하다
イゴスン　ユクェハダ

や

| | |
|---|---|
| **ゆき**(雪)<br>유 끼 | **눈**<br>ヌン |
| 白い雪<br>시로이 유끼 | 하얀 눈<br>ハヤン ヌン |
| 雪が降る<br>유끼가 후 루 | 눈이 내리다<br>ヌニ ネリダ |
| 雪が積もる<br>유끼가 쯔 모 루 | 눈이 쌓이다<br>ヌニ サイダ |
| **ゆく**(行く)<br>유 꾸 | **가다**<br>カダ |
| 駅に行く<br>에끼니 유 꾸 | 역에 가다<br>ヨゲ カダ |
| 旅行に行く<br>료꼬ー니 유 꾸 | 여행을 가다<br>ヨヘンウル カダ |
| ゆく年, くる年<br>유꾸도시　구루도시 | 가는 해, 오는 해<br>カヌン ヘ　オヌン ヘ |
| **ゆしゅつ**(輸出)<br>유 슈 쯔 | **수출**<br>スチュル |
| 輸出を拡大する<br>유슈쯔오 가꾸다이스루 | 수출을 확대하다<br>スチュルル ファクテハダ |
| 輸出量が増える<br>유슈쯔료ー가 후 에 루 | 수출량이 불어나다<br>スチュルリャンイ プロナダ |
| **ゆずる**(讓る)<br>유 즈 루 | **양도하다, 물려주다**<br>ヤンドハダ　ムルリョチュダ |
| 権利を讓る<br>겐 리 오 유즈루 | 권리를 양도하다<br>クォルリルル ヤンドハダ |
| 財産を讓る<br>자이상오 유즈루 | 재산을 물려주다<br>チェサヌル ムルリョチュダ |
| 本棚を讓ってあげる<br>혼다나오 유 즌 메 아 게 루 | 책장을 물려주다<br>チェクチャンウル ムルリョチュダ |
| **ゆそう**(輸送)<br>유 소ー | **수송**<br>スソン |
| 食糧を輸送する<br>쇼꾸료ー오 유소ー스루 | 식량을 수송하다<br>シンリャンウル スソンハダ |
| 輸送能力が拡大する<br>유소ー노ー료꾸가 가꾸다이스루 | 수송 능력이 확대되다<br>スソン ヌンニョギ ファクテデダ |

## ゆたか（豊か）
유 따 까

### 生活が豊かだ
세―까쯔가 유따까다

### 財産が豊かだ
자이상가 유따까다

### 心の豊かな人
고꼬로노 유따까나 히또

## ゆっくり
육 꾸리

### ゆっくり歩く
육 꾸리 아루 꾸

### ゆっくり食べる
육 꾸리 다 베 루

### ゆっくり休む
육 꾸리 야스무

## ゆにゅう（輸入）
유 뉴―

### 輸入商品
유뉴―쇼―힝

### 輸入制限をする
유뉴―세―겡오 스 루

### 輸入手続きをする
유뉴―떼쯔즈끼오 스 루

## ゆび（指）
유 비

### 指を切る
유비오 기 루

### 指を痛める
유비오 이따메루

### 指の細い人
유비노 호소이 히또

## ゆめ（夢）
유 메

### 夢の世界
유메노 세까이

## 풍족함, 풍부함
プンジョッカム プンブハム

### 생활이 풍족하다
センファリ　プンジョッカダ

### 재산이 풍부하다
チェサニ　　プンブハダ

### 마음이 풍족한 사람
マウミ　　　プンジョッカン サラム

## 천천히
チョンチョニ

### 천천히 걷다
チョンチョニ コッタ

### 천천히 먹다
チョンチョニ モッタ

### 천천히 쉬다
チョンチョニ スィダ

## 수입
スイプ

### 수입 상품
スイプ　サンプム

### 수입 제한을 하다
スイプ　チェハヌル ハダ

### 수입 수속을 하다
スイプ　スソグル　ハダ

## 손(발) 가락
ソン パル カラク

### 손(발)가락을 끊다
ソン パル カラグル　クンタ

### 손(발)가락을 다치다
ソン パル カラグル タチダ

### 손가락이 가는 사람
ソンカラギ　カヌン サラム

## 꿈
クム

### 꿈의 세계
クメ　セゲ

夢を見る
유메오 미루

꿈을 꾸다
クムル　クダ

夢からさめる
유메까라 사 메 루

꿈에서 깨어나다
クメソ　　ケオナダ

**ゆるす**（許す）
유 루 스

**허가(허용)하다**
ホガ　ホヨン　ハダ

通行を許す
쯔ー꼬ー오 유루스

통행을 허가하다
トンヘンウル ホガハダ

不正を許すな
후세ー오 유루스나

부정을 허용하지 마라
プジョンウル ホヨンハジ　　マラ

外出を許す
가이슈쯔오 유루스

외출을 허가하다
ウェチュルル ホガハダ

# 【よ】

**よい**（良い）
요 이

**좋다**
チョッタ

このほうが良い
고 노 호ー 가요이

이 쪽이 좋다
イ チョギ チョッタ

良い結果が出る
요 이 겍 까 가 데 루

좋은 결과가 나오다
チョウン キョルグァガ ナオダ

**よう**（酔う）
요 우

**(술에)취하다, 멀미하다**
スレ　チュィハダ モルミハダ

酔っぱらった
욥 빠란 따

술에 취했다
スレ　　チュィヘッタ

舞台に酔う
부따이니 요우

무대에 취하다
ムデエ　　チュィハダ

車に酔う
구루마니 요우

차멀미하다
チャモルミハダ

**ようい**（用意）
요ー 이

**준비, 용의**
チュンビ ヨンウィ

用意がいい
요ー이가 이ー

준비가 잘 되었다
チュンビガ チャル テオッタ

用意周到だ
요-이슈-또-다

용의 주도하다
ヨンウィ チュドハダ

早く用意して下さい
하야꾸 요-이시떼　구다사이

빨리 준비해 주세요
パルリ チュンビヘ ジュセヨ

## ようきゅう（要求）
요- 뀨-

## 요구
ヨグ

要求が高い
요-뀨-가 다까이

요구가 높다
ヨグガ　ノプタ

要求を貫徹する
요-뀨-오 간떼쯔스루

요구를 관철하다
ヨグルル　クァンチョルハダ

賠償を要求した
바이쇼-오 요-뀨-시따

배상을 요구했다
ペサンウル ヨグヘッタ

## ようじ（用事）
요- 지

## 볼일, 용건
ポルイル ヨンコン

用事がある
요-지가 아 루

볼일이 있다
ポルイリ　イッタ

何の用事ですか
난 노 요-지데 스 까

무슨 용건입니까?
ムスン ヨンコニムニッカ

特別な用事ではない
도꾸베쯔나 요-지데와 나이

특별한 볼일은 아니다
トゥクピョラン ポルイルン アニダ

## ようじん（用心）
요- 징

## 조심, 주의
チョシム チュウィ

用心して下さい
요-진 시 떼 구다사이

조심해 주십시오
チョシムヘ チュシプシオ

用心して帰る
요-진 시 떼 가에루

주의해서 돌아가다
チュウィヘソ トラガダ

用心深く見る
요-짐부까꾸 미 루

주의깊게 보다
チュウィキプケ ポダ

## ようす（様子）
요- 스

## 모양, 상태
モヤン サンテ

いい様子だ
이- 요-스다

좋은 모양이다
チョウン モヤンイダ

様子が悪い
요-스가 와루이

상태가 나쁘다
サンテガ　ナプダ

## ようりょう（要領）
요- 료-

## 요령
ヨリョン

整理の要領
세ー리노 요ー료ー
정리의 요령
チョンニエ ヨリョン

要領を覚える
요ー료ー오 오보에루
요령을 익히다
ヨリョンウル イッキダ

要領が悪い
요ー료ー가 와루이
요령이 나쁘다
ヨリョンイ ナプダ

**よきん**(預金)
요낑
**예금**
イェグム

預金額が増える
요낑가꾸가 후에루
예금액이 불어나다
イェグメギ プロナダ

銀行に預金する
깅꼬ー니 요낀스루
은행에 예금하다
ウネンエ イェグマダ

預金通帳に記入する
요낀쯔ー쬬ー니 기뉴ー스루
예금 통장에 기입하다
イェグム トンジャンエ キイプパダ

**よこ**(横)
요꼬
**옆**
ヨプ

横を見る
요꼬오 미루
옆을 보다
ヨプル ポダ

横にある
요꼬니 아루
옆에 있다
ヨッペ イッタ

**よごれる**(汚れる)
요고레루
**더러워지다**
トロウォジダ

手が汚れる
데 가 요고레루
손이 더러워지다
ソニ トロウォジダ

汚れた靴
요고레따 구쯔
더러워진 구두
トロウォジン クドゥ

服が汚れた
후꾸가 요고레따
옷이 더러워지다
オシ トロウォジダ

**よさん**(予算)
요 상
**예산**
イェサン

予算が多い
요 상 가 오ー이
예산이 많다
イェサニ マンタ

予算をこえる
요 상 오 고 에 루
예산을 넘다
イェサヌル ノムタ

国家予算を審議する
곡 까 요 상 오 싱 기 스 루
국가 예산을 심의하다
ククカ イェサヌル シミハダ

よそう（予想）
요소-

予想どおりだ
요소- 도- 리 다

予想外の成績をあげた
요소-가이노 세-세끼오 아게따

予想がはずれる
요소-가 하 즈 레 루

よてい（予定）
요 떼-

明日の予定
아 스 노 요 떼-

予定どおり行う
요 떼-도-리 오꼬나우

予定表を作る
요떼-효-오 쯔꾸루

よぶ（呼ぶ）
요 부

人を呼ぶ
히또오 요부

車を呼んで下さい
구루마오 욘 데 구다사이

よぼう（予防）
요 보-

予防注射
요보-쮸-샤

病気を予防する
뵤-끼오 요보-스루

予防医学が発達する
요보-이가꾸가 핟따쯔 스 루

よむ（読む）
요 무

本を読む
홍 오 요 무

心を読む
고꼬로오 요무

예상
イェサン

예상대로다
イェサンデロダ

예상 밖의 성적을 올렸다
イェサン パッケ ソンジョグル オルリョッタ

예상이 빗나가다
イェサンイ ピンナガダ

예정
イェジョン

내일의 예정
ネイレ　イェジョン

예정대로 행하다
イェジョンデロ　ヘンハダ

예정표를 만들다
イェジョンピョルル マンドゥルダ

부르다
プルダ

사람을 부르다
サラムル　プルダ

차를 불러 주세요
チャルル プルロ　ジュセヨ

예방
イェバン

예방 주사
イェバン チュサ

병을 예방하다
ピョンウル イェバンハダ

예방 의학이 발달하다
イェバン ウィハギ　パルタルハダ

읽다
イルタ

책을 읽다
チェグル イルタ

마음을 읽다
マウムル　イルタ

読んだら返して下さい
욘 다라 가에시떼 구다사이

읽으면 돌려 주시오
イルグミョン　トルリョ　ジュシオ

**よる**（因る）
요 루

**의하다**
ウィハダ

好意に因って
고ー이니 욘 떼

호의에 의하여
ホウィエ　ウィハヨ

子供の火遊びに因る
고도모노 히아소비니 요 루

어린이의 불장난에
オリニエ　　　プルジャンナネ

의하다
ウィハダ

配慮に因って
하이료니 욘 떼

배려에 의하여
ペリョエ　ウィハヨ

**よる**（夜）
요 루

**밤**
パム

夜になる
요루니 나 루

밤이 되다
パミ　テダ

夜は深い
요루와 후까이

밤은 깊다
パムン　キッタ

夜空に光る星
요조라니 히까루 호시

밤 하늘에 빛나는 별
パム　ハヌレ　　ピンナヌン　ピョル

**よろこぶ**（喜ぶ）
요 로 꼬 부

**기뻐하다**
キッポハダ

昇格を喜ぶ
쇼ー까꾸오 요로꼬부

승격을 기뻐하다
スンキョグル　キッポハダ

成功を喜んだ
세ー꼬ー오 요로꼰다

성공을 기뻐했다
ソンゴンウル　キッポヘッタ

入学を喜ぶ
뉴ー가꾸오 요로꼬부

입학을 기뻐하다
イプパグル　キッポハダ

**よわい**（弱い）
요 와 이

**약하다**
ヤッカダ

弱い気持
요와이 기모찌

약한 마음
ヤッカン　マウム

身体が弱い
신따이가 요와이

몸이 약하다
モミ　　ヤッカダ

勢力が弱いね
세ー료꾸가 요와이네

세력이 약하군
セリョギ　ヤッカグン

# 【ら】

らく（楽）
라 꾸

편안함, 손쉬움
ピョナナㇺ　ソンシウㇺ

楽な立場だ
라꾸나 다찌바다

편안한 입장이다
ピョナナン　イㇷチャンイダ

楽な仕事だ
라꾸나 시고또다

손쉬운 일이다
ソンスィウン　イリダ

ラジオ
라 지 오

라디오
ラディオ

ラジオを聞く
라 지 오 오 기 꾸

라디오를 듣다
ラディオルㇽ　トゥッタ

ラジオ放送
라 지 오 호ー소ー

라디오 방송
ラディオ　パンソン

らんぼう（乱暴）
람　　보ー

난폭
ナンポㇰ

乱暴な人だ
람보ー나 히또다

난폭한 사람이다
ナンポッカン　サラミダ

乱暴な行動だよ
람보ー나 고ー도ー다요

난폭한 행동이군
ナンポッカン　ヘンドンイグン

# 【り】

りえき（利益）
리 에 끼

이익
イイㇰ

利益を得る
리에끼오 에 루

이익을 얻다
イイグㇽ　　オッタ

利益を与える
리에끼오 아따에루

이익을 주다
イイグㇽ　　チュダ

りかい（理解）
리 까 이

이해
イへ

理解がある言葉
리까이가 아 루 고또바

이해 있는 말
イヘ　イッヌン　マル

深い理解を示す
후까이 리까이오 시메스

깊은 이해를 표시하다
キップン　イヘルル　ピョシハダ

相互理解
소-고 리까이

상호 이해
サンホ　イヘ

## りくつ(理屈)
리 꾸 쯔

## 이치, 도리, 구실
イチ　トリ　クシル

理屈にあう
리꾸쯔니 아 우

이치에 맞다
イチエ　マッタ

理屈にあわない
리꾸쯔니 아 와 나 이

도리에 어긋나다
トリエ　オグンナダ

へんな理屈だ
헨　나 리꾸쯔다

이상한 구실을 달다
イサンハン　クシルル　タルダ

## りそう(理想)
리 소-

## 이상
イサン

理想を追う
리소-오 오 우

이상을 쫓다
イサンウル　チョッタ

理想を実現する
리소-오 지쯔겐 스 루

이상을 실현하다
イサンウル　シリョンハダ

理想を持っている
리소-오 몯　떼 이 루

이상을 가지고 있다
イサンウル　カジゴ　イッダ

## りっぱ(立派)
립　빠

## 훌륭함
フルリュンハム

立派な人だ
립 빠 나 히또다

훌륭한 사람이다
フルリュンハン　サラミダ

立派な経歴だ
립 빠 나 게-레끼다

훌륭한 경력이다
フルリュンハン　キョンニョギダ

言うことだけは立派だ
유- 고 또 다 께 와 립 빠 다

말만은 훌륭하다
マルマヌン　フルリュンハダ

## りゆう(理由)
리 유-

## 이유
イユ

遅刻の理由
지꼬꾸노 리유-

지각의 이유
チガゲ　イユ

理由のない戦いだ
리유-노 나 이 다따까이다

이유없는 싸움이다
イユオムヌン　サウミダ

離婚の理由は何ですか
리 꼰 노 리유-와 난 데 스 까

이혼의 이유는 무엇입
イホネ　イユヌン　ムオシム

니까?
ニッカ

## りゅうこう（流行）
류-　꼬-

## 유행
ユヘン

今年の流行だ
고또시노 류-꼬-다

올해의 유행이다
オレエ　ユヘンイダ

流行性感冒にかかる
류-꼬-세-감보-니 가 까 루

유행성 감기에 걸리다
ユヘンソン　カムギエ　コルリダ

流行に敏感だ
류-꼬-니 빙 깐 다

유행에 민감하다
ユヘンエ　ミンガムハダ

## りよう（利用）
리 요-

## 이용
イヨン

資源を利用する
시 겡 오 리요-스루

자원을 이용하다
チャウォヌル イヨンハダ

利用価値がある
리요-가 찌 가 아 루

이용 가치가 있다
イヨン　カチガ　イッタ

本格的に利用する
홍까꾸뗴끼니 리요-스루

본격적으로 이용하다
ポンキョクチョグロ　イヨンハダ

## りょうり（料理）
료-　리

## 요리
ヨリ

料理を作る
료-리오 쯔꾸루

요리를 만들다
ヨリルル　マンドゥルダ

韓式料理
간시끼료-리

한식 요리
ハンシク ヨリ

豪華な料理だ
고-까나 료-리다

호화로운 요리다
ホファロウン　ヨリダ

## りょこう（旅行）
료　꼬-

## 여행
ヨヘン

外国旅行に行く
가이꼬꾸료꼬-니 이 꾸

외국 여행을 가다
ウェグク ヨヘンウル カダ

旅行地につく
료꼬-찌니 쯔 꾸

여행지에 도착하다
ヨヘンジエ　トチャッカダ

長期旅行に出かける
죠-끼료꼬-니 데 까 께 루

장기 여행을 떠나다
チャンギ ヨヘンウル　トナダ

ら

# 【れ】

**れいぎ**（礼儀）
레ー기

礼儀を守る
레ー기오 마모루

예의를 지키다
イェウィルル チキダ

礼儀作法
레ー기 사호ー

예의 범절
イェウィ ポムジョル

礼儀が正しい
레ー기가 다다시ー

예의가 바르다
イェウィガ バルダ

**れきし**（歴史）
렉　시

예의
イェウィ

예의를 지키다
イェウィルル チキダ

역사
ヨクサ

歴史上の人物
렉시죠ー노 짐부쯔

역사상의 인물
ヨクササンエ インムル

歴史の流れだ
렉 시 노 나가레다

역사의 흐름이다
ヨクサエ　フルミダ

歴史学を学ぶ
렉시가꾸오 마나부

역사학을 배우다
ヨクサハグル　ペウダ

**れんあい**（恋愛）
렝　아 이

연애
ヨネ

熱烈な恋愛
네쯔레쯔나 렝아이

열렬한 연애
ヨルヨラン ヨネ

彼女は恋愛中だ
가노죠와 렝아이쮸ー다

그녀는 연애중이다
クニョヌン ヨネジュンイダ

結婚前提の恋愛です
겍 꼰 젠 떼ー노 렝아이데스

결혼 전제의 연애입니다
キョロン チョンジェエ ヨネイムニダ

**れんしゅう**（練習）
렌　슈ー

연습
ヨンスプ

練習を強化する
렌슈ー오 교ー까스루

연습을 강화하다
ヨンスブル　カンファハダ

練習場をかえる
렌슈ー죠ー오 가 에 루

연습장을 바꾸다
ヨンスプチャンウル パクダ

熱心に練習する
넷 신 니 렌슈ー스루

열심히 연습하다
ヨルシミ　ヨンスプパダ

れんらく（連絡）
렌 라 꾸

連絡をとる
렌라꾸오 도 루

連絡が遅れる
렌라꾸가 오꾸레루

連絡事項
렌라꾸지꼬—

연락
ヨ ル ラ ヮ

연락을 취하다
ヨ ル ラ グル　チュ ィ ハ ダ

연락이 늦어지다
ヨ ル ラ ギ　　ヌ ジョ ジ ダ

연락 사항
ヨ ル ラ ヮ　サ ハ ン

## 【ろ】

ろうどう（労働）
로— 도—

労働条件
로—도—죠—껭

労働時間を短縮する
로—도—지깡오 단슈꾸스루

ろんり（論理）
론 리

論理が間違っている
론 리 가 마찌간　떼 이 루

立派な論理を展開する
립 빠 나 론 리 오 뎅까이스루

노동
ノ ド ン

노동 조건
ノ ド ン　チョ コ ン

노동 시간을 단축하다
ノ ド ン　シ ガ ヌ ル　タ ン チュ ッ カ ダ

논리
ノ ル リ

논리가 틀리다
ノ ル リ ガ　ト ゥ ル リ ダ

훌륭한 논리를 전개하다
フ ル リュ ン ハ ン ノ ル リ ル ル　チョ ン ゲ ハ ダ

## 【わ】

わかい（若い）
와 까 이

若い人
와까이 히또

젊다
チョ ム タ

젊은 사람
チョ ル ム ン サ ラ ム

まだ若い
마 다 와까이

아직 젊다
アジク　チョムタ

気が若い
기 가 와까이

마음이 젊다
マウミ　　チョムタ

**わかる**(分る)
와 까 루

**알다**
アルダ

理由がわかる
리유ー가 와 까 루

이유를 알다
イユルル　アルダ

原因がわかった
겡 잉가와깐　따

원인을 알았다
ウォニヌル アラッタ

わかりやすく言う
와 까 리 야 스 꾸 유ー

알기 쉽게 말하다
アルギ　スィプケ マラダ

**わかれる**(別れる)
와 까 레 루

**헤어지다**
ヘオジダ

恋人と別れる
고이비또또 와까레루

연인과 헤어지다
ヨニングァ ヘオジダ

永遠に別れた
에ー엔니 와까레따

영원히 헤어졌다
ヨンウォニ ヘオジョッタ

別れた人
와까레따 히또

헤어진 사람
ヘオジン　サラム

**わける**(分ける)
와 께 루

**나누다**
ナヌダ

分量を分ける
분료ー오 와 께 루

분량을 나누다
プルリャンウル ナヌダ

二組に分けた
후따구미니 와께따

2조로 나누었다
イジョロ ナヌオッタ

分けたりんご
와 께 따 링　　고

나눈 사과
ナヌン　サグァ

**わざわざ**
와 자 와 자

**특별히, 일부러**
トゥクピョリ　イルブロ

わざわざたのんだ
와 자 와 자 다 논　　다

특별히 부탁했다
トゥクピョリ プタッケッタ

わざわざ出向く
와 자 와 자 데 무 꾸

일부러 마중가다
イルブロ　マジュンガダ

わざわざ来てくれた
와 자 와 자 기 떼 구 레 따

일부러 와 주었다
イルブロ　ワ ジュオッタ

## わずか(僅か)
와 즈 까

불과, 약간
プルグァ ヤッカン

わずか5人だ
와 즈 까 고 닌 다

불과 5명이다
プルグァ タソンミョンイダ

わずかな食べ物
와 즈 까 나 다베모노

약간의 음식
ヤッカネ ウムシク

## わすれる(忘れる)
와 스 레 루

잊다
イッタ

宿題を忘れる
슈꾸다이오 와스레루

숙제를 잊다
スクチェルル イッタ

名前を忘れた
나마에오 와스레따

이름을 잊었다
イルムル イジョッタ

忘れたカバン
와스레따 가 방

잊은 가방
イジュン カバン

## わたす(渡す)
와 따 스

건네 주다
コンネ ジュダ

物を渡す
모노오 와따스

물건을 건네 주다
ムルゴヌル コンネ ジュダ

荷を渡した
니 오 와따시따

짐을 건네 주었다
チムル コンネ ジュオッタ

早く渡してくれ
하야꾸 와따시떼 구 레

빨리 건네 주어라
パルリ コンネ ジュオラ

## わらう(笑う)
와 라 우

웃다
ウッタ

笑ってはいけない
와 랕 떼 와 이 께 나 이

웃으면 안된다
ウスミョン アンデンダ

いつも笑っている人
이 쯔 모 와 랕 떼 이 루 히또

언제나 웃고 있는 사람
オンジェナ ウッコ インヌン サラム

そら笑いをする
소 라 와라이오 스 루

억지 웃음을 웃다
オクチ ウスムル ウッタ

## わりあい(割合)
와 리 아 이

비교적, 비율
ピギョジョク ピユル

割合よく出来ている
와리아이요꾸 데 끼 떼 이 루

비교적 잘 되어 있다
ピギョジョク チャル テオ イッタ

割合が高い
와리아이가 다까이

비율이 높다
ピユリ ノプタ

わ

割合暖かくなった
와리아이아따따까꾸 낟　따

비교적 따뜻해졌다
ピギョジョク タトゥッテジョッタ

**わるい**（悪い）
와 루 이

**나쁘다**
ナプダ

悪い奴ら
와루이 야쯔라

나쁜 놈들
ナプン ノムドゥル

態度が悪い
다이도가 와루이

태도가 나쁘다
テドガ　　　ナプダ

悪い知らせが飛んできた
와루이시 라 세 가 돈　데 기 따

나쁜 소식이 날아 왔다
ナプン ソシギ　　ナラ　ワッタ

# 日本語ハングル基本単語辞典

※ 한글「가나다」順

# 基本単語辞典索引

부록

부록

**ㄷ**

## ㅂ

부록

## ㅈ

부록

부록

## ㅊ

**ㅋ**

부록

## 著 者 紹 介

김 용 권(金容権)
1947년 출생
早稲田大学文学部卒業
著書：『ハングルの初歩の初歩』(南雲堂)
　　　『ユンボギが逝って』共著 (白帝社) 등


한 용 무(韓龍茂)
1952년 출생
朝鮮大学校卒業
著書：『漢字熟語ハングル基本辞典』(南雲堂)
　　　『ハングル基礎会話』(白帝社) 등



日本語
ハングル　**基本単語辞典**

2015년 10월 23일 1판 13쇄 발행

著 者 ： 金容権
　　　　 韓龍茂
発行者 ： 林相伯
発行処 ： 한림출판사
　　　　　 Hollym

ソウル：鍾路區 鍾路12道 15
TEL (02) 734-5087　　　FAX (02)730-5149
登録番号：(가)제 1-443호

ISBN 978-89-7094-147-9 11730

© Original text by HAKUTEI-SHA Co., Ltd.　　*Printed in Korea*